Lim Chul Woo

DIE KLEINE INSEL

W0095765

Lim Chul Woo

Die kleine Insel

Roman

Aus dem Koreanischen übersetzt von

Jung Youngsun
und Herbert Jaumann

iudicium

Gedruckt mit Unterstützung des Literature Translation Institute
of Korea, Seoul (LTI Korea)

Umschlagbild:
Photograph by Han Youngsoo
Near Hangang River, Seoul, Korea 1961
© Han Youngsoo Foundation

Koreanisches Original: 그 섬에 가고 싶다 / Geu seome gago sipda
(*wörtlich*: Ich möchte auf diese Insel)
Originaldruck Seoul: Sallim Books 1991, 283 S., 18 Kapitel

**Bibliografische Information
der Deutschen Nationalbibliothek**

Die Deutsche Nationalbibliothek verzeichnet diese Publikation in der
Deutschen Nationalbibliografie; detaillierte bibliografische Daten sind im
Internet über http://dnb.d-nb.de abrufbar.

© IUDICIUM Verlag GmbH, München 2020
Alle Rechte vorbehalten
Druck: ROSCH-BUCH Druckerei GmbH, Scheßlitz
Umschlaggestaltung: Eveline Gramer-Weichelt, Planegg
Printed in Germany
ISBN 978-3-86205-635-4

www.iudicium.de

INHALT

---

[1] Zusammen mit der Widmung hier nach der vollständigen Fassung, die sich so nur im koreanischen Original (Seoul 1991) befindet; eine stark verkürzte Version enthält die französische Übersetzung (Paris 2013: *Le mot de l'auteur*, S. 291), die englische Übersetzung (Singapore 2010) enthält weder die Widmung noch *Das Wort des Autors*.

[2] Vollständige Wiedergabe des *Prologs* im koreanischen Original (Seoul 1991), einschließlich der leichten Veränderungen, die der Autor im Jahre 2020 noch eingefügt hat; die Seiten 11 und 12 (bis Zeile 30) entsprechen wörtlich dem *Prologue* des Autors in der französischen Übersetzung (Paris 2013, S. 19–22).

WORTERKLÄRUNGEN
UND SACHERLÄUTERUNGEN

Die Wörter, denen eine kurze Erklärung oder Sacherläuterung beigegeben ist, sind im laufenden Text mit einem hochgestellten Sternchen versehen (*), ggf. auch mehrere solcher Wörter auf einer Seite; die dazugehörigen Erläuterungen befinden sich, neben der jeweiligen Seitenzahl, im *Anhang.*

VORBEMERKUNGEN ZUR AUSSPRACHE
DER KOREANISCHEN VOKALE UND UMLAUTE

Besonders die in diesem Roman häufig begegnenden koreanischen Eigennamen sind – auch in der stillen Lektüre – nicht ohne Grundkenntnisse über die Bedeutung der hier verwendeten Umschrift für die Aussprache der koreanischen Laute halbwegs angemessen lesbar. Deshalb hier wenigstens eine Auswahl der häufigsten Vokale und einiger Konsonanten im Koreanischen in der heute international üblichen und auch hier verwendeten Umschrift. Daneben die annähernden Entsprechungen (falls vorhanden) in der deutschen Aussprache:

eo = kurzes, offenes o (wie in rollen)

o = oft kurzes, geschlossenes o (wie in kommen oder Dom)

eu = kurzer, dumpfer Vokal zwischen o und a

ae = wie Umlaut ä, zwischen ä und langem e (*zäh*, Schn*ee*)

y = j

j = dsch

ch = tsch (schärfer artikuliert)

Ich widme diese kleine Sammlung von Erinnerungen den Namen meiner Kindheit, denen ich nachtrauere und die ich nicht vergessen kann.

Ein Wort des Autors

Eine kleine Liebesgeschichte

Gewiss, das Leben ist kein Märchen, in dem nur schöne Dinge vorkommen und das uns Freude macht. Doch ist das Leben auch kein quälendes Unglücksmonster, das einen nur vor Verzweiflung schreien und vor Schmerzen stöhnen lässt.

Zwar liegt die Wirklichkeit vor unseren Augen wie eine Falle, gefährlich und voller Mordlust, die nur darauf wartet, zuzuschnappen. Doch mögen wir zögern und zittern vor Angst, wir wagen doch immer wieder einen Schritt nach vorn. Hat das vielleicht damit zu tun, dass wir nicht darauf verzichten können, wenigstens ein bisschen zu träumen und andere Menschen zu lieben?

Einen Wunsch trage ich seit langem mit mir herum, ich wollte immer einmal eine Liebesgeschichte schreiben, funkelnd und hell wie jener Traum meiner Kindheit, der jedes Mal mein kleines Herz klopfen ließ, wenn ich ganz alleine die fernen Sternbilder betrachtete, die mit ihrem verlockenden Licht den Nachthimmel überzogen.

Dieser Roman ist gewissermaßen eine bescheidene Zusammenstellung solcher Erinnerungen. Man könnte ihn auch als eine kleine Geschichte der Liebe unter ganz gewöhnlichen, anonymen Menschen betrachten – doch wichtig sind sie nur in meinen Augen. Für mich haben sie eine große Bedeutung, und ich habe sie sehr gern.

Wir sind einander durch Zufall auf der Insel meiner Kindheit begegnet, in einer verlorenen Gasse etwa, auf einem entlegenen Weg über den Hügel, an der Ecke eines Kiefernwäldchens, und wurden dann ebenso zufällig wieder getrennt. Bestimmte Namen und gewisse Gesichter sind inzwischen unsicher und verschwommen, aber vergessen kann ich sie nicht.

Sie sind es, die mir zum ersten Mal vermittelt haben, was der Traum und die Liebe für die Menschen bedeutet, und sie sind es auch, die mir dabei geholfen haben, die Welt und das Leben mit offenen Augen zu betrachten.

Mit diesen Menschen aus meiner Erinnerung werde ich auch in Zukunft leben. Wenn ich einmal in der dunklen, kalten Höhle der Realität nicht weiter wusste, fasste mich jemand aus diesen Erinnerungen an meinen kalten Händen, wärmte mein Herz und half mir heraus. Sie haben die ausgetrocknete Erde in meinem Inneren begossen und wieder zum Leben erweckt, und diese Wärme und die Versorgung mit dem lebenswichtigen Nass ist nichts anderes als die Liebe.

Ich habe nicht vergessen, dass nun auch ich den anderen diese wertvollen Gaben vermitteln muss, so wie sie es damals mir gegenüber getan haben.

Als ich einmal in alten Regalen kramte, fielen mir zufällig ein paar verstaubte Fotoalben in die Hände, in die ich lange nicht mehr hineingeschaut hatte. Ich wünsche meinen Lesern, dass auch ihnen solche unverhofften Erinnerungen, wie ich sie in meinem Buch festgehalten habe, von Nutzen sein mögen.

Im April 1991, an einem Regentag im Frühling

PROLOG

ALLE MENSCHEN SIND EIGENTLICH STERNE

Eigentlich sind wir Menschen alle Sterne.

Auch wenn es niemand glaubt oder sich darüber im Klaren ist – es ist trotzdem wahr.

Einmal waren wir alle Sterne.

Ja, kristallklare Sterne waren wir, und in seinem eigenen Glanz strahlte jeder so schön, wie er nur konnte, alle an ihrem Platz, irgendwo am nächtlichen Himmel.

Aber wir hier waren nicht die einzigen Menschen, die einmal Sterne gewesen sind.

Alle, die jemals auf Erden gelebt haben und gestorben sind, alle, die in Kürze geboren werden und alle, die ihre Geburt in der fernen Zukunft noch vor sich haben, alle sind eigentlich Sterne.

Wenn du nicht glauben kannst, was ich sage, dann mach das Buch zu und geh vor die Tür hinaus in die Nacht. Eine unbeleuchtete Gasse wäre gut, wenn du in einem Haus wohnst, das nicht in einem Hof steht. Und falls du in einer dieser kleinen, käfigartigen Wohnungen in der Großstadt lebst, tut es auch das flache Dach auf dem Wohnblock.

Und nun den Kopf hoch und den Blick in den Nachthimmel gerichtet!

Zuerst halte dich ruhig, während deine Augen sich an die Dunkelheit gewöhnen, atme tief und sprich ein Gebet. Es wird nicht lange dauern, und Wellen aus ruhiger, kristallklarer Dunkelheit machen deine Augen frei, und ich bin sicher, dann blickst du in ein unendliches Meer aus Sternen über dir.

Von da an musst du ganz ruhig bleiben und den Atem anhalten, bevor du dir einen der Sterne aussuchst, dich auf ihn konzentrierst und geduldig abwartest. Dann kommt der Moment, in dem du die Lichtstrahlen um den Stern herum wahrnimmst, die wie kleine durchsichtige Lamellen oder Flossen aussehen, und wie er diese ganz sacht zittern lässt und sich dabei allmählich selbst ein wenig zu bewegen scheint.

Bald werden deine Augen strahlen vor Verwunderung über dieses Geheimnis, und voller Ehrfurcht entdeckst du dann eine Riesenmenge von Sternen, die wie Schwärme von Silberfischchen den weiten Himmel anfüllen bis zum Rand.

Ja, so ist das, der nächtliche Himmel ist ein grenzenloses Sternenmeer. Aber vielleicht ist es dir nicht klar: Alle diese Sterne waren einmal menschliche Wesen, die auf die Erde herunter kamen, um hier zu leben und zu sterben, ehe sie wieder in ihre himmlische Heimat zurückkehrten.

Dieser kleine, grüne Stern, auf dem wir leben, ist also eigentlich eine Art Zwischenstation. Man denke nur, wie viele Menschen gerade in diesem Augenblick irgendwo auf diesem Planeten geboren werden und wie viele spurlos von hier verschwinden.

In einem Krankenhaus flüstert ein junges Paar neben einem Kinderbettchen, mit einem kostbaren Baby in ihren Armen. Und fragen sie etwa, woher dieses winzige, warme Lebewesen gekommen ist?

Und andere, die geliebte Menschen verloren haben, gehen hinaus und hängen Totenlaternen vor das Hoftor, um ihrem Schmerz Ausdruck zu geben. Fragt sich dabei irgendjemand: Wohin ist meine Mutter jetzt eigentlich gegangen?

Wie beschränkt sie doch alle sind!

Sie merken gar nicht, dass ein vertrauter Stern am Himmel plötzlich nicht mehr da ist und ein neuer eben an einer anderen Stelle dafür aufgegangen ist und noch ziemlich schüchtern zu blitzen angefangen hat an diesem Ort, der bisher leer gewesen war.

Ja, so ist das.

Jedes Mal wenn auf dieser Erde ein neues Lebewesen geboren wird, verschwindet ein Stern, und immer wenn auf der Straße eine Totenlaterne angezündet wird, erscheint ein unbekannter, neuer Stern am Himmel.

Und die Sterne der noch ungeborenen Kinder warten inmitten ihrer silbrigen Strahlen am nächtlichen Himmel auf ihre Stunde.

Ja, alle sind wir Sterne. Herabgekommen aus demselben unendlich weiten Nachthimmel, haben wir alle diese Heimat gemeinsam, ob wir groß sind auf dieser Erde oder klein, düster oder heiter, ob wir gewöhnlich aussehen oder ungewöhnlich hübsch.

Geh raus auf die Straße und stelle jedem, der gerade vorbeikommt, Fragen wie diese:

He du, ist dir eigentlich bewusst, dass du einmal ein Stern am Himmel warst? Und ist dir auch klar, dass du und ich denselben Ursprung haben? Und dass wir alle Sterne sind, die sich nur für eine kurze Zeit auf diesem Planeten herumtreiben?

Auf derartige Fragen werden sie dich wahrscheinlich mit großen Augen anschauen und dir einen unfreundlichen Blick zuwerfen, und dabei werden sie sich denken: Was ist denn das für ein Dummkopf, der mir da auf der Straße solche Fragen stellt, und sie werden dich für einen ziemlich bescheuerten Kerl halten, einen Träumer am hell-lichten Tag, und deshalb wird dich der eine oder andere auch etwas spöttisch betrachten.

Aber ich mache ihnen deswegen keinen Vorwurf. Das sind alles gealterte Sterne, und ihre geistigen Augen sind trüb geworden wie alte kupferne Spiegel in einem Museum.

Sie wissen eben nicht, dass alle Bewohner unseres Planeten: Män-ner so gut wie Frauen, Besitzer von Supermärkten und Zeitungsaus-träger, Bettler und Schmuggler, Taschendiebe, Betrüger und zum Tode verurteilte Verbrecher, Lastwagenfahrer und Straßenkehrer, Verkehrs-polizisten, Studenten, Kellnerinnen und Garköche, Lehrer, Bürohocker und Pförtner und so weiter und so weiter – dass sie alle ohne Ausnahme einmal Sterne waren. Selbst das haben sie vergessen: dass sie diese Wahrheit vergessen haben. Erstaunlich eigentlich!

Trotzdem, sie sind immer noch Sterne. Auch wenn sie mit ihren glanz-losen Augen nur noch verschwommen sehen können und den Schmutz des irdischen Alltagslebens unter ihren Fingernägeln tragen, so ist doch noch wenigstens ein leuchtender Lichtstrahl in ihren Her-zen lebendig, als Beweis dafür, dass es sich bei ihnen um ehemalige Sterne handelt.

Aber ihre Strahlen sind erstarrt und unbeweglich geworden, sie haben vergessen, wie man mit ihnen umgeht.

Aber zuweilen, klar, in ihren Träumen oder wenn sie nachts etwas angetrunken nach Hause schwanken, dann entdecken sie, dass sie solche Lichter in sich tragen, die uns die Stimme der Mutter in unseren Träumen hörbar machen oder ein lange vergessenes Lied aus unserer Kindheit. Vielleicht hast du schon einmal einen Betrunkenen auf der Straße gesehen, wie er beim Pinkeln weinend einen Laternenpfahl umarmte. Nun, dann war das so ein Fall, in dem seine inneren Lichter ihn in die Lage versetzten, sich an besonders liebe Momente in seiner Vergangenheit zu erinnern.

Leider vergisst man diese Lichter nur allzu leicht. Die Träume und Erinnerungen werden in der Tiefe des Schlafes vergraben, und vom Rausch bleibt am nächsten Morgen nur ein Kater zurück.

Aber trotz alledem – wir sind und bleiben Sterne, auch wenn wir diese Wahrheit schlicht vergessen.

Sterne empfinden auch Liebe zueinander, aber diese Liebe kennt kei-nen Hass.

Seien sie groß oder klein, rund oder länglich, glatt oder zer-
knautscht, matt oder strahlend – Sterne sind niemals gehässig untereinander. Sie glitzern einfach auf dem dunklen Himmelsozean, jeder
in seiner eigenen, einmaligen Art, seinem Glanz und seiner Großar-
tigkeit, und jeder an seinem nur ihm gehörigen Platz in der unendlichen Weite des Raumes.

Ja, sie lieben einander einfach.

In ihrer Liebe sind verschiedene Formen und Farbtöne lebendig:
eine zärtliche Liebe, wie zwei füreinander empfinden, die treu wie
ein Paar Gummischuhe nebeneinander leben; eine vertrauliche Liebe, wie sie eine gebeugt gehende Oma mit ihrem krummen Gehstock
verbindet; die abhängige Liebe eines verkrüppelten Soldaten zu seiner
Krücke; eine qualvolle Liebe, wie sie die Frau für ihren gewalttätigen
Ehemann empfindet, der auf ihrer Seele wie auf einer Trommel her-
umschlägt; eine friedvolle Liebe wie auf einem gemalten Stillleben,
wo Früchte und eine Vase harmonisch nebeneinander existieren; eine
perverse Liebe, in der zwei Menschen einander quälen, wie das Vo-
gelscheuchen mit Spatzen tun; eine aussichtslose Liebe wie zwischen
zwei Leuten, die nicht zueinander passen wie Öl und Wasser; eine
unglückliche Liebe, wenn die Liebenden einander verletzen, wann
immer sie zusammen sind, wie die zarten Fußspitzen sich immer wieder an den scharfen Steinen wundstoßen, und schließlich eine uner-
widerte Liebe, wie wenn ein Feigenbaum blüht und Früchte trägt,
ohne dass jemals ein Schmetterling oder eine Biene sich darauf nie-
derlässt.

Für die Sterne aber sind alle diese unterschiedlichen Formen und
Färbungen der Liebe nur verschiedene Ausprägungen der eigentli-
chen, alles durchdringenden Liebe.

Wenn Sterne von der Erde zurück sind, denken sie nicht mehr an
all diese krankhaften Gefühle der Menschen wie Hass, Eifersucht, Be-
gehrlichkeit und Neid. Aber wenn sie als menschliche Wesen auf die
Erde kommen, werden sie in den meisten Fällen von solchen unge-
sunden Regungen nach Menschenart heimgesucht. Und infolge ihrer
kranken Seelen können sie dann nicht anders, als verlogene Liebes-
lieder zu singen, und mit Liedern, die aus dem Herzen kommen, können sie nichts anfangen.

Doch im Laufe ihres Lebens, das sie hier unten auf der Erde als
Kranke führen, begegnen sie immer wieder Menschen, die zur Liebe
fähig sind. Aber ihre Blindheit und Taubheit macht sie unfähig, deren
Liebe wahrzunehmen. Und so lassen sie diese Menschen unerkannt
an sich vorübergehen.

Wie viele solcher bedauerlicher Trennungen werden gerade in diesem Augenblick vollzogen?

Wenn ich jetzt zurückblicke, so bin ich bis heute sehr vielen Menschen auf dieser grünen Zwischenstation begegnet, die unsere Erde darstellt, und von allen musste ich mich wieder verabschieden. Alle diese Menschen, an deren Gesichter wir uns nur noch notdürftig erinnern: mit denen wir uns einst unter einer schattigen Zelkove* trafen an einem idyllischen Platz, oder an denen wir achtlos vorübergingen in der Kneipe an der Ecke in einer grauen Betonstadt; Menschen, die es heute nur noch gibt auf verwelkten Fotos aus der Kindheit oder denen wir ganz unerwartet begegnen am Eingang zu unserem Heimatdorf oder zwischen den Marktständen auf der Straße – alle diese Gesichter waren Sterne, die auf diese seltsame, öde Welt herabkamen, um hier ihr einsames und wurzelloses Leben zu fristen.

Auch an die eher vertrauten Gesichter und Namen muss ich denken, die um mich waren, bevor sie schließlich gehen mussten. Die meisten von ihnen werden in den Himmel zurückgekehrt sein, nachdem sie ihre langwierige und leidige Reise hier auf Erden beendet hatten. Doch manche von ihnen trotten vielleicht noch immer auf einsamen Straßen dahin, als Sterne, die krankhaft an diese Erde gefesselt sind und nicht von ihr loskommen.

Aber ich kann sie nicht vergessen: ihre klaren, hellsichtigen Augen, die mich lehrten, was Liebe wirklich ist; ich will die warme Berührung ihrer Hände nicht vergessen, die meine Leiden und meine Schmerzen linderten, so wie auch nicht unser gemeinsames Glück und die Wärme unserer Liebe; und schließlich werde ich nicht vergessen, dass manche von ihnen nun wundervoll glänzen als Sterne am nächtlichen Himmel.

1
DER DUMME STERN

Es war vier Uhr morgens, als ich endlich aufstand, nachdem ich mich eine Weile im Bett herumgewälzt hatte.

Ich wusste, ich konnte jetzt nicht wieder schlafen. Meine Frau und die Tochter schliefen noch tief und fest. Nach dem Telefonanruf dachte ich, ich sollte es meiner Frau sagen. Aber dann ließ ich es sein, sie würde es am Morgen ohnehin erfahren.

Es gab noch einen anderen Grund, warum ich es ihr nicht sagte. Es ging mir nämlich durch den Kopf, dass ich vielleicht noch etwas tun sollte, bevor ich sie vom Tod meiner Großmutter unterrichte. Obwohl ich wegen meiner Frau ein bisschen ein schlechtes Gewissen hatte, war mir doch klar, dass ich es selbst tun musste ohne die Hilfe von jemand anderem.

Ich zog also meine Kleidung an, die neben meinem Bett lag, und ging in mein kleines Arbeitszimmer. Ohne das Licht anzuschalten, öffnete ich das nach Norden gehende Fenster und schaute hinaus.

Die Stadt schlief noch. Die nächtliche Dunkelheit, die mit ihrem schweren Gewicht die Stadt in ihrem festen Griff gehalten hatte, wollte der beginnenden Morgenfrühe noch nicht weichen.

Klar, um diese Zeit schliefen alle noch fest in ihren Betten.

Stille.

Die Stadt lag wie untergegangen in einem bodenlosen Meer aus schweren Schichten von Dunkelheit.

Ich blickte aus dem dreizehnten Stock meines Appartementhauses und sah die Autostraßen verlassen und die Dunkelheit noch immer auf dem schwach beleuchteten Asphalt lastend. Die beiden Wachposten, die andauernd gepfiffen hatten auf ihrem Rundgang, hatten ihre Tour beendet und befanden sich wahrscheinlich auf dem Weg nach Hause oder in die Wachstube zu einer gemütlichen Zigarette nach Dienstschluss, nachdem sie erleichtert die Schnürsenkel ihrer Schuhe aufgelöst haben.

Um diese Tageszeit, zwei oder drei Stunden vor der Morgendämmerung, ist die Müdigkeit der Menschen tatsächlich am größten. Selbst Leute, die die ganze Nacht unruhig in ihren Betten gelegen haben, beginnen jetzt, aus welchen Gründen auch immer, leise zu schnarchen und begegnen in ihren Träumen allerlei alten Bekannten.

Wer weiß, vielleicht fallen auch Patienten im Krankenhaus, die

die ganze Nacht über unter hohem Fieber gelitten haben, um diese Stunde aus Erschöpfung in den Schlaf.

Um die gleiche Morgenstunde müssen auch die leidenschaftlichsten Spieler, mit geröteten Augen im Hinterzimmer eines rauchgeschwängerten Motels, mit einer Schläfrigkeit kämpfen, die ihre Augenlider erschlaffen lässt.

Aber dieser Morgenschlaf überfällt nicht nur Menschen. Auch die lästigen Mäuse, die die armen Hausbewohner die ganze Nacht über auf ihren Dachböden herumwuseln hörten, werden müde und fallen in Tiefschlaf. Und selbst die wilden Katzen, die die Nacht hindurch ausdauernd ihre Beute gejagt haben, pflegen sich jetzt in ihre kuscheligen Winkel zurückzuziehen und einzuschlafen.

Um diese Zeit, wenn Tiere und Menschen in tiefen Schlaf gesunken sind, werfen nur noch die mit gebogenem Nacken hoch aufragenden Straßenlaternen ihre im Dunst verfließenden Lichter hinunter auf die Stadt, dieses riesige, schlummernde Raubtier.

Die Welt ist in diesem Moment dabei, ihren letzten Atemzug in dieser Nacht zu tun. Doch heißt das natürlich nicht, dass sie im Sterben läge; denn ein neuer Tag wird geboren und erblickt das Licht der Welt, sobald der letzte dunkle Schleier der Nacht verschwunden sein wird.

Nur wenigen ist dieses geheimnisvolle Rätsel des Universums bewusst. Viele haben jenen unaufhörlichen Wechsel von Tod und Wiederauferstehung verdrängt, der mit dem täglichen Wechsel von Licht und Finsternis verwoben ist.

Jeden Morgen gähnen die Menschen und reiben träge ihre Augen mit den vom Schlaf noch schweren Lidern, ehe sie sich die Zahnbürsten in ihre Münder stecken. Für diese Menschen ist jeder Morgen schläfrig und inhaltsleer, wie ein erschöpfter alter Mann mit trübem Gesicht und herabhängenden Augenlidern.

Vielleicht ist es der Zwang, den die Stadt ausübt auf die Menschen, wonach man andere überwältigen muss, um selbst zu überleben, und andere fallen müssen, damit man nicht selbst gefressen wird, dieses gnadenlose Gesetz, das viele dazu zwingt, für das Leiden der Mitmenschen blind und taub zu werden.

Ich zog eine Zigarette heraus, zündete sie an und blies eine kräftige Rauchsäule in die Nacht hinaus. In Kürze wacht die Stadt wieder auf. Ströme von Menschen mit Masken, in denen sie matt und ausgebrannt aussehen, ergießen sich dann durch die Straßen und rennen vorüber. Dann beginnt sie wieder in der Großstadt, diese unendliche Qual, mit ihrem abscheulichen Krach, all dem Dunst und den Abgasen. Und meine Frau, meine Tochter und ich werden dann einen Bus nach

Süden nehmen, in meinen Heimatort, nachdem wir beim Versuch, den Busbahnhof zu erreichen, in ganzen Wellen von Menschen und immer neuen Wellen fast ertrunken sein werden.

Der Anruf war vor etwa einer Stunde gekommen; als es läutete, lag ich im Tiefschlaf. In der vergangenen Nacht war es sehr spät geworden, und ich hatte zu viel getrunken. Es war auf einer Abschiedsparty von einem meiner Freunde, der in ein fernes Land aufbrechen möchte. Bei dieser Gelegenheit traf ich auch noch andere alte Bekannte, die ich lange nicht gesehen hatte. Wir zogen dann von einer Kneipe zur anderen, und im Laufe der Nacht geriet die Party zu einer richtigen Sauftour.

„Ich hoffe nur, ihr nehmt es mir nicht übel, dass ich das Land verlasse", bat uns der Freund. „Vielleicht lacht ihr mich aus. Aber es hat ja keiner von euch eine Ahnung davon, weshalb ich mich entschieden habe auszuwandern. Hört zu, ich möchte einfach nicht länger in einem Land leben, in dem die Menschen einander nicht vertrauen können, wo die Menschenwürde nichts mehr gilt und ein Menschenleben weniger wert ist als das von Schweinen und Hunden – habt ihr verstanden? Es ist zu schrecklich hier, und deshalb möchte ich fortgehen. Natürlich heißt das nicht, dass ich jetzt zu einer paradiesischen Insel aufbreche. Nein, es ist …, ich bin so kaputt, ich hab's einfach satt, ich habe keine Kraft mehr und kann nichts mehr dagegen tun. Ja, … ich laufe davon, ich haue ab. Verzeiht mir, … oder, meinetwegen, lacht mich aus. Tut oder sagt, was ihr wollt, ich habe nichts dagegen, ihr alten Kumpane!"

So klagte und schrie unser nicht weniger betrunkene Auswanderer lange herum, bis er plötzlich zu heulen anfing. Halb aus tiefem Mitgefühl, halb peinlich berührt, wie wir waren, konnten wir nichts anderes tun, als ihn sein Elend herausschreien zu lassen.

Wir sagten nichts von unserer Besorgnis wegen seiner Entscheidung wegzugehen, gleichzeitig aber hatten wir vollstes Verständnis für seine Motive. Er war ein empfindlicher und freundlicher Mensch, der von den anderen ausgenutzt worden war. Einen solchen Freund, der seinen Job und den Großteil seines Vermögens verloren hatte, beim Weggang in ein unbekanntes Land verabschieden zu müssen, machte uns unendlich traurig und voller Mitgefühl.

Es war nach Mitternacht, als ich nach Hause kam und mich ins Bett legte. Und als dann einige Zeit später das Telefon läutete, war ich sehr schnell im Wohnzimmer und hob den Hörer ab, da mich mein Durst schon zuvor nicht schlafen ließ. Es war mein ältester Bruder, der in meinem Heimatort lebte.

„Ich bin's. Eben ist Großmutter gestorben."

„Waas?? Großmutter ist tot ...?"

„Es ging ihr gut, als sie sich gestern Abend hinlegte. Ich kann es noch nicht glauben ... es ging so schnell. Am Ende war es ganz friedlich, als würde sie einschlafen. Ich weiß, du kommst morgen hier her, dann können wir darüber sprechen. Jetzt habe ich noch viel zu telefonieren."

Damit legte er auf. Benommen ließ ich mich auf den Boden sinken, und noch im Sitzen hielt ich den Hörer an meinem Ohr.

„Großmutter ist tot, meine Großmutter ...", wiederholte ich immer wieder.

In diesem Moment hörte ich einen seltsamen Laut, ein Geräusch, wie wenn mich ein Windstoß aus dem Telefon heraus anwehen würde. Es war dasselbe vertraute Geräusch, das ich als kleiner Junge immer gehört hatte, wenn der Wind durch die Kieferbäume wehte, ein Geräusch, das von der Meeresküste herkam, an der mein Heimatdorf liegt.

Ich stand vom Boden auf, trat ans Fenster und lehnte mich hinaus. Sofort wehte mich die kühle Nachtluft an, ich atmete tief und blickte an der Front meines Appartementhauses ganz nach oben. Dort konnte man über dem Dach einen kleinen Ausschnitt des Himmels sehen sowie ein paar schwach leuchtende Sternchen.

Da sprach plötzlich, wie im Traum, eine Stimme zu mir.

„Mein Kind, vergiss nicht, dass du eines Tages ein Stern gewesen bist, der am unendlichen Himmel geglänzt hat. Ja, auch du bist ein Stern gewesen. Ein kostbarer Stern, der eines Tages auf diese Erde und in unser Haus kam. Vergiss das nie, mein liebes Kind!"

Vor Verwunderung wäre mir beinahe die brennende Zigarette aus der Hand gefallen. Aber dann konnte ich nur mit den Schultern zucken, als ich mich umblickte und nichts als das dunkle Zimmer zu sehen war. Doch ich fühlte ein leichtes Schaudern.

„Ihr Geist ... Omas Geist hat mich besucht", brummte ich erschrocken vor mich hin. Es war wirklich ihre Stimme. Die Stimme war so deutlich zu hören gewesen, dass es mir schwer fiel zu sagen, ich hatte es mir nur eingebildet.

Mit einem leisen Stöhnen lehnte ich mich so weit, wie ich konnte, aus dem Fenster, als wollte ich mit aller Gewalt meine Großmutter erreichen. Aber ich sah nichts als den trübdunklen Großstadthimmel, der über der Hochhauslandschaft lastete. Großmutters gebeugte Gestalt war nirgends zu sehen.

Kein Zweifel: Großmutter wollte mich nochmal sehen, zum letzten Mal, ehe sie diese Welt verließ. Sie wollte ihren ungeratenen Enkel wiedersehen, der sich noch immer nach ihr sehnte, nachdem er sich jahrelang durchgefressen hatte. Dieser gefallene Stern muss ihr viel Kummer bereitet haben.

Ich drückte meine Stirn leicht gegen die Fensterscheibe. Tränen quollen mir aus den Augen und rannen meine Wangen herunter. Ich ließ sie fließen, und dabei kamen Erinnerungen an mein Heimatdorf dazu, an meine Kindheit und an den Innenhof des Hauses, auf dem mir die Großmutter zum ersten Mal sagte, dass wir alle Sterne seien.

Alle sind wir Sterne.

Großmutter war der erste Mensch, der mich dieses wundervolle Geheimnis lehrte. Es war an einem Sommerabend im Hof neben einer rauchenden Feuerstelle gegen die Mücken, ich lag mit meinem Kopf in Großmutters Schoß, unter einem von kristallklaren Sternen übersäten Himmel, die aussahen, als würden sie gleich herabregnen auf unsere Köpfe, und während ich in den Himmel hinauf starrte, hörte ich der Geschichte zu, die sie mir erzählte.

Seit jener Nacht und meine ganze Kindheit hindurch lebte ich mit den Sternen. Bevor ich schlafen ging, trat ich oft noch in den Hof hinaus, und sooft ich zum nächtlichen Himmel hinaufschaute, immer schwammen dort oben die Sterne mit ihren silbrigen Flossen vorüber. Voller Entzücken und mit leuchtenden Augen begann ich dann die Sterne an den Fingern meiner Hände abzuzählen, die ich an meine Brust gelegt hatte.

Großmutter hatte gesagt, meine eigentliche Heimat sei der Himmel, der Ort, an den alle Menschen nach dem Ende ihrer mühseligen Erdenreise zurückkehrten. Diese zahllosen Sterne seien alle die Gesichter meiner geliebten Nachbarn, und ich selber sei ein Wanderstern.

Ich bezweifelte das alles keinen Augenblick. Im Gegenteil, es wurde zu meinem ureigensten Glauben, an dem ich voller Stolz festhielt und von dem ich niemand anderem erzählte. Dieser Glaube durchströmte mich wie frisches Quellwasser.

Jede Nacht träumte ich von den Sternen. Solange ich mit leuchtenden Augen die Sterne am Himmel abzählen konnte, war ich ein glückliches Kind.

Wann aber war das genau, dass ich anfing, nicht mehr an Großmutters Sternengeschichte zu glauben?

Als ich zehn Jahre alt war, zogen meine Großmutter, meine ältere Schwester, mein älterer Bruder und ich von unserer Heimatinsel in eine ferne, fremde Stadt, in der meine Eltern bereits wohnten. Und seitdem ich die Insel verlassen hatte, entfernte ich mich innerlich von den Sternen und sie wurden mir fremd. Ich mochte die Stadt nicht. Obwohl die Sterne noch immer im Himmel über dem grauen Häusermeer existierten, waren sie nun ganz weit weg. Ich hatte sogar Angst, weiter zu ihnen hoch zu schauen, und verlor immer mehr den Glauben an die Geschichte von den Sternen.

Schließlich dachte ich, ich sei zu alt dazu, weiter an ein solches Märchen zu glauben. So beschloss ich, die Geschichte ohne weitere Überlegungen zu verabschieden. Sie gehörte nicht mehr zu den Gegenständen, an die ich glaubte und die ich als etwas betrachtete, das nur mir gehörte; sie war für mich jetzt nicht mehr als ein alter Pantoffel, dem eine Schnalle fehlte oder ein ausgelutschter Kaugummi, der nach nichts mehr schmeckte. Ich war jetzt dabei, erwachsen zu werden.

Anschließend stellte ich mir vor, die von mir verstoßenen Sterne meldeten sich jetzt in meinem Gesicht in Form dieser abscheulichen, eitrigen Pickel, und während ich jeden Tag an diesen unsauberen toten Sternen herumdrückte, hatte ich nur noch bitteren Spott übrig für meinen Kinderglauben und Omas Sternengeschichte.

Andeutungen eines schwarzen Schnurrbartes begannen zu sprießen dort über der Oberlippe, wo man bis jetzt immer nur gelbliche Tropfen aus der Nase laufen sah. Und weiter unten hing mir ein dickes, kolbenartiges Ding zwischen den Haarbüscheln herunter. Alles das half mir dabei, so dachte ich, mir ein Selbstbewusstsein als erwachsener junger Mann zu verschaffen. Statt an die Sterne meiner Kindheit klammerte ich mich nun an diese neue Identität, wenn ich nachts durch die hell erleuchteten Großstadtstraßen streifte, Straßen, die breiter waren als die Milchstraße.

Meine ganze Jugendzeit hindurch waren wir arm, und das Leben war beschwerlich.

Beim Durchstreifen der düsteren und stickigen Gassen der Stadt holte ich mir oft geschwollene Füße und eine Hornhaut danach, während zur gleichen Zeit auch meine seelische Haut immer mehr austrocknete und sich versteifte.

Die Zeit verging, und bald war ich nicht mehr allein. Mit Ende dreißig lebte ich mit einer Frau und einer Tochter. Es war kaum zu glauben, wie sehr ich mich verändert hatte.

Jene schönen Träume, die in meinem kindlichen Herzen aufgekeimt waren und bis ins Universum emporgestrebt hatten, alle diese kräftigen Triebe, die in meinem wissensdurstigen und neugierigen

Geist ans Licht wollten, verwelkten und starben noch vor der Blütezeit. Der hervorströmende Drang in meinem Inneren, die grenzenlose Begeisterung, die Liebe und Hoffnung, all das war mit einem Mal verschwunden.

Aber ich bedauerte das nicht. Ich hatte eingesehen, dass es viel klüger war, ein Leben ohne das alles zu führen, und dass man so in dieser Welt viel leichter bestehen konnte.

Doch warum dann immer wieder diese Tränen?

Wenn ich zu viel getrunken hatte und nachts alleine in den dunklen Straßen nach Hause wankte, blickte ich oft rein zufällig zum Himmel hinauf und betrachtete die schlafenden Sterne. Dann rannen mir, ohne dass es einen Grund dafür gegeben hätte, immer ein paar Tränen die Wangen herab, während ich mich beim Erbrechen an einem Laternenmast festhielt. Doch die Sterne waren jedes Mal sehr schnell wieder verschwunden, und am nächsten Morgen blieb mir von meinem nächtlichen Erlebnis keine Erinnerung mehr übrig.

Obwohl ich während dieser Zeit viele Leute kennenlernte, ist mir kein Gesicht und kein Name im Gedächtnis geblieben. Wir begegneten und wir trennten uns wieder, ohne dass sich mehr als undeutliche und unbestimmte Spuren von ihnen festsetzten, wie zusammenhanglose Bilder eines Traums. Aber da die anderen alle keinen Versuch machten, mein Gesicht in Erinnerung zu behalten, hatte auch ich nicht das Gefühl, ich müsste mich an ihres erinnern.

Ja, ich war schneller gealtert, als man es an meinen Lebensjahren ablesen konnte. Während mein Alltag dahinfloss, zog alles andere, meine Lebenszeit, die Begegnungen mit Menschen wie auch die Bindungen an einzelne von ihnen wie Schatten an mir vorüber, und am Ende war ich ein teilnahmsloser Mann mittleren Alters geworden.

Aber dann …, dann nahm Großmutter Verbindung zu mir auf. In ihren friedlichen letzten Momenten wandte sie sich zum letzten Mal an mich, bevor sie ihre lange Reise auf Erden beendete und in ihre alte Heimat im Himmel droben zurückging.

Nachdem ich mich, wie erwähnt, so weit ich konnte, aber vergeblich, aus dem Fenster gelehnt hatte, verließ ich schließlich das Zimmer und öffnete vorsichtig die Wohnungstür. Dann rannte ich im Pyjama die Treppen hinauf bis ganz nach oben. Im fünfzehnten Stock, wo das Treppenhaus zu Ende war, öffnete ich die schwere Eisentür und schlüpfte hinaus auf das Dach des Hochhauses. Die kalte Dezemberluft hüllte mich ein, ich lehnte mich zitternd gegen das Geländer und richtete meine Augen nach oben.

Ah! Den Nachthimmel, den ich schon lange vergessen hatte, gab es noch! Auch wenn die Luft etwas verschmutzt und sein Anblick durch die Lichter der Großstadt beeinträchtigt war – er war noch da!

Meine Augen waren vom Schlaf noch verklebt, und ich bemühte mich darum, sie ganz weit aufzumachen. Ich wollte den Stern meiner Großmutter suchen, der doch dort oben in dem unendlichen Nachthimmel sein Zuhause wiedergefunden haben soll und nun strahlend herableuchten würde.

Aber es war irgendwie seltsam. Ganz gleich, wie oft ich mit meinen Augen blinzelte und darin herumrieb, meine Bemühungen waren umsonst. Bis ich begriff, dass nicht nur meine körperliche Sehkraft, sondern auch mein innerliches Sehvermögen gestört war.

Da fing ich an zu weinen.

Was konnte ich machen? Es war einfach schon zu lange her, dass ich mit meinem Unglauben an die Sterne gelebt hatte, und jetzt war ich nicht einmal mehr in der Lage, sie dort oben in voller Klarheit wahrzunehmen. Meine Augen war längst viel zu schmutzig und sündhaft geworden, so dass ich nicht einmal meine eigene Heimat dort oben wiederfinden würde, wenn meine Zeit käme, diese Erde zu verlassen.

Voller Verzweiflung heulte ich weiter und irrte auf dem verlassenen Dach umher.

Doch es war mir nun wieder klar geworden, dass Großmutter ohne allen Zweifel irgendwo dort oben war und strahlte, mit einem Lächeln auf ihrem zahnlosen Mund und so auf mich herabblickend, wie sie es an jenem letzten Abend in unserem Hof getan hatte, nur jetzt ganz ohne ein Wort zu sagen. So sah sie vom Himmel herab auf diesen dummen, gefallenen Stern, der dort unten im Pyjama auf dem Dach eines Hochhauses herumirrte, mit einem Gesicht, das gezeichnet war von Mühsal und Hass, von Verzeiflung und Habgier, von Missgunst und Unzufriedenheit.

2
DER GEBURTSTAGSMORGEN

Es ist bekannt, dass vor etwa dreihundert Jahren Menschen auf der Insel Nagil, d.h. auf Nagildo*, zu siedeln begonnen haben.

Natürlich müssen dort auch schon viel früher Menschen an Land gegangen sein. So werden Fischerboote geankert haben, die hier vor Taifunen Schutz suchten oder Trinkwasser benötigten. Und da die Insel zwischen dem Festland und Jejudo, d.h. der Insel Jeju, liegt, wird es auch immer wieder vorgekommen sein, dass Schiffe an das Ufer getrieben wurden. Noch heute kann man am Fuß eines Hügels, auf dem ein Leuchtfeuer steht, Knochenreste von Festlandsbewohnern finden.

Aber eigentlich galt Nagildo bis vor dreihundert Jahren als eine unbewohnte Insel. Die drei Familien, die sich zuerst hier ansiedelten und Felder bestellten, werden von den Inselleuten die Gründungsväter genannt. Ihre Familiennamen sind Kim, Jo und Cheon und ihre Nachkommen bilden heute die Mehrheit innerhalb der Inselbevölkerung.

Die erste grundlegende Leistung, die die Gründungsväter auf der Insel vollbrachten, war die Bohrung des Großen Brunnens. Das war auch der Grund, weshalb man am Hügel über dem Brunnen einen Schrein errichtete und alle Insulaner sich dort jedes Jahr zu einer Zeremonie versammeln, um der Gründungsväter zu gedenken sowie zu Ehren des Geistes der Inselherrin, der darin wohnt.

Vielleicht ist diese treue Verehrung der Grund dafür, dass der Große Brunnen noch nie ausgetrocknet ist, während alle anderen Quellen schon nach einer Trockenzeit von drei oder vier Monaten regelmäßig versiegten.

Am frühen Morgen meines siebenten Geburtstages wachte meine Großmutter auf, ging in die Küche, bereitete warmes Wasser und wusch ihre Haare und ihr Gesicht. Dann zog sie die Kleider an, die sie für besondere Anlässe in einem Kasten aufbewahrte, und packte Kerzen, Zündhölzer, eine Wasserschüssel und eine mit Reis gefüllte Schale aus weißem Porzellan zusammen.

Als sie das Haus verließ, war die frühmorgendliche Dunkelheit noch nicht ganz gewichen. Nachdem sie die in vielen Windungen sich schlängelnden Gassen hinaufgegangen war, erreichte sie den Großen Brunnen. Aber sie war überrascht und auch etwas verwirrt, als sie sah, dass jemand vor ihr da war; denn eigentlich hatte sie die erste Wasserportion an diesem Tag aus dem Brunnen schöpfen und dabei dem göttlichen Geist dafür danken wollen, dass er ihr einen so kostbaren Enkel geschenkt hatte.

Zudem war die Person, die Großmutter vorfand, Beoldeongnyeo, ihre unmittelbare Nachbarin, und diese war die letzte, die sie hier erwartet hatte.

„Du meine Güte!", rief Beoldeongnyeo, die ihrerseits vor Überraschung ganz erschrocken war. „Ist das nicht die Oma des kleinen Cheol? Was tun Sie denn hier oben so früh am Morgen?"

Dann wandte Beoldeongnyeo sich wieder um, hockte sich neben dem Brunnen nieder und begann, einzelne Stücke aus einem großen Wäschekorb herauszuholen.

„Genau das wollte ich dich fragen!"*, erwiderte Großmutter energisch. „Was für ein komischer Zufall, dass du einmal so früh am Morgen aus dem Bett gekommen bist! Hmm. Heute geht die Sonne wohl einmal im Westen auf."

Wie gewöhnlich, wenn sie mit Beoldeongnyeo sprach, war Großmutters Stimme von eisiger Kälte. Und in der Tat, wenn es irgendjemanden im Dorf gab, den die Oma nicht ausstehen konnte, dann waren es Beoldeongnyeo und Dwitganne.

Seltsamerweise wohnten die einzigen Leute, die sie im Dorf nicht leiden konnte, ausgerechnet in den Häusern neben uns. Und die drei Häuser standen so dicht nebeneinander, und die Steinmauern, die die Höfe voneinander trennten, waren so niedrig, dass jeder Bewohner auch noch die kleinsten Einzelheiten über den Haushalt der jeweils anderen wusste: etwa wie viel Sesamöl in den Flaschen noch übrig war, wie viel Reis sich noch in den Töpfen befand und wie viele Löffel jeder besaß.

Wenn man in meiner Familie Hühnersuppe kochte und wir davon essen wollten, ohne dass die Nachbarn davon wussten, dann konnten wir geradezu hören, wie ihnen das Wasser in den Mündern zusammenlief oder wie ihre Riechorgane sich blähten, wenn der Duft der frischen Suppe sie umwehte. Unter diesen Umständen war gar nicht daran zu denken, dass wir uns irgendetwas schmecken lassen konnten, ohne die Nachbarn daran teilhaben zu lassen, etwa indem wir ihnen eine Schüssel Suppe über die Mauer hinüberreichten.

Aber auch das war nicht der wirkliche Grund für die Antipathie meiner Großmutter. Ich glaube, es handelte sich hier um ein von Großmutter höchst persönlich gepflegtes Vorurteil: Für sie nämlich waren das nur liederliche Weiber, die nichts anders taten, als sich auf der Gasse herumzutreiben.

Großmutter behauptete, das Gerücht, wonach Beoldeongnyeo eine liederliche Frau sei, habe sich inzwischen meilenweit in alle Richtungen verbreitet. Auch deshalb grinsten die Männer aus den Nachbardörfern und sogar noch auf der Insel Saengwoldo und schauten ihr lüstern nach, wenn sie ihnen auf dem Markt zufällig in die Arme lief.

Und den spöttischen Spitznamen ‚Beoldeongnyeo‘, wörtlich etwa ‚die flotte Lady‘, in Anspielung auf die Lockerheit ihrer Sitten und ihre schnelle Verführbarkeit, hatte sie von den Dorfbewohnern erhalten, die den Eindruck hatten, die Dame musste nicht mehr als ein paar anzügliche Blicke mit irgendeinem Mann wechseln, und schon lag sie mit ihm im Bett, jederzeit und an jedem Ort.

Anders als Beoldeongnyeo war Dwitganne weniger als liederliche Frau bekannt. Den Spottnamen ‚Dwitganne‘ hatte sie nicht von den Mitbewohners des Dorfes erhalten. Er bedeutete eigentlich so viel wie ‚die Frau von der Hoflatrine‘, ‚vom Plumpsklo‘. Den Namen hatte man ihr bereits auf ihrer Heimatinsel Saengwoldo verpasst, und er kam daher, dass ihre Mutter, als sie auf der Toilette saß, ihr Kind in demselben Aborthäuschen zur Welt gebracht hatte.

Auf irgendeine Weise hatte Großmutter von den Umständen der Geburt Dwitgannes erfahren. Obwohl diese sich vor den Leuten als eine ehrbare Frau ausgab, glaubten einige Dorffrauen, aus der Art und Weise, in der sie ihr wiegendes Hinterteil ungescheut in den Gassen spazierenführte, doch auf ihren wahren Charakter schließen zu können. Aus den geflüsterten Gesprächen der Frauen war zu entnehmen, dass es bei ihren besonders hochliegenden Wangenknochen und diesem Gesicht, das wie ein tiefroter Pfirsich leuchtete, kein Wunder war, dass dahinter ein böser Charakter saß, der sie zu unsittlichen Handlungen antrieb. Zusammen mit ihren verführerischen Blicken waren das untrügliche Zeichen ihrer Verdorbenheit, und so war sie rettungslos dazu verurteilt, als eine gänzlich sittenlose Schlampe zu gelten.

Großmutter stellte die Schüssel, die sie auf dem Kopf getragen hatte, direkt neben dem Brunnen ab. Beoldeongnyeo warf gleich einen neugierigen Blick hinein.

„Ah …, Kerzen und Reis, nicht? Da gibt es ja heute bei Ihnen zu Hause etwas Schönes zu feiern, oder, Oma? Was ist es denn?"

„Was auch immer es ist, dich geht's eigentlich nichts an … Na ja, mein jüngster Enkel wurde heute vor sieben Jahren geboren."

„*Aigo**, dann sind Sie also deshalb heute so früh am Morgen hierher gekommen, um für ihren Enkel zu beten. Ich habe mich schon über meinen besonders schönen Traum letzte Nacht gewundert, doch jetzt wird es mir klar, was er bedeutet: Dann bekomme ich heute also gedünsteten Reiskuchen serviert, wenn die Geburtstagszeremonie Ihres Enkels gefeiert wird, hihihi!"

„Ein Scheißtraum ist das! Bei uns gibt es nicht einmal angebrannten Kochreis, geschweige denn gedünstete Reiskuchen, merk dir das, *jjeut!*", schnauzte Großmutter sie an und grinste verächtlich dabei.

„Dann muss ich Ihnen aber sagen, dass das hier nicht der richtige Platz ist, um für Ihren Enkel zu beten. Wäre es nicht besser, Sie gingen dazu auf das Gräberfeld hinter dem Hügel, dort, wo er doch auch geboren ist, oder nicht?"

Sie hielt das wohl für einen guten Witz, aber Großmutter geriet über diesen unpassenden Scherz erst richtig in Wut, und ihre Augen blitzten vor Zorn.

„Was hast du gesagt, du schamloses Luder? Nie wieder nimmst du den Namen meines Enkels in dein dreckiges Maul!", fauchte sie.

Erschrocken wie sie war von Großmutters unerwartetem Wutausbruch, hockte sich Beoldeongnyeo wieder neben ihren Korb und wühlte wortlos weiter in dem Wäschehaufen. Im nächsten Augenblick schien der Alten etwas eingefallen zu sein, und ganz unvermittelt fuhr sie Beoldeongnyeo an:

„Moment mal, was hast du eigentlich hier herumzuhocken am Großen Brunnen?"

„Haben Sie keine Augen im Kopf? Hier ist Wäsche, die ich zum Waschen mitgebracht habe", blaffte die Frau zurück.

„Was? Wäschewaschen vor Sonnenaufgang, und ausgerechnet hier am Großen Brunnen? Das bringt doch Unglück! Hier wäscht man keine Wäsche. Hast du keine Angst vor den bösen Folgen?"

„Oma, was reden Sie denn …? Für mich ist der Brunnen der Platz, an dem ich meine Wäsche wasche, und kein heiliger Ort auf einem Hügel. Was für böse Folgen soll das haben? Hören Sie doch auf, mir auf die Nerven zu gehen mit Ihrem ewigen Geschimpfe."

„Ach, Unsinn. Wie nennst du den Versuch, deine Dreckwäsche sauber zu kriegen so früh am Morgen an diesem geweihten Brunnen? Wahrscheinlich sind das sogar noch die blutigen Klamotten von deiner letzten Periode?"

„Haben Sie Dreckwäsche gesagt? Sie reden ja, als wären schmutzige Windeln hier unter meiner Wäsche."

Da griff Großmutter einfach in Beoldeongnyeos Korb, zog eine

Handvoll Wäschestücke heraus und hielt sie ihr laut schreiend unter die Nase.

„Ja, allerdings, Babywindeln sind bestimmt sauberer als das Zeug da!"

Beoldeongnyeo stand auf und fing an, Großmutter anzuschreien. Sie war nun auch selbst wütend geworden.

„Na und?", schrie sie. „Sie reden gerade so, als hätten Sie selber nie schmutzige Unterwäsche zu waschen. Oder tragen Sie gar keine Unterwäsche?"

„Wenn du dich jede Nacht mit deinen Männern im Bett herumtreibst, ist deine Unterwäsche natürlich schmutzig", sagte Großmutter. „Schäm dich. Und hör bloß damit auf, dieses Zeug auch noch frühmorgens in unserem heiligen Brunnen zu waschen. Hier wäscht man keine Wäsche, das tut man nicht. – Was ist das nur für eine Schlampe! Unterwäsche –, die wäscht man zu Hause in der Nacht, ohne Aufsehen zu erregen!"

Jetzt bekam Beoldeongnyeo einen Wutanfall und fing an, auf Großmutter loszuschreien, wobei sie ihre Hemdsärmel hochkrempelte.

„He, jetzt ist diese Alte da zu weit gegangen! Richtig, ich habe letzte Nacht wenig geschlafen, ich war zu beschäftigt mit diesem Mann. Na und? Haha, ich verstehe, sie ist eifersüchtig. Aber wer möchte schon schlafen mit so einer alten Hexe? Oder haben Sie noch was zu sagen, ha?"

„Was für eine böse, gereizte Schlampe das ist!", konterte meine Großmutter. „Meinst du, verdorben, wie du bist, kannst du etwas bei mir ausrichten? Oder soll ich mit einem Plakat herumlaufen, auf dem groß geschrieben steht, eine junge Schlampe wäscht dreckige Lumpen im heiligen Brunnen, aus dem das ganze Dorf trinkt, und dafür will sie auch noch eine Belohnung?"

„Das haben Sie gesehen? Sie haben wirklich gesehen, wie ich schmutzige Unterwäsche in den Brunnen getaucht habe, ausgerechnet Sie mit Ihren schiefen Augen?"

„Ja, mit diesen beiden Augen habe ich das ganz deutlich gesehen. Hast du jetzt noch etwas zu sagen?"

Großmutter und die flotte Lady standen sich schließlich gegenüber wie zwei feuerspeiende Drachen, dabei war es noch immer am frühen Morgen, und die Sonne war noch nicht aufgegangen. Die anhaltende Lautstärke, in der die beiden Frauen sich die Lunge aus dem Leib schrien, erschütterte auch die Trommelfelle der schlummernden Dorfbewohner und weckte sie aus ihrem süßen Morgenschlaf. Auch ich wurde wach bei diesem Tumult.

„Ist das nicht die Stimme der Großmutter des kleinen Cheol?"

„So klingt es, und die andere hört sich an wie die von Beoldeongnyeo."

„Warum schlafen sie nicht um diese Zeit? Die sollten sich schämen" – so ungefähr werden die Leute in ihren Betten gemurrt haben.

Inzwischen machten sich meine Schwester und ich zusammen mit einer Anzahl von Frauen zu dem Großen Brunnen auf, um nachzusehen, was los war. Die Erwachsenen suchten sogleich, die beiden Streithühner zu trennen. Am Ende stellte sich Großmutter jedenfalls als klare Siegerin in dem Handgemenge heraus. Nachdem jede von beiden eine ganze Weile wütend für ihre Sache gegenüber den Dorffrauen gestritten hatte, von denen sich mit der Zeit immer mehr vor dem Brunnen eingefunden hatten, neigten die Leute schließlich einmütig dazu, Beoldeongnyeo allein die Schuld zu geben.

Als sie die Unterstützung des Publikums gewonnen hatte, wurde Großmutter kühner und ließ so lange nicht locker, bis ihre Beschuldigungen Beoldeongnyeos den Charakter begründeter Tatsachen angenommen hatten.

„Es ist die Wahrheit, ich habe deutlich gesehen, dass sie die dreckigen Lumpen in dem Großen Brunnen gewaschen hat. Jeder weiß, dieser Brunnen ist kein gewöhnlicher Brunnen. Warum wohl veranstalten wir an jedem Neujahrstag seinetwegen eine feierliche Zeremonie vor dem Schrein? Wir machen das doch deshalb, weil wir die bösen Folgen abwenden wollen, die jedem drohen, der das heilige Wasser verunreinigt. Und ihr wisst doch, wie sehr sich unsere Vorfahren bemühten, diese bösen Folgen abzuwenden. Aber was in aller Welt ist das jetzt? Eine primitive Schlampe wie die da wagt es tatsächlich, eine solche böse Tat zu begehen und hat beinahe Erfolg damit. Ein schrecklicher Gedanke!"

Beoldeongnyeo aber, der jetzt die Worte fehlten, drückte sich, mit ihrem Wäschekorb unter dem Arm, davon. Zwar war sie innerlich empört über Großmutters tückischen Anschlag, aber sie hatte durchaus Grund, sich zu schämen. Immerhin lagen tatsächlich Tücher von ihrer Monatsblutung sowie auch Unterwäsche in ihrem Wäschekorb.

„Und ein schlauer Fuchs ist sie auch noch …, diese alte Hexe ist doch widerlich", stieß Beoldeongnyeo hervor, während sie weiter fluchend sich von dem Brunnen davonstahl, um schließlich die Stufen zu ihrem Haus hinaufzuspringen.

Nachdem sie Beoldeongnyeo erfolgreich vertrieben hatte, nahm Großmutter endlich ihre Wasserschüssel heraus und schöpfte mit größter Sorgfalt das saubere Wasser aus dem Brunnen, das an diesem

Morgen noch niemand angerührt hatte. Dann stellte sie die Schüsseln mit Wasser und dem Reis vor dem Brunnen auf, zündete Kerzen an, um sie in die Reisschüssel zu stecken, und verbeugte sich ehrfürchtig. Dann kniete sie sich auf die Erde und fing an, zu dem göttlichen Geist des Großen Brunnens zu beten, wobei sie ihre Handflächen aneinander rieb.

„Gnadenreicher Brunnengeist, heute am 5. März ist der Geburtstag meines kostbaren kleinen Cheol. Ich bitte dich, du wollest meine Gebete erhören. Bitte, pass gut auf meinen Enkel auf und schenke ihm gute Gesundheit, so dass Eltern und Großeltern sich nicht grämen müssen, und lass ihn ein erfolgreicher Mann werden, der sich einen Namen macht nicht nur auf dieser Insel hier, sondern auch im ganzen Kreis Wando. Das ist der einzige Wunsch, um dessentwillen dieses alte, dumme Weib zu dir betet."

Während Großmutter weiter ihre Hände aneinander rieb und ihre Gebete wiederholte, standen meine ältere Schwester und ich hinter ihr und waren ganz überwältigt von dem, was sie tat.

Zwei der Dorfleute flüsterten mir abwechselnd ins Ohr: „Merk dir das, lieber Cheol, alle diese Gebete spricht deine Großmutter nur in der einzigen Hoffnung, dass aus dir einmal ein erfolgreicher Mann wird. Vergiss das nie."

„O ja, so ist es", flüsterte der andere. „Wenn du das jemals vergisst, wie deine Großmutter für dich gebetet hat, dann bist du kein menschliches Wesen mehr, verstehst du das?"

Ganz unwillkürlich wurde ich rot bis zu meinen Ohrläppchen. Derweil standen andere Frauen aus dem Dorf, die zum Wasserholen gekommen waren, lächelnd um uns herum und warteten geduldig, bis Großmutter mit ihren Gebeten fertig war.

3
MEINE TANTE OKNIM

Oknim war eine entfernte Tante* von mir. Aber als ich ein kleiner Junge war und und sogar noch später, als ich herausgefunden hatte, dass sie tatsächlich meine Tante war, sagte ich niemals Tante zu ihr, vielmehr beklagte ich mich immer, dass meine Mutter eine so debile Kusine haben musste.

Oknim war ausgesprochen dumm. Und falls es irgendjemanden im Dorf oder auf der Insel gegeben haben sollte, der das nicht kapiert hatte, dann muss derjenige eben auch ziemlich dämlich gewesen sein.

Die Kinder in unserem Dorf hatten immer eine Menge Spaß mit Oknim. Keiner hatte die geringsten Hemmungen, sich über sie lustig zu machen, nicht einmal die etwas ängstlicheren unter den Kindern, so wenn sie sie zum Beispiel bei ihrem Vornamen nannten, etwas ganz und gar Unmögliches gegenüber Erwachsenen. Ich fand es beschämend und ungerecht, eine solche Idiotin meine Tante nennen zu müssen.

Einmal spielte mein Bruder mit einer Gruppe von Jungen auf einem leeren Grundstück vor dem Gemeindehaus, während ich ihnen von ferne zuschaute. Plötzlich fing einer der Jungen zu schreien an und zeigte auf eine Gasse hinter der Hauptstraße. Dort erschien Oknim mit einem Bündel aus trockenem Brennholz auf dem Kopf, das sie gesammelt hatte. Als sie sie erkannt hatten, fingen sie zu johlen an und versuchten sie mit spöttischen Worten zu reizen.

„Hallo, Dummkopf, Dummkopf, … hallo!"

„Was …? Verdammte Bälger", brummte sie. Dann schleuderte sie erbost das Holzbündel auf die Erde und rannte auf die Jungen los, die sofort in alle Richtungen auseinanderstoben. Ich stand währenddessen ganz unbeteiligt am äußersten Rand des Platzes und blieb als einziger zurück. Zu meiner Überraschung kam sie nun auf mich zugerannt wie ein schnaubender Stier, packte mich und ließ sogleich heftige Schläge auf meinen Rücken und mein Hinterteil niederprasseln. Anschließend setzte sie rasch ihren Weg fort. Aber sie hatte mich in solche Angst versetzt, dass mir einen Augenblick lang der Atem wegblieb. Wütend und empört über eine Strafe für etwas, an dem ich gar nicht beteiligt war, rannte ich nach Hause, heulte lautstark und erzählte Großmutter, was geschehen war. Doch anders, als ich erwartet hatte, wandte die sich aus irgendeinem Grund an meinen Bruder und begann uns beide auszuschimpfen.

„Ihr blöden Lausejungen! Sie ist noch immer eure Tante, in welchem Zustand sie sich auch befindet. Man macht sich darüber nicht lustig. Ich werde das eurer Mutter erzählen, das könnt ihr mir glauben!", drohte uns die Großmutter.

Damals habe ich das erste Mal davon gehört, dass die dumme Oknim meine Tante war.

Oknim war nicht schon von Geburt an geistig zurückgeblieben. Aber im Alter von zwei Jahren bekam sie plötzlich Krämpfe, und seither war sie behindert.

Als sie damals ihre Anfälle hatte, rannte ihr Vater, seine offenbar sterbende Tochter auf den Armen, nach Hwapori zu einem Akupunkturarzt, der berühmt war, weil er eine Anzahl von Kindern mit den gleich Symptomen auf wunderbare Weise geheilt hatte.

Der Arzt, schon über siebzig und halb blind, stach mit einer langen Nadel tief in den Hinterkopf meiner Tante. Kurz darauf zog er die Nadel wieder heraus, und damit war seine medizinische Behandlung beendet. Und zum Erstaunen ihres Vaters geschah das Wunder tatsächlich: Das Kind wurde nach ein paar Minuten wieder lebendig.

Doch Tante Oknim konnte mit fünf Jahren noch immer nicht gehen, und als sie zehn war, lagen ihre geistigen Fähigkeiten noch immer unter denen eines drei oder vier Jahre alten Kindes. Infolgedessen wurde sie nicht eingeschult und konnte ihren eigenen Namen nicht schreiben.

Sie hatte zwei ältere Brüder. Es ging das Gerücht, dass der ältere eine Eisenhandlung in Gwangju* besitze und reich geworden sei, während der andere einen Laden für Gummischuhe in Hwapori betrieb. Ihr Vater war lange tot und die Mutter lebte bei ihrem ältesten Sohn in Gwangju.

Tatsächlich waren alle Mitglieder ihrer Familie fortgezogen und hatten Oknim alleine zurückgelassen. Ihre geistig behinderte Tochter mit sich zu nehmen, betrachtete die Familie als eine zu große Belastung, jedoch war es Oknim selbst, die aus einem unbekannten Grund darauf bestanden hatte, alleine zurückzubleiben. Seitdem schaffte sie es, mit dem Geld auszukommen, das ihr der ältere Bruder jeden Monat schickte.

Obgleich schon über vierzig, hatte Oknim es geschafft, noch immer Jungfrau zu sein. Bei etwas näherer Betrachtung hätte man durchaus gewisse Reize an ihr entdecken können. Sie war ziemlich hübsch, auch wenn sie beständig mit Resten von Kimchi um den Mund herumlief. Sie wusch selten ihr Gesicht, und auch ihre Hände und Füße waren meist unsauber und oft schwarz wie das Gefieder einer Krähe. Und doch, in einem frisch gesäuberten Zustand hätte man sicherlich gewisse Spuren von Schönheit an ihr entdecken können.

Im Übrigen trug der Umstand, dass sie keine Feldarbeit zu machen brauchte, dazu bei, dass ihre Wangen einen milchweißen Glanz behielten, anders als bei den übrigen Dorffrauen, deren Gesichter verwittert waren von der Feldarbeit in der glühend heißen Sonne.

„Ach, diese Oknim ist dazu geboren, ein glückliches Leben zu haben", pflegten die Dorffrauen zu schwärmen und dabei ihr eigenes Schicksal zu beklagen, das sie dazu bestimmte, tagaus tagein in der Sonnenhitze auf dem Feld zu schuften.

Oknim hatte auch zwei seltsame Gewohnheiten. Die eine war, dass sie immer ein Handtuch um den Kopf trug, niemand im Dorf hatte sie je mit entblößtem Kopf gesehen.

Eine Frau aus dem Dorf musste einmal teuer für einen Streich bezahlen, den sie ihr spielen wollte. Sie war ihr unbemerkt nachgeschlichen und hatte ihr lachend das Tuch vom Kopf heruntergezogen. Darauf heulte Oknim so laut, dass das ganze Dorf zu erbeben schien, und packte voller Wut eine Spitzhacke, die auf dem Feld herumlag. Damit verfolgte sie dann die Frau fast einen halben Tag lang. Diese grausame Verfolgungsjagd durch Tante Oknim hatte zur Folge, dass die Frau eine Zeit lang geistesgestört war.

Gerüchte unter den Dorfbewohnern, die Oknim nie barhäuptig gesehen hatten, wollten wissen, dass sie hunderte von Läusen auf ihrem Kopf mit sich herumtrug. Ich hatte gehört, dass diese Läuse zehn oder mehr Jahre alt und so groß wie der Daumen eines Erwachsenen waren, dass sie sich tagsüber unter Oknims Haube vor der heißen Sonne geborgen fühlten, nachts aber herauskriechen würden, wenn sie ihr Tuch abgenommen hatte. Und in einer mondhellen Nacht würden ganze Schwärme schwarzer Läuse in ihrem Hof herumkrabbeln, überall auf der hölzernen Diele, im Gemüsegarten, auf den Steinmauern ebenso wie in ihrem Zimmer.

Tante Oknim war auch ein Geizkragen. Sie benahm sich sehr geschickt, wenn es darum ging, von den Mahlzeiten der anderen etwas abzubekommen, ihr selbst jedoch kam es selten in den Sinn, ein Essen mit den Nachbarn zu teilen. Allerdings war es ihr auch schwer möglich, anderen etwas abzugeben, wenn man bedenkt, mit wie wenig sie selbst zurechtkommen musste.

Obwohl sie eigentlich zu nichts zu gebrauchen war, hatte sie doch eine feine Spürnase, wenn es darum ging, schon von ferne zu riechen, wenn irgendwo für einen Geburtstag oder eine Gedenkzeremonie besondere Speisen zubereitet wurden. Selbst das schwache Aroma einer Suppe mit leichtem Fischgeschmack und kleinen Teigflocken darin war für ihr schnupperndes Organ stark genug, um ihre Neugier in Richtung auf die Küchentür eines Nachbarn zu lenken.

Da sie als geizig galt, war es ein merkwürdiges Ereignis für die Dorfbewohner, wenn Tante Oknim an den *Chuseok*-Feiertagen *Songpyeons* herstellte* und an die ringsum wohnenden Nachbarn verteilte. Alle *Songpyeons* sahen aus wie die Köchin selbst, bucklig und unförmig. Wenn die Nachbarn dann die *Songpyeons* voller Verwunderung in Empfang nahmen, fragten sie sich jedes Mal, was diese geizige Tante wohl dazu veranlasst habe, etwas von ihrem Essen abzugeben, und weit davon entfernt, ihr dankbar zu sein, fühlten sie sich eher unangenehm berührt. Und weil sie Oknims unsauberes Gesicht vor Augen hatten, das sie höchstens einmal pro Woche zu waschen pflegte, und ihre schmutzigen Fingernägel, die wie gekrümmte Klauen aussahen, aßen sie nur ungern von den Reiskuchen, die sie bei der Herstellung wiederholt mit diesen Fingern bearbeitet haben musste, ja eigentlich wollte sie niemand von ihnen anrühren.

Vor allem der bloße Gedanke an die Riesenmenge an Läusen, die in Oknims Haaren nisteten, ekelte die Nachbarn so sehr, dass sie am liebsten nicht einmal einen Blick auf die Reiskuchen werfen wollten. Manche Dorffrauen argwöhnten sogar, Oknim habe einige von den Läusen in den Kuchenteig getan. Jedenfalls machten Gerüchte die Runde, dass an diesem Tag die Schweine im Dorf ein Festmahl mit den weggeworfenen *Songpyeons* von Oknim feiern durften.

Eine andere seltsame Gewohnheit von Tante Oknim war es, dass sie stets ein kleines Säckchen in ihrer Unterkleidung bei sich trug, das sie meines Wissens von ihrer Mutter erhalten hatte, als diese nach Gwangju zog, und das aus einem roten und schmutzigen alten Stoff war. Sie hütete das Säckchen wie ihren Augapfel und verbarg es wie einen kostbaren Schatz, den niemand zu Gesicht bekommen sollte.

Niemand wusste, was darin war. Es hieß, wenn sie einmal Geld in das Säckchen gesteckt habe, würde es zehn Jahre lang kein Sonnenlicht mehr sehen – obwohl eigentlich keiner glaubte, sie würde jemals Geld genug haben, um es bloß zu verstecken. Jedenfalls war das für uns Dorfbewohner ein weiteres interessantes Geheimnis, das es mit dem Verdacht auf eine Läusekolonie in ihren Haaren sehr wohl aufnehmen konnte.

Aber bei den Frauen, die regelmäßig am Wäscheplatz des Dorfes zusammenkamen, nahm die erste Stelle unter den Geheimnissen, von denen Oknim umgeben war, alles das ein, was sie über die Männer zu sagen hatte.

Einmal hatte sie auf die Frage einer Frau, wie ein Baby entsteht, geantwortet: „Na, also da kenne ich mich aus! Ich bin schließlich nicht so dumm, wie ihr denkt. Wenn du ein Baby haben willst, musst du am ersten Tag des Neuen Jahres ein Bad nehmen und vor dem Schrein der alten weisen Frau dafür beten, das ist alles. Ihr Schlaumeier, wisst ihr nicht einmal solche einfachen Sachen?" Auf diese Antwort hin stimmten alle in ein dröhnendes Lachen ein und sahen sich bestätigt in ihrer Meinung über Oknims Kenntnisse von den Männern.

„Ich kann mir nicht vorstellen, wie eine Frau wie die überhaupt irgendeine Vorstellung von Männern haben kann", sagte die eine, und eine andere gab zu bedenken: „Irgendetwas wird sie schon darüber wissen, schließlich ist sie eine erwachsene Frau." Dem widersprach eine dritte kategorisch: „Ich glaube das nicht, in solchen Dingen ist sie offensichtlich völlig unwissend."

Aber eines Tages wurde diese alte Frage dann doch beantwortet, und zwar durch ein Ereignis von besonderer Art.

Es war an einem Mittag irgendwann im Monat März. Eine ungewöhnlich heiße Sonne brannte auf die Dorfbewohner herab und machte sie träge und schläfrig, als die Begebenheit in Oknims Hütte sich ereignete.

Sie wohnte an einer einsamen Stelle am Fuße eines Abhangs am nördlichen Rand des Dorfes. Dort hauste sie in einer Hütte, deren Strohdach, anders als bei den Dächern der übrigen Einwohner, am Verfaulen war, weil sie das Stroh nicht jährlich erneuerte. Da sie sich ihren Lebensunterhalt nicht durch eigene Arbeit verdienen konnte, reichten die öffentlichen Ernährungshilfen, die zweimal im Jahr verteilt wurden, und die finanzielle Zuwendung von ihrem älteren Bruder gerade zum Leben, zu mehr aber nicht.

An diesem Tag im März, einem Sonntag, war die Großmutter auf dem Gerstenacker des Dorfvorstehers mit anderen Frauen beim Unkrautjäten. Nachdem ich den Sonntagmorgen zu Hause verbracht hatte, ging ich um die Mittagszeit auf das Feld zur Großmutter. Von dort konnte ich Oknims Hütte deutlich sehen. Während ich auf Großmutter wartete, durchstreifte ich die Hügel ringsum nach duftenden Süßgräsern. Viele davon wachsen in hügeligem Gelände um Grabstellen herum und auf abgeernteten Feldern, auf denen die Bauern im Winter Feuer legten, um damit die Eier der schädlichen Insekten zu bekämpfen. Wenn man an den Spitzen der Süßgräser die Schalen abzieht,

35

kommen Stiele mit weißlichen Fäden daran zum Vorschein, und wenn man einen Büschel solcher süßer und weicher Stiele in den Mund steckt und eine Weile daran kaut, hat man schließlich eine klebrige Masse im Mund, die wir damals unseren ,Kaugummi' genannt haben.

Wir Kinder auf der Insel hatten dauernd Hunger. Wir bekamen zwar dreimal am Tag eine dürftige Mahlzeit, aber keinerlei Imbiss dazwischen, höchstens einmal einen rohen Rettich oder Süßkartoffeln, und selbst diese reichten nicht aus, um unseren Appetit zu stillen. Manchmal bekam ich Schläge, weil ich mich in die Vorratskammer geschlichen und aus einem großen Krug eine Hand voll von dem kostbaren rohen Reis gestohlen hatte. Besonders hungrig war ich auf essbare Süßigkeiten. Nicht einmal Kekse, Kuchen und Kaugummi waren bei uns leicht zu bekommen. Auf der ganzen Insel gab es fast keinen einzigen Ort, wo so etwas verkauft wurde, und selbst wenn es einen solchen Laden gegeben hätte, hätten es sich nur wenige Familien leisten können, ihren Kindern derartige Sachen zu kaufen. Meine Geschwister und ich waren allerdings besser dran als andere Kinder, da meine Eltern uns jedesmal Bonbons mitbrachten, wenn sie alle paar Monate aus der Kreisstadt kamen, um uns zu besuchen. Es gab da eine Sorte Bonbons, die war steinhart und hieß das „Zehn-Meilen-Bonbon", weil es sich niemals auflöste, wenn man es im Mund hatte, nicht einmal auf einem Marsch von zehn Meilen Länge*. Meine ältere Schwester hatte einmal von irgendwoher Kaugummi bekommen, und ich konnte es nicht ertragen, ihn nicht auch zu probieren. Sie hatte die Gewohnheit, ihn, bevor sie schlafen ging, neben dem Bett an die Tapete zu kleben, und so löste ich ihn dann, während sie schlief, von der Wand ab und steckte ihn in den Mund. Sie aber spuckte ihn dann fast einen ganzen Monat nicht mehr aus und kaute tagein tagaus darauf herum, bis er sich völlig aufgelöst hatte.

Während ich also an jenem Sonntag auf Großmutter wartete und nach Süßgras suchte, um daraus Kaugummi werden zu lassen, hörte ich plötzlich hinter mir Schritte. Es war ein Mann, der offensichtlich allein den Weg zu der Anhöhe hinaufging. Er war etwa fünfzig Jahre alt und sah aus wie der Bruder von Beoldeongnyeo. Der lebte hinter den Hügeln, auf der anderen Seite der Insel in Hwapori und hatte ein Kleidergeschäft. Ich hatte eine undeutliche Erinnerung an ihn, da er immer wieder kam, um seine Schwester zu besuchen.

Ich hatte gleich gesehen, dass er offensichtlich betrunken war – sein Gesicht und sein Nacken leuchteten feuerrot, und sein Gang war unsicher. Der Mann ging hastig den Weg zum Haus meiner Tante hinauf. Oknims Hütte stand dort allein, und der Pfad wurde eigentlich nur von ihr selbst benutzt. Ich saß im Gras und beobachtete, wie der Mann vor Oknims Hütte kurz stehen blieb und umherblickte. Doch gleich darauf verschwand er in dem aus Holzabfällen zusammengezimmerten Hoftor.

Wenige Augenblicke später tönten grelle Schreie nach draußen: „Hilfe! Helft mir, Hiiilfe!"

Erschrocken sprang ich auf. Kein Zweifel, das war die Stimme von Oknim.

„Aaach …! Ist keiner da, mich zu retten! Oknim muss sterben! Hilfe! Hilft mir denn keiner!!"

Selbstverständlich hatten meine Großmutter und die anderen Frauen, die ebenfalls mit Unkrautjäten beschäftigt waren, ihre lauten Schreie sofort gehört.

„Was ist das für ein Geschrei? Das klingt ja fast, als läge eine Frau im Sterben!"

„Hört mal … einen Moment: Ist das nicht die Stimme von Oknim?"

„Na, dann schauen wir doch mal nach, vielleicht ist ja irgendein wildes Tier aus den Bergen über sie hergefallen!"

Dann sah ich Großmutter und die anderen Frauen, mit ihren Hacken in der Hand, keuchend und schnaufend über die Felder rennen hinauf in Richtung auf die Hütte von Oknim. Ich warf das Süßgras, das ich bis dahin gesammelt hatte, weg und ging hinter ihnen her.

„Aaaach! Helft mir …!"

Noch immer drangen die verzweifelten Todesschreie einer Frau aus Oknims Hütte, als die Frauen endlich die Tür aufstießen und hineinrannten.

„Um Gotteswillen, das ist ja schrecklich!"

„Ja was ist denn das?!"

Alle waren sie entsetzt von dem unerwarteten Anblick, der sich ihnen bot. Die Frauen, die gedacht hatten, Oknim sei von irgendeinem wilden Tier gebissen worden, und deshalb herbeigeeilt waren, um ihr zu helfen, standen wie vom Schlag getroffen einer Szene gegenüber, vor der ihnen die Worte fehlten. Eine von ihnen stampfte vor Aufregung mit den Füßen auf den Boden.

Ich blickte von der Diele aus in den Raum hinein. Zu meiner Überraschung lag da ein nackter Mann, der Oknim mit aller Gewalt mit seinem Körper auf den Fußboden drückte, während sie unter ihm wie ein Frosch umherzappelte. Auch Oknim war fast nackt, sie hatte nur noch ihre zerrissene Unterwäsche am Leibe. Ich kannte zwar den Grund nicht, nahm aber an, sie befanden sich gerade in einem erbitterten Streit. Zu sehr in ihren seltsamen Ringkampf vertieft, wie sie waren, merkten sie gar nicht, dass inzwischen eine ganze Anzahl von Dorffrauen durch die offene Tür hereingekommen waren und um sie herum standen.

„Ein Dieb! Ein Dieb! Mein Geld ... ach, mein gutes Geld!", schrie Oknim.

Oknim rang nach Luft unter dem Gewicht des Mannes. Während sie sich unter dessen Körper hin und her wand, konnte man noch etwas Besonderes an ihr beobachten. Sie hielt nämlich ein schmutziges, kleines Säckchen mit beiden Händen fest an sich gedrückt, wodurch sie keine Hand mehr frei hatte und den ganzen unteren Teil ihres Körpers ungeschützt ließ.

Endlich bewegten sich die Zuschauerinnen, die vor Entsetzen lange nur wie erstarrt dabeigestanden hatten, und sprangen auf den nackten Mann zu, und die Frau des Dorfvorstehers schlug gleich mit dem Stiel ihrer Hacke auf seinen Rücken ein.

„Auuu!", heulte der Mann auf vor Schmerzen und ließ sich schreiend auf den Rücken fallen. Großmutter schlug ihm darauf noch ein paarmal heftig ins Gesicht. Es war irgendwie fantastisch, wie sie das machte.

„Mein Gott", rief jetzt eine der Frauen aus. „Ist das denn nicht der Kleiderhändler aus Hwapori?"

„Natürlich! Dieser Dreckskerl ist alt genug, um sich richtig zu benehmen. Eine Schande ist das, er soll sich schämen!"

So war es. Der Mann, den ich vorher gesehen hatte, war Beoldeongnyeos Bruder. Noch ganz durcheinander von dem plötzlichen Überfall, saß er jetzt auf dem Fußboden, hielt seine Wangen mit den Händen bedeckt und blinzelte wie ein Ochse. Ich sah ein keulenförmiges, riesiges Ding zwischen seinen nackten Schenkeln hervorragen.

„Lass endlich diesen grässlichen Stummel da verschwinden", fauchte Großmutter mit finsterer Miene.

„Ah ..., Scheiße ...", murmelte der Mann und gehorchte Großmutters wütendem Befehl, indem er das große Ding mit seinen Händen bedeckte.

„Du gemeiner Lump, was hast du hier zu suchen?", fragte Großmutter.

„Also ich ... ich ... ich bin gerade vorbeigekommen ..."

„Was sagst du? Man sollte dich bestrafen vor den Augen aller Dorfbewohner. Das wird dir eine Lehre sein."

„Es tut mir so leid, schreck ... lich leid. Ich war betrunken ... es war wie ein Anfall ... es tut mir leid."

Dann raffte er plötzlich seine Kleider auf dem Fußboden zusammen und rannte hinaus. Dabei nahm er sich nicht einmal die Zeit, vorher in seine Gummischuhe zu schlüpfen. Einmal draußen, hastete er über den Hof, und schon war er vor dem Tor. Als die Frauen ihn nackt und barfuß davonrennen sahen, stimmten sie in ein lautes, herzhaftes Lachen ein.

„Schaut euch nur diesen blöden Kerl an. Nicht einmal seine Weichteile da vorn kann er verstecken."

„War das jetzt Beoldeongnyeos Bruder, oder wer sonst?"

„Ja, der ist doch bekannt für sein ekelhaftes Verhalten – es heißt doch, der bespringt auch eine Hündin, wenn er genug getrunken hat."

„Aber Oknim hat er doch als eine richtige Frau betrachtet", sagte jemand. „Oder was meint ihr, für was für eine Art Frau er sie gehalten hat?"

Drinnen hatte Oknim aufgehört zu heulen, sie saß auf dem Fußboden und starrte mit ausdruckslosem Gesicht auf die Frauen. Aufmerksam geworden durch das Geschrei, hatte sich inzwischen eine ganze Anzahl weiterer Frauen aus dem Dorf zu der Hütte aufgemacht und drängte durch das Hoftor herein. Oknims *Jeogori** hing in Fetzen an ihr herunter, die Unterwäsche war zerrissen und gab den Blick auf ihre Oberschenkel frei, aber sie blieb ungerührt mitten im Zimmer auf dem Boden sitzen und machte keine Anstalten, ihre bloße Haut zu bedecken. Dann schaute sie an ihrem nackten Körper herunter und stieß einen lauten Schrei aus:

„*Aigo!* O weh, seht nur, meine Unterhose … sie ist völlig zerrissen. Wer kauft mir eine neue Unterhose?", rief sie und schlug dabei mit ihren Händen auf die Erde.

„Schaut euch nur diesen Schwachkopf an! Eine Schande ist das …. dass sie hier nackt herumsitzt, kümmert sie überhaupt nicht, stattdessen klagt sie über ihre Unterwäsche, die sowieso nichts wert ist."

Alle lachten und begannen, neugierig, wie sie waren, sie auszufragen.

„Ach, das ist kein Problem, meine Liebe. Wir kaufen dir ein Paar Unterhosen morgen auf dem Markt. Beruhige dich jetzt, hör auf zu heulen und erzähl uns endlich, was passiert ist."

„Ja, was war eigentlich los? Was ist mit dir geschehen? Bitte, erzähl uns die Geschichte, Schritt für Schritt."

„Was für komische Sachen hat dieser grässliche Kerl mit dir gemacht?"

„Wie ist dieser Lump überhaupt hier hereingekommen?"

So bemühten die Frauen sich, ihr Lachen zurückzuhalten und so zu tun, als ob sie die ganze Sache ernst nähmen.

„Ach, ich weiß auch nicht …", sagte Oknim, nachdem sie eine ganze Weile geschwiegen hatte. „Nach dem Mittagessen legte ich mich hin, um ein Nickerchen zu machen. Als ich halb eingeschlafen war, hat seine Hand mich angefasst."

„Wo denn?"

„Hier … genau hier." Dabei patschte Oknim immer wieder mit der Handfläche auf ihren Bauch.

„Und dann, was tat er als Nächstes?"

„Als ich meine Augen wieder aufmachte, sprang der Kerl mit seinem nackten Hintern auf mich … und dann wollte er mir doch mein Geld stehlen!"

„Dein Geld …?"

Die Frauen sahen einander an und schüttelten ungläubig die Köpfe.

„Du willst sagen, er versuchte, dein Geld zu stehlen? Was für Geld?"

Oknim hielt jetzt ihren Mund ebenso fest verschlossen, wie sie das Säckchen in der Hand hielt. Dabei blickte sie sich um, als hätte sie Angst davor, dass es ihr auch hier jemand wegnehmen wollte.

„Na komm, das glaube ich nicht. Du hast doch gar kein Geld!"

„Doch, schaut her, ich habe Geld. Da drin ist es versteckt, seht doch, hier!"

Oknim löste das Säckchen von der Schnur, die sie fest um ihre Hüfte gebunden hatte, und schwenkte es voller Stolz vor den Augen der Frauen. Es war ihr geheimer Schatz, den noch niemand von ihnen gesehen hatte.

„Was soll das sein? Ist das nicht auch nur einer deiner dreckigen Stofffetzen? Warum trägst du das mit dir herum?"

„Da ist Geld drin. Das ist mein Geldsack."

„Glaubst du wirklich, der Mann ist auf dich losgesprungen, weil er dein Geld haben wollte?"

„Natürlich, das ist ein Dieb."

Alle waren erstaunt über ihre Auskunft.

Die Frau des Dorfvorstehers schnappte sich das Säckchen und schüttete den Inhalt vor den Zuschauerinnen aus. Ein paar zerknitterte Geldscheine und eine Handvoll Münzen fielen auf den Boden. Zu mehr als höchstens einem Paar schwarzer Gummischuhe hätte das Geld nicht gereicht. Die Frauen konnten sich jetzt nicht mehr halten und brachen in lautes Gelächter aus. Nachdem Oknim eine Weile erstaunt in ihre Gesichter geblickt hatte, begann auch sie in das Gelächter einzustimmen, was die Dorffrauen wiederum in einen neuen Lachanfall versetzte.

„Ach Gott, diese Dame ist ein hoffnungsloser Fall. Wie kann man nur so dumm sein!"

„Ja, das ist einmalig und macht sie auf der ganzen Insel Nagildo zu einer bekannten Persönlichkeit."

„Dass es Beoldeongnyeos Bruder ausgerechnet auf eine solche Art Frauen abgesehen hat, dafür kann man ihn nur bedauern. Wirklich ein Paar, das eigentlich prächtig zusammenpasst!"

Die Erwachsenen lachten weiter und klatschten vor Freude in die Hände. Auch ich kicherte dazwischen – doch dabei geriet ich in den Gesichtskreis der Großmutter.

„Heh! Was machst du denn hier, mein Junge?", rief Großmutter. Irgendwie schien sie erschrocken, als sie mich zwischen all den anderen Menschen entdeckt hatte. Sie rannte auf mich zu, packte mich am Handgelenk und versohlte mir den Hintern. Was zum Teufel habe ich denn Böses getan?, dachte ich. Ich schrie laut und war davon überzeugt, wieder einmal ungerecht bestraft worden zu sein, und es brannte in mir vor Empörung.

Am folgenden Montagmorgen war Markttag auf Nagildo, der dort alle fünf Tage abgehalten wurde. An der Hand meiner Großmutter verließ ich nach dem Frühstück das Haus. Während ich zur Schule ging, machte sie sich auf den Weg zum Markt, um für den Totengedenktag der Familie, der in drei Tagen bevorstand, das Nötige einzukaufen.

Es waren schon viele Leute unter der mächtigen Ulme am Dorfeingang versammelt, in Erwartung der Boote, die sie zum Marktplatz auf der anderen Seite der Insel bringen würden. Jeden Markttag wurden dafür drei oder vier Boote bereitgestellt, die den Dorfbewohnern einen längeren Fußmarsch über die Hügel ersparen sollten. Auch wir Kinder konnten uns an den Markttagen mit einem Boot zum Hafen von Hwapori bringen lassen, in dessen näherer Umgebung unsere Schule lag.

Was mit Oknim am Tag zuvor passiert war, bildete an diesem Morgen den Hauptgesprächsstoff der Dorfbewohner unter dem Zelkovenbaum. Auch Beoldeongnyeo war unter ihnen, weil aber der Vorfall ihren eigenen Bruder betraf, hatte sie sich ganz alleine auf den Boden gehockt, weit von den anderen entfernt und indem sie so tat, als würde sie von dem ganzen Klatsch gar nichts bemerken.

Bald sah man auch Oknim selbst, wie sie in ihrer Art gemächlich hatschend auf uns zukam.

„Wenn man vom Teufel spricht ...", sagte eine Dorffrau*. „Die verehrte gnädige Frau befindet sich heute auf einem kleinen Ausflug hierher?"

„Hallo, Oknim, du willst auch mit zum Markt fahren?"

Die Frauen konnten noch so spöttisch daherreden: Oknim ließ sich nicht davon abhalten, näher heranzukommen, wobei sie aber etwas mürrisch dreinschaute. Sobald sie jedoch Beoldeongnyeo abseits von den anderen auf der Erde kauern sah, ging sie geradewegs und entschlossen auf diese zu und fing an, auf sie einzuschreien.

„He du, du zahlst für meine Unterhose!"

Beoldeongnyeo gab sich überrascht und erhob sich mit einer fassungslosen Miene. Dabei sah sie Oknim an, als wüsste sie überhaupt nicht, was diese meinte. Oknim aber war wütend, und im nächsten Moment standen alle Dorffrauen um die beiden herum.

„Was meinst du ..., was ... wovon redest du überhaupt?", fragte sie, nach Worten suchend.

„Du Schlampe. Ich kann dir nur eins sagen: Du zahlst für meine Unterhose!", zeterte Oknim.

„Schaut euch nur diese dumme Ziege an! Was für Unterhosen meint sie? Ich weiß wirklich nicht, wovon sie redet", brummte Beoldeongnyeo und tat immer noch so, als hätte sie von alledem keine Ahnung. Oknims Wut aber ließ nicht nach, und sie bemühte sich, weiter gegen Beoldeongnyeo zu wettern.

„Was? Das weißt du nicht? Dein Bruder hat mir gestern die Unterhose zerfetzt. Und deshalb musst du bezahlen, du musst sie mir ersetzen. Also los, her mit dem Geld für die Unterhose und den Unterrock ..., jetzt gleich!"

Später, als die Dorffrauen auf dem Markt angekommen waren, besuchten sie Beoldeongnyeos Bruder an seinem Kleiderstand, zusammen mit Oknim, die allen voranging. Der Mann, der nicht wusste, was er tun sollte, wollte nur eine weitere hässliche Szene vermeiden und schenkte Oknim einfach ein paar Stücke neue Unterwäsche. Und dass jede der Frauen, einschließlich meiner Großmutter, als Geschenk noch ein Paar von den billigen *Beoseon** bekam, hatten sie auch Oknim zu verdanken. Und so waren alle restlos glücklich über das unerwartete Geschenk, und die allerglücklichste von ihnen war, natürlich, Tante Oknim.

4
Tränen im Hafen von Mokpo

„Habt ihr schon das Neueste gehört?", rief Dwitganne, als sie plötzlich in unserem Hof auftauchte, um eine Schaufel zurückzubringen, die sie ausgeliehen hatte. „Heute schaffen sie endlich die Mutter von Eunggeol fort!"

„Du meinst Neobdodaek? Wohin kommt sie denn?", fragte Großmutter, während sie eigentlich ihre ganze Aufmerksamkeit auf die Töpfe mit der Sojabohnen-Paste gerichtet hatte, die sie auf der Terrasse gerade inspizierte.

„In Gangjin gibt es anscheinend Plätze für Leute mit solchen Erscheinungen", meinte Dwitganne. „Eunggeols Vater ist eben bei uns gewesen, um unser Boot auszuleihen."

„Ein schrecklicher Kerl ist das", stieß Großmutter hervor. „Wie gemein der immer seine Frau behandelt hat, und jetzt, wo sie ein Pflegefall ist, versucht er die Arme irgendwo auf dem Festland zu entsorgen … *tss tss.*"

Ich lag damals im Wohnzimmer platt auf dem Boden und war gerade dabei, meine Schularbeiten zu machen, die man uns für die Winterferien aufgegeben hatte. Aber als ich die Neuigkeiten hörte, wurde ich sofort aufmerksam und setzte mich auf. Anders als meine Großmutter war ich nämlich froh, als ich hörte, dass Neobdodaek das Dorf verlassen werde; denn wir Kinder hatten Angst vor dieser Frau, besonders wenn sie wie verrückt herumrannte mit ihren zerzaust in die Luft stehenden Haaren, die wie das Nest einer Elster aussahen. Zuerst ging sie immer mit einem nichtssagenden Lächeln an uns vorbei und blickte seelenruhig in den Himmel hinauf, bis sie uns plötzlich mit ihren scheußlichen, blutunterlaufenen Augen ins Gesicht starrte und zu schreien anfing.

„Hört auf, ihr Mistkerle! Ich schlage alle tot, die Hoden tragen …, ihr Sauhunde mit eurem ewigen Ballspielen. Ihr sollt stehenbleiben …!"

Wie sie so immer wieder mit wildem Geschrei hinter uns herjagte, um uns in die Flucht zu schlagen, das versetzte uns Inselkinder jedes Mal in helle Aufregung. Aber von Großmutter erfuhren wir dann, wie Neobdodaek von einer gesunden jungen Frau, frisch wie ein grüner Kürbis im Mai oder Juni, mit einem Male verrückt geworden ist, und das alles durch die Schuld ihres Ehemannes Gang Jubyeong.

Gang nun, ein groß gewachsener Mann mit einem hübschen Gesicht und einem koketten Lächeln, war ein allseits bekannter Weiberheld. Er nutzte sein gutes Aussehen weidlich aus und hatte wiederholt Affären mit Frauen auf der Insel. Einige davon waren aus meinem Dorf, und eine war mit Sicherheit eine Nachbarin von mir, nämlich Beoldeongnyeo. Im Frühling zwei Jahre davor war es zu einem Wutausbruch zwischen Gangs Ehefrau Neobdodaek und Beoldeongnyeo gekommen. Beim Sammeln von Brennholz im Wald packte Neobdodaek ihre Konkurrentin und riss ihr ein Bündel Haare vom Kopf. Sie war damals noch nicht gestört, sondern nur wütend. Neobdodaek stammte von einer Nachbarinsel, Neobdo, der Insel Neob also, und war zu uns gezogen wegen der Heirat mit Gang. Mit ihrer dunklen Haut, mit Augen, die so klein waren wie das Knopfloch an einem Hemd, in einem Pferdegesicht, mit mächtigen Hüften und breiten Schultern passte sie nicht besonders gut zu ihrem Ehemann und seiner Rolle als attraktiver Liebling der Frauen. Aber als Ersatz für die Reizlosigkeit ihrer äußeren Erscheinung hatte sie eine unermüdliche Geschäftigkeit und großen Fleiß anzubieten. Niemand auf der ganzen Insel, versicherte Großmutter, konnte es mit Noebdodaeks Arbeitseifer aufnehmen, den sie bei nur wenig Schlaf an den Tag legte. Und auf der anderen Seite glänzte ihr Ehemann als Faulpelz ersten Ranges. Deshalb glaubten die Bewohner der Insel, dass er, der nicht einmal das kleinste Fleckchen Land besaß, nur wegen der harten Arbeit seiner Ehefrau ein halbwegs angenehmes Leben führen konnte.

Die Leute aus dem Dorf fragten sich auch, warum diese tüchtige Frau im Beisein ihres nichtsnutzigen Gemahls immer so bedrückt wirkte. Während Gang sich im Dorf auf den Gassen herumtrieb, ständig auf der Suche nach einer Gelegenheit, seine Spielsucht auszuleben oder gemeinsam mit einem Kumpel einen zu trinken, war seine Frau auch im Winter bei eisigem Wind draußen, um Seetang zu sammeln, oder sie arbeitete im Sommer auf dem Feld, wo sie in der brüllenden Sonnenhitze wie ein Maulwurf auf der Erde kauerte. Es fiel ihr niemals ein, ihrem Mann auch nur mit einem Wort zu widersprechen, und ebensowenig kam es vor, dass sie ihm irgendwann einen befremdeten oder gar kritischen Blick zugeworfen hätte. Dem Dorfklatsch zufolge wusch sie täglich die Unterwäsche ihres Gatten, während sie selbst immer mit schmutzigen Kleidern herumlief, und ein weiteres Gerücht wollte wissen, dass sie ihrem Mann sogar die stinkenden Füße reinigte, wenn er wieder einmal betrunken nach Hause kam. Die Leute im Dorf redeten oft sehr unfreundlich über all das, aber Neobdodaek blinzelte nur mit ihren kleinen Knopfloch-augen, kümmerte sich nicht um das Gerede der anderen und fuhr in ihrer harten Arbeit fort.

Genau ein Jahr, bevor Noebdodaek die Insel verlassen musste, fing Gang damit an, sein Geschäft als Schürzenjäger im großen Stil zu betreiben. Der Besitzer eines Schiffes in Hwapori hatte etwa zwanzig Taucherinnen von den Insel Jeju für sein Geschäft mit den Abalone, Seeohr-Muscheln, angeheuert, und Gang tauschte sogleich heftige Bli-cke mit einer der Frauen, einer Witwe, und fing eine Affäre mit ihr an, nachdem die Dame ihm mit entsprechenden Zeichen Hoffnung gemacht hatte. Vom ersten Tag an richtete er auf einer nahe gelegenen Insel, die man mit bloßem Auge von uns aus sehen konnte, in einer Hütte ein Liebesnest für sich und die Taucherin ein.

Man erzählte sich im Dorf, dass Neobdodaek lange Zeit nichts tat, als verzweifelt in ihrem Bett liegen zu bleiben. Ihrer drei Kinder, die währenddessen fast verhungert wären, nahm sich am Ende ein Nach-bar an, der es nicht übers Herz brachte, dieser erschütternden Situa-tion gegenüber die Augen zu verschließen. Die Frauen wiederum be-suchten sie gelegentlich, um sie zu trösten. Sie aber reagierte gar nicht und blieb im Bett liegen. Dort lag sie leblos wie ein Stück Holz und starrte mit leerem Blick an die Decke.

Nachdem sie drei Tage lang in dieser Art depressiver Lähmung verharrt hatte, stand sie mitten in der Nacht von ihrem Bett auf und rannte, einen leeren Krug auf ihrem Kopf balancierend, zur Anlege-stelle am Wasser, ohne dass irgendjemand davon wusste. Dann ru-derte sie in einem Boot durch die dunkle Winternacht zu der Insel hinüber, wo ihr Ehemann mit der Taucherin hauste. Auf der Insel angekommen, füllte sie den Krug mit Meerwasser und trug ihn auf dem Kopf zu der Hütte, in der ihr Mann und seine Geliebte schliefen. Von außen schien dort alles vollkommen dunkel, doch sah sie ein Paar Gummischuhe vor der Haustür stehen. Kaum hatte sie die Tür geöffnet, schleuderte sie den mit Wasser gefüllten Krug in den dunklen Raum, machte kehrt und rannte zurück zum Strand, um mit dem Boot zum Dorf auf ihrer Insel zurückzukehren.

Am nächsten Morgen hörte man ein mörderisches Geschrei aus Neobdodaeks Haus. Ihr Mann war beim Morgengrauen aufgetaucht und schlug mit einem Feuerholz wie wahnsinnig auf sie ein, während sie selbst keinen Ton von sich gab. Gang hätte Neobdodaek totge-schlagen, wenn die Nachbarn ihn nicht aufgehalten hätten. Als die Dorffrauen die von ihrem Ehemann verprügelte Neobdodaek sahen, konnten sie nur entsetzt mit den Zähnen knirschen, und ihre Männer

45

murrten untereinander kopfschüttelnd: „Mein Gott … was für ein zähes Frauenzimmer das ist!"

Nachdem er seine Frau verprügelt hatte, kehrte Gang auf seine Liebesinsel zurück. Neobdodaek blieb auch die nächsten fünf Tage wie ein Stein in ihrem Bett liegen, ohne etwas zu trinken oder einen Bissen zu sich zu nehmen. Mitten in der Nacht zum sechsten Tag jedoch, als das ganze Dorf im Schlafe lag, machte Neobodaek Feuer in ihrem Küchenherd, und man sah Rauch aus dem Kamin quellen. Nach einiger Zeit füllte sie glühende Holzkohle in einen Tonkrug, lief damit zur Anlegestelle am Strand und ruderte erneut in dem Boot durch die dunkle Nacht zu ihrem Ehemann und seiner Geliebten hinüber. Bei der Hütte angekommen, warf sie, so wie sie es davor mit dem vollen Wasserkrug getan hatte, den Topf mit der Holzkohle mit aller Kraft in den Raum hinein – um anschließend wieder zu ihrem Dorf zurückzurudern.

Am folgenden Morgen erschien Gang, mit einem Verband um einen verbrannten Arm und schnaubend wie ein verletzter Stier, mit einer Keule in der Hand, um wieder auf seine Frau einzuprügeln. Erneut versammelten sich Dorfbewohner um das Haus – aber dieses Mal geschah etwas Überraschendes: Neobdodaek sprang wütend auf und stürzte sich schreiend auf ihren Mann:

„Du willst mich totschlagen? … Dann töte mich doch, wenn du mein Todfeind bist!"

Gang wurde auf der Stelle blass, beeilte sich wegzukommen und fuhr zurück zu seiner Geliebten.

Als Gang verschwunden war, fing Neobdodaek an, sich die Haare auszureißen und sich auf der Erde zu wälzen, und obwohl sie sich so heiser geschrien hatte, dass sie bald nur noch pfeifenartige Laute herausbrachte, wand und krümmte sie sich weiter auf der Erde. Als der Abend dämmerte, kreischte sie noch einmal auf und spuckte Blut. Dann fiel sie leblos in sich zusammen.

Als Neobdodaek am folgenden Tag wieder zu Bewusstsein kam, war sie nicht mehr sie selbst, so wie man sie gekannt hatte. Die Leute, die gehört hatten, Neobdodaek sei jetzt verrückt geworden, machten sich Sorgen und liefen zu ihrer Hütte, die sie aber fluchtartig wieder verlassen mussten. Sie hatten eine Frau angetroffen, die von Sinnen war und ihnen unterschiedslos die schlimmsten Flüche und Verwünschungen entgegenschleuderte. Und wer Pech hatte, dem lief eine stinkende Brühe an der Kleidung herunter, mit der sie ihn überschüttet hatte.

Ihre drei Kinder, blass vor Angst und ständig weinend, wurden vernachlässigt. Neobdodaek hetzte derweil mit Schreien und Geheul im Dorf umher, auf den Hügeln und den Bergen ringsum, Tag für Tag und immer mit jenem hitzigen Leuchten des Wahnsinns im Gesicht.

Und wenn sie nicht ziellos umherrannte, kehrte sie in ihre Hütte zurück und beschimpfte ihren Mann.

„Du abscheulicher Schweinehund! Deine verdammte Seele soll verflucht sein! Wann schlägst du mich endlich tot?"

Immer wieder überkam sie ein schubweises Kichern, ehe sie einen Moment später zu jammern und zu schreien begann. Seit dieser Zeit fingen die Leute an, ihr aus dem Weg zu gehen. Und nachdem ihr Ehemann die Kinder aus dem Haus geschafft hatte, blieb sie von da an ganz allein in der Hütte. Selbst diejenigen, die ihr einst sehr nahe gestanden hatten, wagten jetzt nicht mehr, nach ihr zu sehen, und ließen es bei mitleidigen Blicken über die Steinmauer bewenden, wenn sie dort vorbeikamen.

Dann, ein paar Tage vor dem Neujahrstag, trat ein besonderes Ereignis ein. Am Nachmittag dieses Tages begannen kleine Schneeflocken herabzurieseln, und bei Einbruch der Nacht lag bereits eine dichte Schneedecke über dem Land. Für uns Inselbewohner war das ein besonderes Ereignis, denn Eis und Schnee kamen sogar mitten im Winter selten vor. Schon als ich abends in meinem warmen Bett lag, konnte ich es kaum erwarten, gleich am frühen Morgen im Schnee draußen zu spielen, als plötzlich ein Gong ertönte. Darauf hörte ich vom Gemeindezentrum her jemanden einen Notfall ausrufen:

„Hallo, alle erwachsenen Einwohner zum Gemeindehaus! Das ist ein Notfall!"

Obwohl Großmutter sagte, ich solle im Haus bleiben, folgte ich den Erwachsenen zum Gemeindezentrum, wo alle bereits versammelt waren und leise miteinander sprachen. Der Dorfälteste verkündete, Neobdodaek werde vermisst. Ein Mann berichtete, die Frau sei ihm durch Zufall über den Weg gelaufen, als er heute nach Sonnenuntergang in der Abenddämmerung mit Kompost auf dem Rücken den Weg vom Berg herunterkam. Er habe sich gedacht, das ist aber eine ungewöhnliche Tageszeit, um in die Berge zu gehen, und sie gefragt, wohin sie so spät am Tag noch unterwegs sei. Sie aber habe ihn gar nicht beachtet, und wie eine Traumwandlerin sei sie seitwärts in die Büsche getaumelt.

„Und dazu war sie auch noch barfuß unterwegs …", brummte der Mann.

„O je, das wird nicht einfach werden ...", raunten die Dorfleute.

„Was konnte sie nur dazu gebracht haben, in der Dunkelheit und bei diesem Schneefall dort hinauf zu gehen?"

„Na ja, sie hat eben den Verstand verloren, das weiß doch jeder."

„Vielleicht ist sie ja in irgendeiner Scheune untergekrochen?"

„Wenn das der Fall wäre, dann hätten wir uns nicht hier versammelt. Nein, wir haben schon überall gesucht – aber sie ist nirgends zu finden. Sie ist wie vom Erdboden verschwunden."

„Aber jetzt müssen wir sehen, dass sie bald irgendwo ein Dach über dem Kopf bekommt, bevor sie noch erfriert", meinte ein Dorfbewohner.

Die Leute gingen nach Hause, um sich warme Winterkleidung überzuziehen, und fanden sich danach wieder vor dem Dorfzentrum ein. Einige brachten Öllampen mit, andere kamen mit Fackeln aus Stofflappen und Stricken aus Stroh, und dann holte man die *jing*- und *ggwaenggwari*-Gongs*, die beim Vollmondfest gebraucht wurden, aus dem Lager des Gemeindezentrums heraus und begann unter lautem Schlagen der Messingschalen gemeinsam die Anhöhen hinaufzusteigen. Wir Kinder liefen anfangs hinter den Erwachsenen her, bis diese uns sagten, wir sollten doch besser ins Dorf zurückgehen. So gingen wir langsam wieder hinunter, nicht ohne immer wieder zurück und zu den Hügeln hinauf zu blicken und uns darüber im Klaren zu sein, was für ein aufregendes Ereignis wir verpassten.

Jiiing jiing ... kae kaeng, kae kaeng ..., klangen die Gongschläge durch die dunkle Nacht. Es war tatsächlich ein fantastischer Anblick für uns, diese Lichterprozession aus allen diesen Lampen und Fackeln, wie sie sich die Wege in das tintenschwarze Dunkel der Berge hinauf wand, von unten aus zu beobachten. Was für ein geheimnisvoller Glanz war das in jener Nacht!

„Neob ... do ... däääk! Eunggols Mutter! ... Wo bist du ...??", riefen die Leute im Chor auf der Suche nach der Vermissten, immer und immer wieder. Die Gongschläge und Rufe der Dorfleute folgten der gewundenen Lichterprozession, die in den Farben von reifen Persimonen leuchtete, und hallten unausgesetzt durch die Täler und die Anhöhen zu den Bergen hinauf. Als die Lichter und Rufe bereits den Kamm der Anhöhen erreicht hatten, überfiel uns Kinder eine große Müdigkeit und unsere Glieder waren so kalt geworden, dass wir nach Hause gehen mussten, um dort die Rückkehr der Erwachsenen zu erwarten. Aber einmal im warmen Zimmer angelangt, sank ich sofort in einen tiefen Schlaf.

Als ich am folgenden Morgen erwachte, war Großmutter gerade

beim Schneekehren auf dem Hof vor dem Haus. Ich rieb mir die Augen und fragte: „Haben sie Eunggols Mama gefunden?"

„Ah, du bist schon wach, mein Kleiner?", sagte sie freundlich lächelnd, während sie sich aufrichtete und den Rücken gerade streckte. „Nein. Sie muss im Schnee ums Leben gekommen sein, die Arme."

„Was?" Ich war sprachlos.

„Komm, mein Liebling, wasch dich und setz dich zum Frühstück."

Die Suche wurde am Nachmittag fortgesetzt, aber ohne Erfolg. Die Leute meinten, gewiss werde sie in der Kälte erfroren sein, und gingen nach Hause.

Zwei Tage später kam Neobdodaek, barfuß, von den Bergen herunter ins Dorf gelaufen.

„Neobdodaek ist wieder da! Sie lebt!"

„Das muss ein Gespenst sein!", sagten manche.

Schließlich rannten alle voller Verwunderung zum Großen Brunnen, darunter auch Großmutter und ich.

Sie sah entsetzlich aus. Von ihren Kleidern war nichts mehr zu sehen, und von der dünnen Unterwäsche hingen nur noch Fetzen an ihr herab und gaben den Blick frei auf ihre Brüste und die Schamgegend. Ihre verworrenen Haare sahen aus wie ein Nest, und ihr Gesicht und der Nacken waren zerkratzt und übersät von blutigen Schrammen; der ganze Körper war von Kopf bis Fuß verwundet.

Am meisten wunderten wir uns darüber, dass sie, fast nackt, dampfte wie ein heißer Reiskuchen. Die Leute, die um sie herumstanden, wussten nicht, was sie sagen sollten. Es war umheimlich, das alles mitanzusehen, und man wunderte sich natürlich, wie die Frau, beinahe nackt, wie sie war, die vergangenen zwei ungewöhnlich kalten Nächte überleben konnte. Ja anstatt von der bitteren Kälte Erfrierungen davonzutragen, zeigte sie eher ein von Wärme gerötetes Gesicht. Deshalb zweifelten die Leute ernsthaft daran, eine wirkliche Person vor sich zu haben, und neigten eher dazu, an eine Geistererscheinung zu glauben.

Als wäre sie eben einem dampfenden Wasserkessel entsprungen, schöpfte Neobdodaek mit ihren Händen eine Portion eiskalten Wassers aus dem Brunnen und schlürfte sie hinunter, so viel, wie in eine ganze Kürbisflasche gepasst hätte. Dann schüttete sie weitere solcher Portionen kalten Wassers über ihren Kopf. Die Frauen um sie herum schrien, als ihr Körper daraufhin scharlachrot anlief. Auch mich schauderte der Anblick. Einige der Frauen packten sie mit Gewalt, führten sie nach Hause und legten sie aufs Bett. Doch sie stand sogleich wieder auf, trat klagend aus dem Zimmer und ließ sich auf die Diele fallen: „Heiß! Viel zu heiß hier ... ich sterbe ...!"

Da setzte sich Großmutter auf den Boden neben Neobdodaek und massierte ihre Hände und Schultern.

„Hör zu, wo bist du denn gewesen? Was um alles in der Welt soll das Ganze?"

„Hah, ich habe eine schöne Reise gemacht, auf die Insel Jeju", antwortete Neobdodaek und kicherte dabei mit heiserer Stimme.

„Was ...?? Wo bist du gewesen?", riefen die Leute wie im Chor.

„Ja, zwei Geister kamen aus den Büschen und riefen, ich solle mit ihnen kommen. Zuerst wollte ich nicht, aber dann riefen sie mich immer wieder, bis ich schließlich mitkam. Sobald ich bei ihnen war, umschlangen sie mich und nahmen mich auf ihre Schultern. Der eine war jung und der andere war alt, und der junge machte meine Beine auseinander, während der alte meinen Kopf packte. Als sie mich fest im Griff hatten, da flogen wir in den Himmel hinauf und kreisten ein paarmal über unserer Insel.

Und als wir so dahinflogen", fuhr Neobdodaek fort, „da sagte einer der Geister, ‚ach, das ist doch langweilig ...‘, warum spendieren wir diesem Weib da nicht einen kleinen Ausflug zur Insel Jeju?‘ Und sofort, im nächsten Augenblick, waren wir schon unterwegs. Als wir dort waren, flogen wir zwölf Kreise über den Halla-Bergen,* und dann landeten wir in einem der Dörfer, um etwas zu essen. Die beiden stahlen etwas Essbares vom Tisch einer Zeremonie für die Ahnen und gaben mir etwas davon ab.

Dann luden mich die beiden Lumpenkerle wieder auf ihre Schultern", fuhr sie nach einer Pause fort, „und flogen wieder durch die Lüfte. Hoch oben über dem tiefen blauen Meer sagte der junge Geist plötzlich: ‚Ach komm, dieses Weib wird mir zu schwer, um sie weiter mitzuschleppen, werfen wir sie doch einfach ins Meer!‘ ‚Ja‘, antwortete der andere Geist. ‚Wir haben uns lange genug mit dieser Schlampe herumgeplagt – aber warum schaffen wir sie nicht dorthin zurück, wo wir sie aufgegabelt haben, und zur Belohnung dafür lassen wir uns dann ein paar von diesen appetitlichen Gerstenkuchen schenken.‘ Und das taten sie dann auch, und ich durfte ganz alleine nach Hause laufen, hi hi hi!"

Die Leute hörten Neobdodaeks Erzählung wie gebannt vor Schrecken, und den ganzen Tag über konnte man bemerken, wie diese erstaunliche Geschichte die Runde durch das Dorf machte.

„Die spinnt doch und erzählt lauter Unsinn. Oder glaubst du diese verrückte Geschichte wirklich?", meinte der eine oder andere junge

Mann zu seinem Gegenüber, prustend vor Lachen. Doch keine einzige der Frauen und keiner der Älteren hatte Zweifel an ihrer Wahrheit. Und wir Kinder glaubten eine so märchenhafte Geschichte natürlich Wort für Wort.

An diesem Tag war jedenfalls einiges los in unserem Dorf. Jede Hausfrau spendete Schalen voll Gerste zur Herstellung des Kuchens, der den Geistern zur Belohnung angeboten werden sollte. Die Frauen trugen dann ein Stück davon auf dem Kopf zu der Anhöhe hinauf und warfen es ins Gebüsch, um die Geister zu besänftigen, in der Annahme, diese würden Unheil über das Dorf bringen, wenn man sie nicht beschenkte. Den Geistern also war es zu verdanken, dass es an diesem Tag eine Riesenmenge von Gerstenkuchen gab, und wir Kinder schlugen uns so sehr den Bauch damit voll, dass uns beinahe schlecht wurde. Nachts aber, alleine in unseren Betten, bekamen wir doch wieder Angst vor den bösen Geistern.

Die Anfälle Neobdodaeks hörten nicht auf. Wenn sie kamen, streifte sie in ihrer Verwirrung in den Bergen umher, kehrte aber jedes Mal wieder nach Hause zurück. Von den Geistern aber hörte niemand wieder etwas von ihr, und jeder glaubte, dass es die Frauen unseres Dorf gewesen sind, die es mit ihrem wohlschmeckenden Gerstenkuchen erreicht haben, dass die Geister uns wohlgesonnen blieben.

An jenem Morgen also sollte Neobdodaek, wie eingangs erwähnt, von ihrem Ehemann weggeschafft werden auf das Festland.

„Es wird nicht einfach sein, sie von hier fortzubringen", sagte Großmutter. Verrückte besitzen erstaunliche Kräfte, wie man weiß. Ich fürchte auch, sie könnte bei der Überfahrt vom Boot aus ins Meer springen."

„Das kann sein", meinte Beoldeongnyeo. „Sie wird unterwegs nur stillhalten, wenn man sie festbindet."

„Was, um Himmels willen, hat sie denn nur? Sie war doch eine so gesunde und tüchtige Frau …", brummte Großmutter.

Nachdem Beoldeongnyeo gezeigt hatte, dass sie Großmutters Sympathie für Neobdodaek teilte, verabschiedete sie sich, weil sie das Mittagessen vorbereiten musste.

Als wir dann selbst beim Essen saßen, kam die Nachricht, dass Neobdodaek nun abtransportiert werde. Ich legte meinen Löffel ab und rannte mit Großmutter zusammen zum Strand. Es waren schon viele versammelt. Männer rauchten mit bedrückten Mienen ihre Zigaretten, als die Frauen sich um Neobdodaek drängten. Ich ging hinter Großmutter her und näherte mich vorsichtig.

Man hatte sie auf die Kieselsteine gelegt, und wie sie da lag, sah sie aus wie ein an den Strand geschwemmtes Stück Holz. Ihr ganzer Körper war, von Kopf und Schultern abwärts, in Baumwolltücher gebunden und so fest verschnürt, dass man auch meinen konnte, eine Mumie vor sich zu haben. Obwohl so viele Frauen um sie herumstanden und auf das mumienartige Paket hinunterstarrten, hielt Neobdodaek ihren Blick unbeirrt in den blauen Himmel gerichtet, an dem an diesem spätwinterlichen Mittag keine einzige Wolke zu sehen war. Neobdodaeks Anblick war seltsam und fremdartig: Das Haar, das ihr einmal lang bis auf die Schultern heruntergeflossen war, war jetzt zur Hälfte verschwunden, was sie ungewohnt hässlich aussehen ließ. Sicherlich war es ihr Mann gewesen, der ihr die Haare abgeschnitten hatte.

Für einen Wintertag war das Wetter mild, der Himmel war blau und die Sonne warm. Aber ich fragte mich doch, warum Neobdodaek andauernd zum Himmel hinauf starren musste. Und als auch ich darauf in den tiefblauen Himmel hinaufschaute, fing Neobdodaek mit einem Mal zu singen an:

Des Schiffers Lied schwillt auf und ab
Und die Wellen verebben vor Samhakdo ...

Woher hatte sie nur diese übermenschliche Kraft? Als wollte sie noch den allerletzten Funken Energie aus sich herauspressen, sang sie, so laut sie konnte, und die Adern an ihrem Hals wurden dabei ganz dick. So klangen ihre traurigen Melodien, laut und klar wie Kristall, über das Dorf hin und hallten wider in der freien Luft.

In diesem Augenblick beobachtete ich, wie Tränen über Neobdodaeks Wangen herunterrannen und ihre Ohren nass machten, ehe sie zwischen den Kieselsteinen versickerten. So laut sie konnte, sang sie die ganze Zeit dasselbe Lied: *Die Tränen in Mokpo**, immer und immer wieder.

Auch noch als ihr Ehemann mit dem Boot kam, um sie abzutransportieren, und die Männer sie an Bord trugen wie ein wohlverschnürtes Gepäckstück, sang sie weiter dieses Lied, wieder und immer wieder:

Das nassgeweinte Hemd der Braut am Hafen,
Wenn beim Abschied die Tränen fließen
Im Hafen von Mokpo.

„Ome ...! Sogar noch in ihrem Zustand weiß sie offenbar genau, dass sie von zuhause fortgebracht wird!", sagte eine Frau.

„*Aigo!* Was für ein armes Ding!", klagte eine andere. „Bitte, werde wieder gesund und komm wieder so zurück, wie wir dich von früher kennen!"

Alle Frauen aus dem Dorf wischten sich mit ihren Rockzipfeln die Tränen aus den Augen und den wässerigen Schleim von der Nase, und Tante Eopsun hatte die meisten Tränen abzuwischen, da sie regelmäßig von ihrem Ehemann verprügelt wurde.

„In was für einer schrecklichen Welt wir Frauen doch leben müssen!", klagte sie laut. „Was haben wir nur verbrochen in unserem früheren Leben, dass wir als Frauen geboren werden mussten! Womit haben wir es nur verdient, in dieser grausamen Männerwelt leben zu müssen! Ach, leb wohl, du liebes, armes Geschöpf!"

Während sich das Boot mit Neobdodaek an Bord immer weiter in Richtung des Horizonts entfernte, hörte man noch lange ihren Gesang, als wäre er die Begleitmusik zu den harten Ruderschlägen ihres Ehemannes, und nachdem es bis auf die Größe einer Bohne geschrumpft war, verschwand das Boot schließlich ganz.

Als ich Gang und sein Boot nicht mehr sah, drehte ich mich langsam um und bemerkte erst jetzt, dass ich als Einziger noch hier herumstand. Und auf dem Weg nach Hause sah ich mich immer wieder um, ob Neobdodaek nicht doch noch irgendwo in der Nähe auftauchte und sang.

Weniger als zehn Tage nach ihrem Abschied erfuhr ich, dass Neobdodaek nie mehr in unser Dorf zurückkehren werde. Ihr Mann war alleine zurückgekommen und hatte die Nachricht von ihrem Tod überbracht.

Er sagte, sie sei schon in der ersten Nacht aus der Irrenanstalt geflohen, in die man sie gebracht hatte, und man habe sie drei Tage später gefunden, der tote Körper trieb im Wasser eines Bergsees. Ohne jede Gefühlsregung berichtete er, er selbst habe die Leiche mitgenommen und sie in einem öffentlichen Friedhof begraben.

Am nächsten Tag zog er mit seiner Geliebten und den drei Kindern in die Hütte, in der seine Frau gelebt hatte. Eine Zeitlang erzählte man sich schreckliche Gerüchte: Gang selbst habe seine Frau ertränkt und anschließend ein Alibi erfunden. Doch diese Gerüchte waren bald wieder verstummt.

In jener Nacht, als ich die Nachricht von Neobdodaeks Tod erfahren hatte, trat ich in den Hof hinaus und blickte hinauf in den Himmel, während ich an die Steinmauer pinkelte. Alles dort oben war voll von hellen und funkelnden Sternen, und ich wusste: Einer dieser blitzenden Sterne am Himmel war Neobdodaek, die noch immer das Lied sang von den *Tränen in Mokpo.*

Nachtrag des Erzählers viele Jahre später:

Erst vor kurzem erhielt ich von meiner Mutter, die aus Anlass des Gedenkens für die verstorbene Großmutter meine Heimatinsel besucht hatte, eine Nachricht darüber, wie Gang Jubyeong sein weiteres Leben verbracht hat. Seine Geliebte, die Taucherin aus Jeju, ist schon bald gestorben, worauf er nacheinander noch Beziehungen mit zwei anderen Frauen hatte, die jedoch nicht lange dauerten. Die letzte Lebenszeit verbrachte er elend. Er hatte sich um sechs Kinder von vier verschiedenen Frauen zu kümmern, doch selbst die Kinder verließen ihn am Ende und lebten in alle Richtungen zerstreut. Am Ende blieb Gang allein und hatte unter allerlei Krankheiten zu leiden. Während der letztjährigen Regenzeit ist er gestorben.

5
LIEBE AUF NAGILDO

Alle Jahre wieder gebärt das Südmeer den Frühling. Nachdem sich der riesige Bauch des Ozeans den ganzen Winter über langsam hin und her gewälzt hat, beginnt er zu stöhnen wie ein mächtiges Reptil, das den Frühling in seinem tiefen Bauch auszutragen im Begriffe ist. Wenn dann die Zeit gekommen ist, bringt der Ozean den Frühling zur Welt und schickt ihn an Land, und diesen Gebärvorgang wiederholt er jedes Jahr neu.

Die Beobachtung des Meeres verriet es den Bewohnern der Inseln sofort, wenn die Zeit reif war für eine neue Geburt. Sobald sich das Gras mit seinem frischen Grün und die blühenden Bäume in ihm spiegelten, wenn es dann aussah, als ob sich eine ganze Riesenportion grüner Seide darüber hingebreitet hätte, und die Sonne mit immer heißeren Strahlen seine Oberfläche überzog, wussten die Menschen auf den Inseln, dass seine Geburtswehen wieder eingesetzt hatten.

Und wenn dann der Ozean voll war mit einem Überfluss an Jakobsmuscheln, Abalonen und Oktopus, Fadenschnecken, Seeanemonen, Kugel- und Plattfischen, Meerbrassen und Garnelen, die es alle an die gewärmte Wasseroberfläche trieb – dann wussten die Insulaner, so sicher, wie sie ihre eigenen Namen wussten: Der Frühling war wieder einmal dabei, das Licht der Welt zu erblicken.

Einmal jedoch war der Frühling früher dran als üblich. In jenem Jahr waren Gerüchte im Umlauf, wonach Leute, die an einer Überprüfung der Algenzucht* um die ganze Insel herum teilgenommen hatten, bereits gegen Mitte Januar erste Anzeichen des kommenden Frühlings gesehen haben wollten. Für uns Insulaner bedeutete das jedoch überhaupt nichts Gutes. Im Gegenteil, alle waren besorgt über einen Frühling, der sich zu früh angekündigt hatte. Wir hatten auf der Insel einfach zu wenig Anbaufläche für Feldfrüchte, und deshalb hingen wir für unser Auskommen hauptsächlich von der Züchtung von Meeresalgen den ganzen Winter hindurch ab. Und jeder wusste, dass die Algen nur im kalten Wasser gediehen. War der Winter ungewöhnlich warm, bei steigenden Wassertemperaturen, so pflegten die Algen rasch zu faulen, und das bedeutete dann für das betreffende Jahr das Ende der Algenzucht. Aus diesem Grund beteten wir Insulaner immer für einen späten Frühlingsbeginn. Aber leider, die Geburt eines neuen Frühlings kümmerte sich nicht im Geringsten um unsere Wünsche und Vorlieben – vielmehr ereignete sich die Geburt nach ihren eigenen Gesetzen und kam eben, wann sie kommen wollte.

Ich kann mich aber auch an ein Jahr erinnern, in dem wir eine ausgesprochen reichliche Algenernte erlebt hatten. Doch auch die gute Ernte machte uns keineswegs glücklich, weil sie nämlich die Preise abstürzen ließ. So war die harte Arbeit der Dorfleute beim Ernten der Meeresalgen den ganzen Winter hindurch, waren die rissige Haut und die Blasen an den Händen und die schmerzenden Glieder ganz umsonst, alles vergebliche Mühe.

Selten genug, aber manchmal geschah es doch, dass die Insulaner, wenn sie ihre Algenernte bei der Fischerei-Kooperative abgeliefert hatten, auch einmal in den Besitz ganzer Bündel von Geldscheinen kamen. Doch am Ende, nach Rückzahlung der staatlichen Beihilfen und Kredite und wenn man die Kosten für die Arbeitsgeräte abzog, blieb ihnen doch so gut wie nichts davon in der Kasse.

Und dennoch, diese einfachen Menschen arbeiteten weiter, auch wenn nach einer außergewöhnlich reichlichen Algenernte die Preise fielen. Wenn sie von früh bis in den späten Abend im kalten Meerwasser arbeiteten, bedeutete ihnen der bloße Anblick der reifenden Algenzucht, des Seetangs also, Ermunterung und Trost. Diese Gelassenheit der Insulaner, die sie auch in Armut und Not nicht verließ, war ein wertvolles Erbe, das ihnen von ihren Vorfahren geschenkt worden war.

Es war im Monat April.

Von einer warmen Sonne verwöhnt, sprenkelten die grellgelben Rapsblüten die hügeligen Felder auf Nagildo viel früher als gewöhnlich um diese Jahreszeit. Und da wir wenig Ackerland hatten, das man bewirtschaften konnte, waren im Frühjahr oft winzige Felder an den Abhängen der Berge mit grüner Gerste bepflanzt. Ich kann mich gut daran erinnern, wie die schmalen, rechteckigen Felder aus der Ferne aussahen wie die zum Trocknen ausgelegten zartgrünen Röcke der traditionellen Frauenkleidung. Auch Kamelienbäume mit ihren glänzenden Blättern und roten Blüten wirkten wie Farbflecke auf den Hügeln und übten ihre Anziehungskraft auf Bienen und wunderschöne Schmetterlinge aus.

Wenn Kinder kleine Feuer entfachten, um auf den Böschungen, die die schmalen Felder an den Hügeln umgaben, Insekteneier zu verbrennen, merkten sie es nicht einmal, wenn die Flammen kleine Löcher in ihre Nylonsocken brannten, und die Alten, die sich an sonnigen Plätzen niedergelassen hatten, um die lederne Haut ihrer erschlafften Gesichtszüge von den Strahlen der Frühjahrssonne wärmen zu lassen, erzählten einander alte Geschichten, während nebenan die Hunde ihr Fell nach Flöhen durchsuchten. Im Frühling waren solche gemütlichen Szenen überall auf unserer Insel zu beobachten. Für die Bauern auf dem Festland, die jetzt ihre Felder für die Aussaat vorbereiten mussten, war der Frühling der arbeitsreichste Monat des Jahres, während er für uns Insulaner immer die lange erwartete freie Zeit bedeutete. Manche freilich gingen auch hier hinaus, um ihr kleines Stückchen Land umzupflügen und etwas zu säen. Doch keiner besaß genügend Land, das ihn längere Zeit beschäftigt hätte.

Ja, es war sogar so, dass die Inselbewohner im Frühjahr, wenn der Seetang geerntet war und sie die nasse, verschwitzte Arbeitskleidung in die Ecke werfen konnten, sehr schnell von einer schwer erträglichen Langeweile erfasst wurden. Dann gähnten sie, es juckte sie unter den Achseln, und sie fingen an, mit sehnsüchtigen Augen zu den fernen Bergspitzen auf dem Festland hinüber zu blicken.

Derjenige Ort aber, an dem der Frühling für die Dorfleute eigentlich begann, war der öffentliche Waschplatz.* Er befand sich am Fuß der westlichen Hügelkette. Das durch die Schluchten herunterströmende Wasser füllte, ehe es weiterfloss, an der Stelle, wo es das Tal erreichte, eine größere Mulde. Dieses Becken war gewöhnlich seicht, aber nach einem ausgiebigen Regen pflegte es sogar über die Ufer zu treten und wurde ziemlich tief. An solchen Tagen versammelten sich alle Dorffrauen an diesem Ort, um große Haufen Wäsche zu waschen.

An einem Morgen, der auf einen heftigen Frühlingsregen folgte, tappten einige Dorffrauen mit ihren schweren Wäschekörben, die sie auf dem Kopf balancierten, zum Waschplatz hinaus. Die Luft war erfüllt von ihrem albernen Gelächter und dem Geschnatter ihrer angeregten Unterhaltung.

„*Euma*, ach, was ist es denn, was euch Weiber gar so amüsiert? Ihr lacht ja, dass davon die dickste Glasflasche in der Küche zerspringt", sagte Geumdongne und stellte ihren Wäschekorb auf einer Steinplatte ab.

„Oh, du bist gemeint, unsere frischgebackene Ehefrau!", meinte eine der Frauen.

„*Eotta*, schaut nur, was für rote Bäcklein sie bekommt, unsere frischvermählte Geumdongne! Sie wird ja rot wie ein Vollmond. Da wird der Ehemann aber schwer geschuftet haben, Nacht für Nacht", sagte eine andere.

„Ach, hört doch damit auf, es ist noch zu früh am Tag für solches

Geschwätz", gab Geumdongne zurück, der die Schamröte ins Gesicht gestiegen war bei diesen unanständigen Anspielungen.

„Na ja, sie befindet sich jetzt eben in ihrer Glanzzeit. Das sind doch die besten Jahre einer Frau: jung, heiß und frisch gereift", setzte eine andere hinzu.

„He, ich bin jedenfalls alt genug, um mir solche Sticheleien zu verbitten!", konterte Geumdongne.

„Das glaube ich nicht, meine Liebe", meinte eine Alte. „Denk nur an Kimchi. Oder schmeckt ganz frisches Kimchi etwa? Nein, am besten schmeckt es doch, wenn es etwas abgelagert, also wenn es ausgereift ist. Erst wenn du richtig reif bist, kannst du es voll genießen, in den Armen deines Mannes zu liegen ... ja, das könnt ihr mir glauben."

„Das stimmt", sagte eine andere. „Als ich in ihrem Alter war, habe ich immer ungeduldig auf die Nacht gewartet. Wenn mir mein Rücken und meine Beine von der Tagesarbeit weh taten – was meint ihr, was mich wieder munter gemacht hat? Nichts anderes als die Kräfte meines Mannes im Bett, die auch dazu führten, dass auch ich am nächsten Morgen wieder bei Kräften war und fröhliche Lieder singend zur Arbeit gehen konnte."

„Was für ein eigennütziges Luder! Du hast also fröhliche Lieder gesummt, während dein Mann am Tag auf dem Feld und in der Nacht auf deinem Bauch schuften musste", tadelte eine Zuhörerin.

„Was ist das denn für eine Art Feldarbeit, bei der man in der Nacht so schuften muss?", kicherte eine andere, ehe Deoksimne sich einschaltete. Sie war für ihr lautes Mundwerk und ihre frechen Sprüche bekannt und schaffte es auch jetzt wieder, dass alle in lautes Gelächter ausbrachen.

„Wenn man es recht überlegt", sagte sie, „sind die Männer doch arm dran. Nach all der Mühe und Arbeit den ganzen Tag über dürfen sie nicht einmal nachts ruhig schlafen. Dann müssen sie auch im Bett noch ackern und sich zwischen neuen Furchen herumquälen, auf und nieder, auf und nieder immer wieder, und so die ganze Nacht durch. Schwerstarbeit ist das!"

„Doch das hängt ganz davon ab, wie der Ackerboden beschaffen ist, den eine Frau da anzubieten hat! Fruchtbaren und geschmeidigen Boden ganz ohne Steine zu bearbeiten, fällt den meisten Männern nicht schwer, und was mich betrifft: mein Mann jedenfalls hat sich nie beklagt!"

„Du? ... Einen fruchtbaren Boden willst du gehabt haben? *Tsch ... tsch ...* Und geschmeidig soll der sein ...? Deine Felder, fürchte ich, sind besonders steinig und dazu noch völlig verwanzt", zischte eine Frau.

„Na gut, dann bin ich also ein steiniger Acker. Aber meinen Mann hat das nie gestört. Der hat mich immer bestens beackert, als er noch jung war, und das sogar nach einem harten Arbeitstag. Ja, das waren unsere goldenen Jahre! Ach Gott, die Erinnerungen …", seufzte Deoksimne.

„Die Glanztage scheinen für ihn aber noch immer nicht ganz vorbei zu sein, wenn man seinen geraden Rücken ansieht und seine kräftigen Beine! Der sieht doch so aus, als hätte er noch genügend Energie, um auch noch die schwersten Säcke voll Reis auf seinem Rücken zu schleppen."

„Ach ja, die Wirklichkeit sieht anders aus", meinte Deoksimne kleinlaut. „Von wegen Energie! Von durchpflügen kann man da nicht mehr reden. Höchstens einmal die Woche ein bisschen herumhacken, zu mehr reicht es bei ihm nicht mehr."

„Aber schau dich doch selbst an!" blaffte Geonimne dazwischen. „Du bist doch auch ein altes Weib geworden, merkst du das nicht? Mit deinen schlaffen Brüsten, und überall die aufgesprungene Haut. Es dauert nicht mehr lang, und du bist ihm dankbar für ein bisschen Herumhacken einmal wöchentlich."

Die beiden waren noch lange nicht am Ende mit ihren derben Scherzen, mit denen sie bei den übrigen Frauen immer wieder dröhnendes Gelächter erzeugten.

Der Waschplatz war derjenige Ort im Dorf, an dem es immer am lautesten zuging. Sobald sie sich einmal dort eingefunden hatten, wurden die Frauen alle gesprächig und achteten dabei wenig auf die guten Sitten; denn schließlich war das für sie der Ort, an dem sie frei sprechen konnten, wie ihnen der Schabel gewachsen war. Nur wenn die Scherze etwas zu weit gingen, kam es zum Streit. Dann aber gestattete es die angeborene Großzügigkeit der Insulaner, den Streit eben auszutragen und im Übrigen mit den Scherzen weiterzumachen.

Während die Frauen sich noch unterhielten, war Beoldeongnyeo gesichtet worden, wie sie sich gerade dem Platz näherte.

„Schaut, da drüben, kommt da nicht Beoldeongnyeo?"

Alle hoben die Köpfe und schauten, wie diese mit kräftig wiegenden Hüften herankam, einen großen Bambuskorb auf dem Kopf balancierend.

„Was hat sie denn da für interessante Kräuter in ihrem Korb, ist das Beifuß? Der sieht ja besonders frisch und saftig aus. Ist das etwa für *Ddeok**?", fragte eine Dorffrau.

„Ja, mein Mann wollte etwas zwischendurch. Und es ist lange her, dass ich so etwas gekocht habe", antwortete Beoldeongnyeo mit einem Lächeln, während sie sich neben Eungpalne niederließ.

„Na, schaut euch nur die tüchtige Hausfrau an!", rief Eungpalne voller Verachtung aus. „Nicht viele Frauen bringen es fertig, drei Mahlzeiten am Tag zu kochen und dazu noch ihre Männer mit wohlschmeckenden Snacks zu verwöhnen."

So quasselte sie weiter über das, was Beoldeongnyeo gesagt hatte, als ginge es ihr völlig gegen den Strich. Beoldeongnyeo aber lächelte nur und meinte:

„Wenn das Herstellen von Kräuterkuchen meinen Ruhm als tüchtige Hausfrau vermehrt, dann backe ich jeden Tag welche!"

„Ja natürlich, das glaube ich dir sofort. Du bist doch die berühmte Beoldeongnyeo, oder? Bekannt für den Riesenlärm von all dem Stampfen und Mahlen, der noch spät in der Nacht aus deinem Haus kommt und die Nachbarn aus dem Schlaf reißt. Was wird denn da bei euch immer gestampft und gemahlen: … Etwa Teig? Oder was?"

„Ich habe doch nicht gesagt, dass ich jeden Tag Reiskuchen mache", antwortete Beoldeongnyeo, die die sexuellen Anspielungen zunächst gar nicht bemerkt hatte und sogleich laut wurde und vor Ärger leicht errötete, als sie es dann verstanden hatte:

„Was in aller Welt soll das nun heißen, ha? Hast du irgendeinen Nachbarn gesehen, wie er nachts aufgewacht ist, weil ich Lärm gemacht habe? Das ist doch Unsinn, was du sagst."

Überrascht von Beoldeongnyeos plötzlicher Empörung, hörten die umstehenden Frauen auf, sich mit ihrer Wäsche zu beschäftigen, und verfolgten aufmerksam den Streit der beiden. Eungpalne aber gab keinen Zentimeter nach und kreischte zornig zurück:

„Ah, was für eine tapfere Lady haben wir denn da! Eine Ältere anschreien, weil sie einen Spaß gemacht hat? Etwas mehr Respekt für die Älteren, wenn ich bitten darf. Wo sind nur deine Manieren … *tss, tss*. Schande über dich."

„Ach komm, du hast die vielen Jahre, die du älter bist, doch nur damit zugebracht, dein Maul, dieses hässliche Loch in deinem Gesicht, vollzustopfen – und jetzt willst du, dass wir Respekt vor dir haben? Du solltest dein dreckiges Maul besser im Zaum halten, damit es nicht so viel Mist ausspuckt."

„Ich habe nur die Wahrheit gesagt. Glaubst du mir nicht? Du kannst jede hier fragen. Ich bin nicht die einzige, die dein Gestöhne in der Nacht gehört hat. ,O ja, … ah, ich sterbe, o Gott, ja … ah, ah!' Frag doch irgendjemanden, ob ich gelogen habe."

„Wovon redest du denn überhaupt?", erwiderte Beoldeongnyeo. Bei der Beschreibung der unzüchtigen Aktivitäten Beoldeongnyeos in der Nacht hatte Eungpalnes Stimme immer lauter getönt. Ihre Stimme war ungewöhnlich schrill, und immer wenn die Leute im Dorf eine Sprecherin oder Sängerin mit weithin hörbarem Organ benötigten, wurde sie ausgewählt. Und ihr Zorn machte ihre Stimme jetzt nur noch lauter und erschütterte den Waschplatz in seinen Grundfesten.

Beoldeongnyeo aber wurde plötzlich kleinlaut und zurückhaltend, vielleicht weil sie sich hatte einschüchtern lassen oder weil sie wusste, dass die Anschuldigungen der Wahrheit entsprachen. In der Tat hatte sich das Gerede von ihrer nächtlichen Aktivität bereits durch das ganze Dorf verbreitet, und auch sie selbst wusste genau, dass alle es wussten.

Ob an dem Gerücht über Beoldeongnyeo etwas Wahres war oder ob es nur jemand erfunden hatte, um einen Spaß zu machen, war schwer zu entscheiden. Die erste jedoch, die es weitererzählte, war Beoldeongnyeos Nachbarin, Yongcheolne.

Das Gerücht ging zurück auf einen unangenehm kalten Regentag im vergangenen Herbst. Yongcheolne sagte, sie habe im Bett ein seltsames Stöhnen gehört, das von Beoldeongnyeos Haus herüber kam. Zuerst dachte sie, da werde jemand an einer schweren Erkältung leiden, aber dann hörte sie eine Stimme mit Lauten wie diese: „Jaa, … ah, ich sterbe, o Gott, ja … aaah, aaaah!"

Das ist doch eindeutig Beoldeongnyeos Stimme, dachte Yongcheolne. An diesem Tag war Beoldeongnyeos Ehemann von einer Geschäftsreise zurückgekehrt. Er verkaufte Tongeschirr, und nach einer Tour durch die Dörfer kam er immer nach etwa einem Monat nach Hause zurück.

„Moment mal, das ist doch Beoldeongnyeo. Hat sie etwa gerade Streit mit ihrem Mann?", brummte Yongcheolne leise. „Eine Schande ist das, so laut zu streiten, nachdem man so lange getrennt gewesen ist. Man sollte etwas unternehmen, bevor er sie noch ernsthaft verletzt."

Sie dachte, sie könne doch ihre Nachbarin in ihrer Not jetzt nicht im Stich lassen, und weckte ihren Ehemann. Darauf näherten sie sich beide vorsichtig Beoldeongnyeos Haustor. Die Fenster waren dunkel und immer wieder drangen die gequälten Laute dieses seltsamen Gestöhnes nach draußen.

„Da tobt ja ein richtiger Streit! Am Ende gibt es noch Tote", flüsterte Yongcheolne voller Angst.

In nächsten Moment jedoch schrie ihr Mann sie an: „Du dummes Weib! Sterben soll hier jemand …? Verdammt, hast du ernsthaft geglaubt, dass die beiden streiten?? Oder wolltest du nur haben, dass auch ich dieses Gestöhne mit anhöre, das dich so geil gemacht hat?"

In seiner Wut schlug ihr Mann sie ein paarmal ins Gesicht, dann kehrte er ins Haus zurück.

In ihrer verqueren Logik gab Yongcheolne dann ihrer Nachbarin die Schuld dafür, dass sie, Yongcheolne, von ihrem Ehemann in dieser Nacht so übel behandelt wurde, und aus diesem Grund begann sie bereits am folgenden Morgen, von Rache getrieben, überall die Geschichte von Beoldeongnyeos nächtlichen sexuellen Abenteuern zu verbreiten. Und diese Geschichte wurde berühmt, nicht nur unter den Bewohnern unseres Dorfes, sondern auch überall auf den umliegenden Inseln.

Und das war auch der Grund, weshalb Beoldeongnyeo – sie hieß eigentlich Minrye – ihren Spottnamen erhalten hatte: Beoldeongnyeo, was so viel wie ‚die flotte Lady' oder ‚das leichte Mädchen' bedeutet. Aber abgesehen davon gab es nur einige wenige Dorfbewohner, denen sie, aus dem einen oder anderen Grund, sympathisch war. Dabei war es keineswegs so, dass Beoldeongnyeo etwa von Natur aus unverträglich gewesen wäre oder dass sie die Leute unfreundlich behandelt hätte. Eher im Gegenteil war sie vielen zu sehr entgegenkommend und wollte allen gefällig sein, was den Frauen gar nicht gefiel. Sie hatte Augen, die schneckenartig gerundet waren, und ein kokettes Lächeln, das sie ganz ohne eigenes Zutun von ihrer Mutter geerbt hatte. Die Männer im Dorf zeigten sich jedoch fasziniert von den schönen Augen, die sie ihnen machte, was ihre Frauen immer wieder gegen sie aufbrachte und in Wut versetzte. Ja es gab stets Gerüchte darüber, dass einzelne Männer Affären mit Beoldeongnyeo hatten, doch niemand konnte je einen Beweis dafür liefern, und so flauten die Gerüchte mit der Zeit ab.

Inzwischen war das ausgeartete Streitgespräch am dörflichen Waschplatz wieder etwas munterer geworden.

„Also, jetzt reicht's aber", hatte Gwideokne mäßigend dazwischengerufen. „Beoldeongnyeo lässt sich ja offenbar vieles gefallen, aber jetzt ist Schluss."

Als eine Art unparteiische Schlichterin wies die Frau zunächst Eungpalne zurecht und stellte dann, an Beoldeongnyeo gewandt, eine interessierte Frage:

„Beoldeongnyeo, lässt du den Reis mit den Beifußkräutern eigentlich in der Reismühle in Hwapori mahlen?"

„Nein, wir machen das nachher zu Hause", antwortete Beoldeongnyeo freundlich lächelnd.

„Ja, Beifuß ist jetzt im Frühling ganz frisch, und besonders saftig und süß", sagte Gwideokne.

„O ja, in diesem weichen Teig aus Klebreis mag ich ihn am liebsten", setzte Beoldeongnyeo hinzu.

„Das ist bestimmt das Beste. Man stampft mit dem Mörser lange in dem mit Beifuß vermischten Teig aus Klebreis herum, zieht ihn immer rein und raus, rein und raus. Hmm ... dann wird der Teig schmackhaft und richtig zart und weich", sagte Eungpalne.

„Ja, mein Mann verlangt andauernd Reiskuchen", sagte Beoldeongnyeo.

„Dann bist du ja eine glückliche Frau! Aber warum gehst du nicht auf den Markt in Hwapori und lässt dir den Teig dort stampfen?"

„Ach ..., mir ist das zu mühsam, über den Berg dort hinüberzugehen. Wir machen das lieber im Hof zu Hause", sagte Beoldeongnyeo unschuldig lächelnd.

„In eurem eigenen Hof?"

„Ja", antwortete Beoldeongnyeo nichtsahnend.

Eungpalne hatte sich eigentlich die ganze Zeit über Beoldeongnyeo lustig machen wollen und deshalb die ganze Zeit mit Unschuldsmiene und einem ernsten Gesicht gesprochen – bis die anderen die Absicht schließlich doch bemerkten und zu kichern anfingen.

„Was ...! Das muss ja ein großartiges Bild sein: Du und dein Mann mitten auf dem Hof, wie sie voller Freude mit dem Mörser stampfen ... Ha ha ha!"

„Halt doch dein böses Maul!", schrie darauf Beoldeongnyeo und sprang auf, bebend vor Zorn, nachdem auch sie die wahre Bedeutung der Unterhaltung begriffen hatte. Aber die Spaßmacherin ließ sich nicht einschüchtern und schnappte zurück:

„Böses Maul, sagt sie ...? Schaut euch nur diese junge Schlampe an! Du mieses Unkraut!"

„Wenn du nicht willst, dass ich böses Maul sage, dann kann ich es auch ein dreckiges Loch nennen", brüllte Beoldeongnyeo sie an. „Halte dich bloß zurück, du alte Hure!"

„Was hast du gesagt, du Hure?"

„Oh, jetzt verstehe ich. Ich fragte mich immer, wer wohl die Lügen gegen mich verbreitet haben wird. Hast du mich jemals mit anderen Männern zusammen gesehen? Du solltest dich lieber darauf gefasst machen, für deine giftige Zunge einmal richtig verprügelt zu werden", sagte Beoldeongnyeo, und dabei krempelte sie ihre Ärmel auf und stellte sich in der Pose einer Ringkämpferin vor ihr auf.

Auch ihre Kontrahentin machte sich kampfbereit, indem sie ihre klobigen Hände nach vorne reckte, um Beoldeongnyeo in die Haare zu greifen, um sie ihr womöglich auszureißen. Doch dann drängten die entsetzten Frauen heran und rissen die beiden auseinander. Ihrem beherzten Zupacken war es jedenfalls zu verdanken, dass beider Kopfhaare unversehrt blieben. Aber das durchdringende Geheul und Geschrei der beiden zerriss noch eine ganze Weile die Luft.

Doch der Zwischenfall war damit noch nicht zu Ende. Noch Stunden danach konnte man hören, dass die Ehemänner der beiden Kampfhühner, aus Scham über den ehrenrührigen Streit, ihren Frauen eine tüchtige Tracht Prügel verabreichten.

6
DIE STÜTZEN DER OMA YAKSAN

„Was soll dieses Gefummel!", rief Oma Yaksan und stieß ihren Ehemann, der mit seiner Hand an ihrem Busen herumfingerte, mit ihrem Ellenbogen beiseite.

Geweckt von ihren eigenen Rufen, schlug sie erschrocken die Augen auf und bemerkte, dass alles ein Traum gewesen war. Nichts als rabenschwarze Dunkelheit erfüllte das kleine Zimmer. Halb im Schlaf streckte sie ihre Hand aus und tastete umher. Der leere Raum und die klamme Bettdecke war alles, was sie zu fassen bekam, und wieder überkam sie ein Gefühl der Verlassenheit.

„Was mache ich denn noch hier? Mein Mann ist doch tot. Er ist nicht mehr da. Und wahrscheinlich ist es auch für mich Zeit, zu ihm zu gehen", stieß sie leise hervor, und ihre Stimme zitterte vor Kummer. Dann zog sie ihre Hand zurück.

Ihr Mann war vor einigen Jahren gestorben, und sein Grab befand sich mitten auf ihrem Feld. Und wie schon oft, war er ihr wieder einmal im Traum erschienen.

„Seltsam", dachte sie, „er verhält sich genauso wie damals, als er noch lebte."

In diesen Träumen schlich er sich immer an ihre Seite und streichelte ihren Busen, während sie ihn darauf jedes Mal ziemlich schnöde abwehrte. Immerhin, es fiel ihr schwer zu glauben, dass das angenehme Prickeln, das sie dabei an ihren Brüsten spürte, eigentlich ganz unwirklich war; wirklich war schließlich nur, dass sie seine Berührung vermisste.

Das Gefühl der Verlassenheit drang immer tiefer in Yaksan ein. Ihre verwaiste Hütte kam ihr dann nur noch zu groß und sinnlos vor. Besonders in den Nächten im Herbst, wenn der Vollmond über den Hügeln stand, wenn im Winter die Schneeflocken umherwirbelten und im Frühling die Vögel mit süßem Gezwitscher einander lockten, dann versank sie alleine in ihrem Bett in unerträgliche Einsamkeit. Schmerzlich vermisste sie dann einen warmen Körper neben sich.

Wenn sie in diesen Nächten erwachte, stand sie auf und wanderte draußen im Hof ihres Hauses herum. Dabei hatte sie immer das Gefühl eines eisigen Luftzugs, der durch ihren Körper wehte. Voll innerer Unruhe starrte sie dann im Dunkeln auf die schwarzen Umrisse der Häuser und dachte, wie schön es doch wäre, wenn sie jetzt mit irgendwem zusammen sein könnte, ganz egal, wer es wäre. Nur seinen

Atem wollte sie hören, oder wenigstens sein Husten oder seine Seufzer im Schlaf.

Wenn sie dann den Punkt erreicht hatte, an dem das Gefühl der Verlassenheit unerträglich geworden war, rannte sie ins Zimmer zurück, nahm das alte Kissen ihres Mannes in die Arme und warf sich damit auf den Boden. Das Kissen war mit getrockneten Körnern der Mohrenhirse gefüllt und hatte den Körpergeruch ihres Mannes bewahrt. Wenn sie es fest in den Armen hielt und an sich drückte, tat ihr das Herz weh vor trauriger Sehnsucht, bis sie der Geruch und die sanfte Wirkung des weichen Kissens allmählich beruhigten.

Nachdem sie im Alter von siebzehn Jahren ihren Mann geheiratet hatte, war sie von ihrer Heimatinsel Yaksan, von Yaksando also, nach Nagildo gezogen. Danach erhielt sie von den Dorfleuten auch ihren Beinamen Oma Yaksan. Bis zum Tod ihres Mannes, als sie einundsechzig war, fühlte sie sich in seiner Gegenwart eigentlich immer unterdrückt. Ihr Ehemann war exzentrisch. Er konnte so hitzig werden wie ein heißes Bügeleisen, und dieses reizbare und eigensinnige Wesen ihres Mannes zu ertragen, hatte ihr immer eine große Menge Geduld abverlangt.

Eines aber war seiner Macht nie unterworfen und blieb davon immer frei. Da er körperlich nicht der Stärkste war, versuchte sie oft, dem Geschlechtsverkehr mit ihm einfach aus dem Weg zu gehen. Das hieß keineswegs, dass sie ihn etwa nicht geliebt oder sexuell begehrt hätte. Selbst wenn sie heiß wie eine Feuerkugel nachts neben ihm im Bett lag, wehrte sie immer wieder die vorsichtigen Annäherungen ihre Mannes ab, einfach weil sie fürchtete, zu viel nächtliche Anstrengung würde seiner Gesundheit schaden.

Kurz nach ihrer Heirat war es zu einer geheimen Absprache mit der Schwiegermutter gekommen. Diese nahm sie damals beiseite und sagte:

„Hör zu, dein Mann ist körperlich nicht besonders kräftig, wie du weißt. Und deshalb hängt es einzig und alleine von dir ab, ob mein Sohn lang oder nur kurz zu leben haben wird. Pass also auf seine Gesundheit auf, hast du verstanden? Was ich meine, ist: Du musst darauf achten, dass er sich nachts nicht zu sehr anstrengt …, verstehst du?"

Yaksan merkte sich das für ihr ganzes weiteres Leben und tat immer so, als wäre sie an Sex gar nicht interessiert, selbst wenn ihr Ehemann sie noch so heiß begehrte. Und jetzt dachte sie, es wäre sein Geist, der öfter in dieser Stimmung wäre. Dann bedauerte und verwünschte sie ihre Distanziertheit, mit der sie diese Wünsche während ihrer Ehejahre behandelt hatte – und wie sie das auch jetzt noch in ihren Träumen glaubte beibehalten zu müssen.

Yaksan öffnete jetzt die Tür und trat auf die Diele hinaus. Dann holte sie einen Nachttopf und pisste hinein. Über dem Berg hing die Sichel des zunehmenden Mondes am Himmel. Darunter lag ihr kleines Feld, das ihnen seit Generationen gehörte, und mitten darauf war ihr Mann begraben.

Noch immer auf dem Nachttopf sitzend, blinzelte sie mit ihren trüben Augen, aber sie konnte den Geist ihres Mannes in der Dunkelheit nicht sehen, der vielleicht gerade voller Groll gegen sie sich auf einen Hügel zurückzog. Ich bin noch am Leben und fühle mich so einsam, aber wie mutterseelenallein muss er sich fühlen, dachte sie, ewig unter der dunklen, feuchtkalten Erde liegen zu müssen. Deshalb wird er sie eben in ihrem Traum aufgesucht haben. Dann tastete sie vorsichtig nach ihren zerknitterten Brüsten und sprach immer und immer wieder zu sich selbst:

„Was bin ich nur für eine schreckliche Ehefrau gewesen. Ich hätte seine Hände nicht wegstoßen dürfen. Ich hätte mich auf ihn einlassen sollen. Ach, mein armer Mann …, mein armer Mann. Verzeih mir, es tut mir doch so leid."

Dann ging sie in ihr Zimmer zurück und legte sich nieder, doch sie konnte nicht wieder einschlafen. Ihr leeres Zimmer kam ihr kälter und größer vor denn je.

Sie hatte mit ihrem Mann einen Sohn und eine Tochter. Da es in der Familie ihres Mannes wenige Nachkommen gab und die männlichen unter ihnen jung gestorben waren, galt ihr Nachwuchs als ein Segen, und ihre Schwiegermutter war ihnen dafür dankbar. Ihre Tochter heiratete einen Mann vom Festland, der in einem Bergwerk in der Provinz Gangwon arbeitete. Sie sah selten nach ihrer Mutter, und sie hatten überhaupt wenig Kontakt. Der Sohn, der kaum eine Schule besucht hatte, verließ sie in jungen Jahren und ging nach Seoul, wo er es weiter zu nichts brachte und mit einer siebenköpfigen Familie in einem Raum lebte, obwohl er bereits in einem Alter war, in dem er selbst Enkelkinder hätte haben können.

Aber das war nicht der Grund, weshalb sie niemals daran dachte, bei ihrem Sohn zu leben. Erstens lebte Oma Yaksan aus dem Grund alleine in ihrer Hütte, weil sie dem Grab ihres Mannes nahe sein wollte, um sich darum zu kümmern. Ein zweiter Grund hatte mit dem Erscheinen ihres Mannes in ihren Träumen zu tun, was seit seinem Tod fast jede Nacht geschah. Wenn sie wegzöge, so überlegte sie, würde doch der Geist ihres Mannes jede Nacht das Haus leer vorfinden, er würde vergeblich an dem aus Reisig geflochtenen Hoftor rütteln und jedes Mal tief enttäuscht wieder zu seinem Grab zurücktrotten.

Als er noch lebte und spät nach Hause kam, fragte sie gewöhnlich: „Du bist wieder spät dran. Wo warst du denn so lange?"

Und darauf pflegte er zu antworten: „Das geht dich nichts an, du hast ja keine Ahnung."

Obwohl Yaksan ihren verspäteten Mann freundlich begrüßte, war seine Reaktion gewöhnlich sehr kurz angebunden. Er setzte sich darauf gerne in die Diele, oder er ging in die Hütte und schlug ihr die Tür vor der Nase zu. Sogar nach seinem Tod blieb er also bei diesem schroffen und groben Verhalten, wenn er seine Frau in ihrem Traum besuchte. Sie jedoch war noch immer glücklich über seinen Besuch und pflegte ihn willkommen zu heißen:

„Mein geliebter Mann, es dauert nicht mehr lang, und ich werde wieder bei dir sein."

Dann sprach sie gewöhnlich mit ihm, bis sie schließlich eingeschlafen war.

Als Oma Yaksan eines Morgens in der Küche auf dem Boden hockte und frühstückte, tauchte die Frau ihres Neffen, der in Hwapori lebte, vor ihr auf:

„Ah, meine alte Tante sitzt gerade alleine beim Frühstück!"

„Was ist denn in dich gefahren, so früh am Morgen?", antwortete Yaksan.

„Liebe Tante, haben Sie schon vergessen*, was Sie mir am letzten Markttag versprochen haben? Und heute ist Sonntag."

Yaksan blickte in ihr lachendes Gesicht und erinnerte sich, dass die junge Frau sie bedrängt hatte, doch einmal den Sonntagsgottesdienst zu besuchen, und dass sie halbherzig eingewilligt hatte. Obwohl sie selbst nicht mehr daran dachte, hatte die Frau ihres Neffen die Zusage keineswegs vergessen und war nun erschienen, um mit ihr zur Kirche zu gehen, ungeachtet des weiten Weges, den sie zwischen Hwapori und Ilchulri zurückzulegen hatte.

„Eigentlich", meinte die Alte, „... eigentlich bin ich nicht in der Stimmung für so etwas. Wie du weißt, hatte mein Mann für diese Jesus-Leute überhaupt nichts übrig."

„Aber Ihr Mann ist doch jetzt im Himmel, liebe Tante, wo er auf Sie wartet. Und ich möchte Ihnen dabei helfen, dass Sie ihn dort wiedersehen können. Begreifen Sie das doch: Wenn Sie ihn im Himmel wiedersehen möchten, dann müssen Sie den Gottesdienst besuchen. Es gibt nun einmal keine größere Gnade auf dieser Welt, als ein gläubiger Christ zu sein."

„Vielleicht hast du recht", antwortete Yaksan. „Aber wenn ich es mir genau überlege ..., glauben nicht auch wir Koreaner schon immer an die Gebote des Höchsten Wesens, des allmächtigen Schöpfers? Von diesem Schöpfer haben wir die Sonne und den Regen, um unseren Acker zu bestellen, und vom Schöpfer bekommen wir die Früchte und den Fisch. All das durch die Gnade des großen Schöpfergottes."

„Aber Tante, das ist kein koreanisches Höchstes Wesen, das ist Gott. Und überhaupt, Sie gehen heute mit mir in die Kirche, ja?"

Die junge Christin brachte Yaksan schließlich dazu, ihr in die Kirche zu folgen. Obwohl die Kirche in Hwapori schon lange stand, war es Yaksans erster Besuch. Wie viele Dorfbewohner betrachtete sie diese Jesus-Anhänger als eine Art Missgeburten oder Ungeheuer, wie Schlangen mit zwei Köpfen. Man glaubte, die christliche Kirche würde den weiblichen Schutzgeist der Insel beleidigen, und das werde böse Folgen haben. Jesus war für viele Dorfbewohner nur einer der bösen Geister aus dem Westen, wo die Langnasen wohnten.

Wenn beim Gottesdienst der Moment kam, da jeder sein Gebet sprechen sollte, sagte die Frau ihres Neffen: Wenn sie eine Bitte oder einen bestimmten Wunsch habe, solle sie jetzt ihre Augen schließen und einfach Jesus um seine Erfüllung bitten. Und Yaksan tat, was man ihr sagte, und betete:

„Großer Gott, oder Jesus, oder wer du auch bist, ich bitte dich, wenn dir irgendwann mein alter Ehemann begegnen sollte, bitte, zeig ihm den Weg ins Land der ewigen Seligkeit. Er scheint sich nämlich auf seiner Reise in den Himmel verirrt zu haben, und stattdessen besucht er mich jede Nacht im Traum. Ich mache mir um ihn große Sorgen. Kümmere dich bitte um den Geist meines Mannes."

Als Oma Yaksan auf dem Nachhauseweg der Frau ihres Neffen von diesem Gebet erzählte, lachte die junge Christin nur und verbürgte sich dafür, dass Jesus ihr Gebet erhört habe und ihrem Mann gewiss helfen werde, in den Himmel zu kommen. Diese Nachricht machte Yaksan so glücklich, dass sie versprach, von jetzt an jeden Sonntag zum Gottesdienst mitzukommen.

In der Nacht darauf erschien ihr Mann ihr wieder im Traum, und unwillkürlich stieß sie hervor, ‚oje, hat dieser Jesus meine Gebete doch vergessen und ihn noch nicht in den Himmel geführt ...?' Während sie noch von Jesus' Vergesslichkeit vor sich hinredete, öffnete sie ihrem Mann das Hoftor. Aber was sie sah, war seltsam: Ihr Mann sah völlig verändert aus. Mit wütenden Blicken stürmte er, mit einem Beil in der Hand, in den Hof.

„Was ist los, Liebling? Ist irgendwas Schlimmes passiert?", brachte sie in ihrer Bestürzung gerade noch heraus.

Aber ihr Mann übersah sie, rannte zur Hütte und fing an, mit der Axt auf eine der Stützen einzuschlagen, auf denen das Häuschen ruhte.

„Was machst du da, mein Alter, sag doch nur", bat Yaksan flehentlich.

Ungeachtet ihrer Bitten drängte ihr Mann sie mit einem furchterregenden Gesicht zur Seite, dass sie auf den Boden fiel, während er weiter auf die Stützpfeiler einhieb.

„Verzeih mir, Liebling. Ich habe mich geirrt, es tut mir leid", rief sie, ohne genau zu wissen, was sie getan hatte, das ihren Mann so wütend machte. Sie hielt ihn an der Hose fest und flehte ihn an – bis sie plötzlich erwachte.

Als Yaksan am folgenden Sonntag in der Küche dabei war, das Herdfeuer anzuzünden, kam die Frau ihres Neffen wieder, um sie zum Kirchgang abzuholen. Dieses Mal jedoch schüttelte Oma Yaksan leicht mit dem Kopf und meinte:

„Auf keinen Fall. Wenn du jemals wieder etwas mit diesem Jesus im Sinn hast, solltest du damit nicht mehr zu mir kommen. Ich werde nie, nie wieder in die Kirche gehen. Nur über meine Leiche, hast du verstanden?"

„Was ist denn passiert, liebe Tante?", fragte die junge Frau erstaunt.

„Ach, meinen sturen Mann hat die Tollwut gepackt, weil ich den Gottesdienst für diesen Jesus besucht habe. Seitdem bringt er jedes Mal, wenn er im Traum zu mir kommt, eine Axt mit und hat mir beinahe schon meine Beine abgehackt und die Stützpfeiler dieser Hütte zerschlagen. Und er hat mich gewarnt, sollte ich jemals den Geist von Jesus in dieses Haus kommen lassen, würde er die ganze Hütte kurz und klein schlagen. Kein fremder Geist in diesem Haus!, sagt er. Du siehst, ich habe keine Chance gegen den Eigensinn meines Alten, auch wenn er jetzt selber zu den Geistern gehört."

Verwirrt stand die Frau ihres Neffen da und starrte die ganze Zeit ungläubig auf ihre Tante und die Stützen ihrer Behausung.

7
DER BUCKLIGE STERN

Woher kommen wir? Seit ich anfing, mir über diese Welt Gedanken zu machen, war das immer die erste Frage, die ich gestellt habe. Ich weiß nicht mehr genau, wie alt ich damals war, aber ich muss mindestens sechs oder sieben gewesen sein. Vielleicht war es aber auch viel früher – oder die ganze Fragerei hat schon in dem Moment angefangen, als ich, eingehüllt von Fruchtwasser und Blut, aus dem Bauch meiner Mutter kroch. Bei meiner Geburt war helllichter Tag, die Sonne leuchtete, ihr Licht war kraftvoll und stechend wie eine Pfeilspitze, und die Meereswellen waren weich wie Seide und rollten geräuschlos dahin.

Im Moment meiner Geburt schlug ich die Augen auf. Das erste, was ich sah, war ein Himmel und eine Erde, die beide strahlten, eine Welt im leuchtenden Sonnenschein. Mit meiner Nase roch ich den Ozean und den Seetang. Und der Wind, der durch die großen Kiefernbäume blies, das Meer, dessen Wellen leicht gegen den Strand plätscherten, das gequälte Stöhnen meiner Mutter, das dann in erleichterte Seufzer überging, und der freudige Schrei der Großmutter, das waren die ersten Töne, die damals an mein Ohr drangen.

Dann die Erschöpfung. Da mir die fremden Töne und Bilder Angst machten, blieb ich still und schweigsam, ohne einen Ton von mir zu geben, nicht einmal ein Atemgeräusch. Erst als Großmutter mit ihrer rauen Hand ein paarmal auf meinen Popo patschte, stieß ich meinen ersten Schrei aus. Das war zwar das Zeichen für meine Ankunft auf diesem Planeten, aber ein Zeichen der Freude war es nicht. Ich war traurig und eingeschüchtert. Woher aber kam dieser Kummer? Vielleicht war er die düstere Vorahnung eines stürmischen Lebens, das auf diesem fremden Planeten auf mich wartete. Oder ich vermisste den mütterlichen Bauch, den ich soeben verlassen hatte, ein Paradies, das mich neun Monate lange in seinem warmen und sicheren Schoß behütet hatte.

Als ich aus dem mütterlichen Bauch herausgerutscht war und man meinen winzigen Körper auf die Erde gelegt hatte, muss mir klar gewesen sein, dass ich in meine alte Heimat im Himmel oben für lange Zeit nicht mehr zurückkommen würde. Ich wusste, ich würde die seltsame Bestimmung akzeptieren müssen, die diese unbekannte Welt mir zumuten werde, ein Schicksal, das ganz verschieden sein würde von dem friedlichen, äußerst angenehmen und glücklichen Leben, das ich als Stern am Himmel gekannt hatte.

Aber etwas stimmte nicht mit meiner Erinnerung. Eigentlich konnte ich mich an nichts Bestimmtes in dieser Welt erinnern, die ich eben verlassen hatte. Ich hatte vergessen, wo mein Stern am Himmel seinen Platz gehabt hatte, und ich wusste auch seinen Namen nicht mehr. Es war, als hätte jemand die Schublade meiner Erinnerung vollständig ausgeräumt.

Eingewickelt in eine schmutzige Steppdecke, begriff ich meine Lage und begann zu schreien, nur noch zu schreien. Ich wollte einfach wieder zurück in meine Heimat oben am Himmel. Aber dazu musste ich die Erinnerung daran wieder auffrischen. Ich musste mich unbedingt auf den Namen und den Standort des Sterns besinnen, und ich dachte, wenn ich mich nicht an so viel, wie ich konnte, erinnere, wird es am Ende unmöglich für mich sein, wieder dahin zurückzukehren. Und dieser Gedanke stürzte mich in ein Meer von Trauer, Verzweiflung und Wut. Und so schrie ich eben, Tag und Nacht.

Meine Mutter, die keine Ahnung von meiner Traurigkeit hatte, versuchte mich mit Hilfe frischer Windeln oder ihrer vor Milch strotzenden Brust zu besänftigen. Schluchzend saugte ich an ihren Brüsten, aber die Erleichterung blieb aus. Allmählich lernte ich dann: So dringend die Antworten auf die Fragen nach meiner ursprünglichen Heimat auch waren, ich musste geduldig sein und dabei dennoch mein Ziel nicht aus den Augen verlieren. Und das war der eigentliche Grund dafür, dass ich mich entschloss, sprechen zu lernen.

Und der Reihe nach lernte ich dann krabbeln, laufen und rennen. Und ich war etwa sieben Jahre alt, als ich schließlich die Sprache meiner Sippe gelernt hatte.

Auch wenn das damals niemand merkte, ich selbst betrachtete mich bereits als einen Erwachsenen. Mein kahl geschorener Kopf, der von lauter Beulen übersät war, meine von Schmutz wie gegerbt aussehenden Hände und die aus der Nase hängenden gelben Ausscheidungen, alles das hinderte mich nicht an dieser geheimen Annahme.

Ich war zu jener Zeit voller Fragen über die Welt, Fragen, die jeden Jungen meines Alters bewegten. Warum blühen die Blumen? Woher kommt der Wind? Warum rollen Steine auf der Erde herum? Warum hat das Gras eine grüne Farbe? Warum tragen nur Frauen Röcke? Warum wächst den Männern ein Bart um das Kinn herum, als wären sie Igel? Gehören die Finger- und die Zehennägel zum Fleisch oder zu den Knochen? Und warum ist mein Pimmel, den sie

Pepperone nennen, abends immer geschwollen, wenn ich auf die Regenwürmer gepinkelt habe, die da im Abort herumkriechen?

Durch Zufall erhielt ich einige der Antworten, als ich dann in die Schule kam. Ich lernte, dass Regen eine Art Wasser ist, das aus den Wolken herunterkommt, dass die Anziehungskraft des Mondes Ebbe und Flut erzeugt und dass beim Frosch die Hinterbeine früher da sind als die Vorderbeine. Aber selbst diejenigen Lehrer, die mir viel beigebracht haben, versagten bei der klaren Beantwortung der Frage, weshalb sie alle auf diesen Planeten gekommen sind: die Katzen und die Kälber, die Blumen, Schmetterlinge und Ferkel, die Muscheln, Krebse und Hahnenkammsprossen, die Zaunkönige, Maulwurfsgrillen, Heuschrecken und Eulen, die Bienen und die Libellen, vor allem aber die Menschen? Warum nur sind sie hier? Und woher sind sie gekommen?

Es war ein außergewöhnlich heißer Augusttag. Die Sonne war abends hinter den Bergen untergegangen, und nach einem frühen Abendessen genossen wir alle in der Familie die kühle Abendluft in unserem Hof. Damals lebten fünf von uns auf der Insel: meine Großeltern, eine ältere Schwester, ein älterer Bruder und ich. Meine Eltern, meine älteste Schwester, mein ältester Bruder und mein jüngerer Bruder lebten auf dem Festland in der Kreisstadt, wo mein Vater als Beamter der Provinzverwaltung arbeitete.

Ich hatte mich auf die Diele gelegt und wollte den Abend genießen, als ich die vertrauten Schritte von Großmutter hörte, die von einem Besuch bei Banim und ihrer Mutter zurückkehrte, die in der Nachbarschaft wohnten. Sie kam mit einem traurigen Gesicht in den Hof und ließ sich auf die Diele nieder.

„Aigu*, was für ein Schicksal, das Banims Mutter zu tragen hat, tss tss …"

Die Leute sagten, Banims Mutter, Geomdane, sei von der Insel Chuja gekommen. Sie war eine Witwe mit ungewöhnlich dunkler Haut und sprach mit einem fremdartigen Akzent. Ihr Mann war im Koreakrieg in Haenam auf dem Festland getötet worden. Ich habe ihn natürlich nicht gekannt, da er lange vor meiner Geburt gestorben ist.

„Wie geht es Banim?", fragte Großvater, während er sich mit einem Papierfächer zu erfrischen suchte.

„Nicht gut. Sie atmet noch, aber sehr schwach. Sie ist nicht bei Bewusstsein, und ihre Arme und Beine sind schon kalt geworden. Ich glaube, sie wird diese Nacht nicht überleben", sagte Großmutter und schüttelte den Kopf.

„Es ist ein Jammer! Das einzige Kind, dazu noch ein Krüppel, und jetzt muss es sterben", fügte Großvater mit einem traurigen Seufzer hinzu.

„Ja, wirklich, was für ein Schicksal! Banim …, sie wäre besser nicht geboren …, das wäre besser gewesen für alle. Geomdane, ich habe sie gesehen, aufgelöst vor Schmerz, wie sie ihre sterbende Tochter im Arm hielt. Der Anblick des armen Mädchens, das nur noch Haut und Knochen ist, war unerträglich", sagte Großmutter und schnalzte ständig dabei.

„Wirklich …? Liegt Banim wirklich im Sterben, Großmutter?", fragte meine ältere Schwester mit zitternder Stimme. Mein älterer Bruder war inzwischen eingeschlafen, und Großvater versuchte, mit seinem Fächer die Mücken von ihm fernzuhalten. Und statt einer Antwort auf die Frage meiner Schwester sagte Großmutter nur: „Was für ein Leben …, was für ein Leben …!"

Meine Schwester hatte, deprimiert und mit abwesendem Blick, ihr Kinn auf ihre Hände gestützt, und ihre Gedanken waren sicherlich bei der sterbenden Banim.

Auch ich versuchte damals zu verstehen, was dieses Wort ‚Tod' eigentlich bedeutete. Als ein Junge im Alter von sieben Jahren konnte ich ihren Tod nur mit einer Totenbahre in Verbindung bringen, die mit glänzenden Papierblumen bedeckt war und die man den Berg hinauftrug, begleitet von traurigen Gesängen: … *eoya diya, eoyadiya* …

Banim war der einzige Mensch mit einem Buckel in unserem Dorf, und die Dorfkinder nannten sie ein buckliges Kamel. Sie ging nicht in die Schule, und niemand kannte ihr Alter. Manche Kinder behaupteten, sie sei sechs Jahre alt, andere meinten, sie sei schon sechzehn. Die Tatsache, dass sie kleiner war als ich, ließ mich glauben, sie sei erst sechs, doch ihre gelbliche Hautfarbe, die traurigen Augen und ihre merkwürdig großen und langen Hände und Füße ließen einen annehmen, sie könnte sogar noch älter sein als sechzehn. Obwohl es also nicht leicht war, sich ihr wahres Alter vorzustellen, so war ich doch ganz sicher, dass Banim viel älter war als alle von uns anderen Kindern. Dennoch behandelten wir sie ganz wie ein bloßes Kind. Einer sagte, eine Bucklige wird nicht alt, und wir alle glaubten das, da die Theorie offenbar von ihrer Größe bestätigt wurde.

Banim kam selten aus ihrem Haus und lebte fast immer isoliert von der Außenwelt. Da ich in derselben Gasse wohnte, bekam ich die Bucklige jedoch von Zeit zu Zeit zu Gesicht. An heißen Sommertagen hockte sie oft in ihrem Hof auf der Erde unter einem Kakibaum und sah aus wie eine winzige, zerbrechliche Zikade.

An einem Wintertag sahen wir Dorfkinder, dass Banim alleine vor einer von der Sonne beschienenen Mauer saß, um sich etwas aufzuwärmen. Sie saß geduckt wie ein krankes Hühnchen und reckte ihr Gesichtchen mit geschlossenen Augen den Sonnenstrahlen entgegen. Aus Neugierde hielten wir an und versuchten, heimlich herauszubekommen, was sie vorhatte.

„He, da ist ja die Bucklige. Was glaubt ihr, das sie jetzt tun wird?", fragte eines der Kinder.

„Das wisst ihr nicht? Sie wird Sand im Mund haben, auf dem sie herumkaut", meinte ein anderes.

„Bist du sicher?", fragte ich erstaunt.

„Erinnert ihr euch nicht mehr, was wir in Naturkunde gelernt haben?", fragte mein Freund Yongsik. „Einige Tiere, wie zum Beispiel Kühe, haben mehrere Mägen, um eine große Menge Futter aufnehmen zu können, das sie später wiederkäuen. Wieder andere, wie etwa Hühner, brauchen Sand, um ihr Essen zu verdauen. Und Banim hier frisst Sand wie ein Hühnchen."

„Genau! Und der Höcker auf ihrem Rücken, das wird ein Sandsack sein", vermutete ein anderer.

„Ja, so muss es sein!", riefen alle übereinstimmend.

Während wir alle unsere genialen Ideen über Banim bestaunten, öffnete diese plötzlich ihre Augen und blickte uns erschrocken an. Da hob Yongsik schnell eine Handvoll Sand auf, warf ihn auf sie und schrie dabei: „Hallo, buckliges Hühnchen, da hast du noch mehr Sand! Los, iss ihn doch auf, *kikeriki!*"

Banim blickte verängstigt umher und versuchte aufzustehen, doch sie sank sogleich vollkommen hilflos auf die Erde zurück. Wir dachten, ihr sei schwindlig geworden, weil sie sich so lange der warmen Sonne ausgesetzt hatte. Aber ihr dabei zuzusehen, wie sie ganz verdreht wieder in sich zusammenfiel, hielten wir für ein solches Vergnügen, dass wir gar nicht genug darüber lachen konnten. Auch ich beteiligte mich daran, mich über sie lustig zu machen, indem ich wie ein Huhn gackerte, *gack-ack-ack, … gugugu, guguugu, kkokko daeg kkokko,* und ihr dabei gedankenlos Sand auf den Kopf und den Rücken schleuderte. Schließlich fing Banim laut zu weinen an, worauf ihre Mutter schreiend aus dem Haus stürzte. Wir aber rannten einfach weg und suchten das Weite.

Die Erinnerung daran war mir jetzt ziemlich unangenehm. Ich bedauerte Banim zum ersten Mal und musste immer wieder an die Tränen denken, die über ihre mageren Wangen gelaufen waren, während ich meinen Kopf in Großmutters Schoß geborgen hatte. Als ich dann in den Himmel hinauf schaute, sah ich zahllose Sterne mit silbern schimmernden Schweifen.

„Woher bin ich gekommen?", fragte ich Großmutter.

Ich war schon seit langem auf der Suche nach einer Antwort auf diese Frage. Großmutter blickte auf mich herunter, als ich gerade ganz in Gedanken anfing, in meiner Nase zu bohren.

„Also ..., habe ich dir das nicht schon erklärt, ... ich meine, dass du durch Mamas Bauchnabel gekommen bist", antwortete sie dann.

Aber diesmal hatte mich ihre Antwort enttäuscht. Das wusste doch jeder, dass alle Kinder irgendwann einmal durch den Bauchnabel ihrer Mütter auf die Welt gekommen sind. Ich war überzeugt, das musste ein richtiger Dummkopf sein, der das nicht wusste. Seit ich das Geheimnis kannte, schaute ich mir bei jeder Gelegenheit Mutters Bauchnabel genau an, und dabei wunderte ich mich jedes Mal, wie es möglich war, dass ein so großes Kind wie ich durch eine so kleine Öffnung herausgekommen sein sollte, die aussah wie der Halteknopf auf einem alten Kochtopfdeckel. Auch wenn es schwer fiel, es zu glauben: Mütter mussten einfach ein besonderes Talent für so etwas haben, und wir Kinder, dachte ich, waren eben noch zu klein, das zu begreifen.

„Ach Großmutter, solche einfachen Sachen weiß ich doch längst. Aber wo bin ich denn gewesen, bevor ich durch Mamas Bauchnabel auf die Welt kam?"

„Ah, jetzt verstehe ich. Ja, darüber müssen wir erst nachdenken ..., wo mein Kleiner zuvor gewesen ist ..."

Großmutter lächelte, als sie mir kühle Luft zufächelte. Dabei wurden einige Tropfen Speichel durch die Lücken zwischen ihren fauligen Vorderzähnen herausgeschleudert und landeten auf meinem Gesicht – was sie jedoch nicht bemerkte, so tief war sie in diesem Moment in Gedanken versunken, ehe sie antwortete:

„Da droben im Himmel hast du gelebt, bevor du zu uns gekommen bist, mein kostbarer Liebling. Ja, so ist es."

„Dort im Himmel, und mit den Sternen zusammen?", rief ich erstaunt und deutete nach oben. Was für eine wunderbare, geheimnisvolle Nachricht war das! Nicht zu glauben! Ich fühlte, wie meine Ohrläppchen und Nasenflügel vor Aufregung größer wurden.

„Ja. Du warst ein Stern, ein schöner, strahlender Stern, mein Liebling."

„Waas? Ich soll wirklich ein Stern gewesen sein?", wiederholte ich.

„Ja, ganz sicher. Du hast unter allen Sternen dort oben am hellsten und am schönsten geleuchtet", bekräftigte meine Großmutter.

„Das ist unglaublich! Aber was ist mit dir, Großmutter, und mit

Mama und meinen Schwestern und Brüdern? Seid ihr auch alle Sterne gewesen?"

„Ja. Deine Mutter, deine Schwestern, deine Brüder, alle Leute im Dorf, wie auch ich, alle sind wir Sterne gewesen. Vielleicht hatte ich schon als Stern keine richtigen Zähne, so wie jetzt", meinte Großmutter mit einem lustigen Lachen.

„Ein Großmutter-Stern ohne Zähne, das hat sicher komisch ausgesehen!" Darüber musste auch ich laut lachen, ehe Großmutter fortfuhr, weitere Geheimnisse zu enthüllen.

„Mein lieber Enkel, wir haben einmal alle am Himmel gestrahlt, und als die Zeit gekommen war, kamen wir als menschliche Wesen auf diese Erde herunter. Manche Sterne sind in wohlhabende Familien hineingeboren, andere nicht. Und manche wurden in großen Städten wie Seoul oder Mokpo geboren, während andere in entlegenen Gegenden wie auf unserer Insel zur Welt kamen. Aber als Sterne sind wir allesamt von ehrbarer Herkunft, gleich wie viel Geld wir haben oder nicht haben, wie schön oder hässlich wir sind oder wie klug oder dumm. Bedauerlicherweise vergessen die Menschen diese wichtige Tatsache im Laufe ihres irdischen Lebens. Sie rackern sich ab und streiten untereinander um Kleinigkeiten. Und schließlich, wenn die Zeit gekommen ist, müssen sie ihr Leben hier beenden und zurückkehren, woher sie gekommen sind."

„Wann werden wir in den Himmel zurückkehren, Großmutter?", fragte ich, und um diese Frage stellen zu können, nahm ich meinen Finger aus der Nase und zeigte damit zu den Sternen hinauf.

„Wenn die Menschen gestorben sind", antwortete Großmutter. „Wenn die Leute sterben, kehren ihre Geister heimlich in der Nacht in den Himmel zurück, und dann werden sie wieder zu Sternen."

„Wann wirst du sterben und wieder ein Stern werden, Großmama?", fragte ich in aller Unschuld.

„Schaut euch nur diesen Lausbub an! Was der für Fragen stellt! Also … ja, wenn ich zurück im Himmel bin, dann schaue ich jede Nacht zu euch herunter. Ich werde alles kontrollieren: was ihr tut, wo ihr wohnt, was ihr denkt. Hast du verstanden?", sagte Großmutter.

„Toll! Ja, ich bin ein Stern gewesen, ein Stern am Himmel oben!", rief ich laut.

Mich hat diese wundervolle Tatsache damals sehr bewegt, so sehr, dass ich den gelblichen Rotz aus meiner Nase gleich am Rock meiner Großmutter abstreifte, in ihrem Schoß, auf den ich noch immer meinen Kopf gebettet hatte. Voller Staunen und strahlend vor Freude schaute ich wieder zum Himmel hinauf. Unzählige Sterne schwammen dort oben wie Schwärme von Fischen. Der Himmel war eine riesige Schatzkammer, angefüllt mit glitzernden Edelsteinen, über die immer wieder weiche Wolkenfelder hinwegzogen, um sie sauber zu halten. Und während gerade ein Windhauch über mein Gesicht und meine Haare streichelte, hörte ich die Wellen gegen die Klippen rauschen und roch den süßen Duft des Seetangs.

Dann begann ich, die Sterne zu zählen und sie bei ihren Namen zu rufen: Stern eins, Stern zwei, Stern drei, Stern vier …, und jeder von ihnen wedelte mit seinem Schweif, sobald sein Name genannt wurde. Zu meiner Überraschung fand ich noch heraus, dass jeder Stern eine eigene Gestalt besaß, wenn einige von ihnen auch ziemlich gleich aussahen. Aber keine zwei Sterne hatten das gleiche Gesicht. So wurde mir zum ersten Mal klar, warum auch alle Menschen auf dieser Welt so unterschiedlich aussehen. Diese Erkenntnis machte mich glücklich, weil ich nun das Gefühl hatte, die Antwort auf meine Frage, warum die Menschen so verschieden voneinander aussehen, endlich begriffen zu haben.

In diesem Augenblick hörten wir einen lauten Schrei: *aigoo, aigu … o …!* Es war die herzzerreißende Klage einer Frau. Angstvoll umklammerte ich Großmutters Knie. Großvater, der ein paar Minuten zuvor ins Zimmer gegangen war, öffnete die Tür und schaute heraus. Das Jammern kam sicherlich aus dem Haus von Banim.

„Was war das?", Großmutter, fragte ich.

„Das muss Banims Mutter sein."

Großmutter stand auf, lief an die Mauer unseres Hofes und stellte sich auf die Zehenspitzen, um die Schreie besser hören zu können.

„Meine arme Kleine …, meine Arme …, leb wohl! Was für ein furchtbares Leben hast du gehabt in dieser schrecklichen Welt. Was für eine grausame Zeit. Geh in Frieden und schau nicht zurück. Und werde wiedergeboren in einem gesunden und schönen Körper zu einem glücklichen Leben. Meine Tochter, leb wohl!" So hörte man Geomdane klagen, ihre Mutter. Ihre Schreie mündeten immer mehr in einen Trauergesang, der über die Mauer herüberschallte. Ich hockte währenddessen auf dem *Pyeongsang**, es schauderte mich, meine Hände zitterten und ich hatte Herzklopfen. Mein Bruder, der nichts davon mitbekommen hatte, schlief derweil tief und fest an meiner Seite.

„Was ist passiert?", fragte Großvater.

„Die arme Kleine wird tot sein … Tot", sagte Großmutter, als sie ganz niedergeschlagen von der Mauer zurückkam.

„Sie ist tot …, ach, was für eine schreckliche Nachricht!", rief Großvater.

„O wie ist das traurig", klagte Großmutter und setzte sich auf den *Pyeongsang* nieder. „Man hat sie auch nie mit irgendeiner Medizin behandelt, das ist vielleicht das Schlimmste für ihre Mutter. Aber vielleicht war es ja besser, dass sie früher gestorben ist. Je länger sie gelebt hätte, desto mehr hätte sie leiden müssen. Das ist Schicksal."

Obwohl sie der Meinung war, ihr früher Tod war besser für Banim, war ihre Trauer trotzdem groß, und sie war tief betrübt: „Was für ein Schicksal war ihr bestimmt …, was ist das für ein Schicksal …, furchtbar."

Ich umarmte Großmutter, dann legte ich meinen Kopf wieder auf ihre Knie. Mit dem Blick auf die flimmernden Sterne am Himmel schlug mein Herz immer noch schneller.

„Banim ist tot …, Banim ist tot. Der Kamelbuckel … der Buckel ist fort, für immer", wiederholte ich immer wieder.

Aber was der Tod bedeutete, konnte ich noch immer nicht wirklich verstehen. Warum mussten die Menschen sterben? Wird man Banim auch auf einer blumengeschmückten Totenbahre den Hügel hinauftragen, und wird sie auch neben all den anderen toten Dorfleuten begraben werden? Es fröstelte mich bei diesen Gedanken. Eigentlich seltsam, dachte ich, dass es einem so kalt sein kann in einer warmen Sommernacht. Aber so war es. Meine Glieder fühlten sich kalt an, und plötzlich hatte ich das Gefühl, die Sterne rückten mir immer näher und näher.

Banim war also tot und für immer fort. In diesem Augenblick wurde mir klar, ich würde sie niemals wiedersehen. Nie mehr werde ich sie irgendwo sitzen sehen, wo sie sich in der Sonne aufwärmt wie ein krankes Hühnchen. Ich werde nie mehr ihre traurigen Augen sehen, mit denen sie stumm uns Kindern zusah, wie wir jeden Morgen zusammen zur Schule gingen, und nie mehr die Tränen in ihrem Gesicht, wenn wir sie ein Kamel oder eine Bucklige gerufen hatten. Und niemals wieder werde ich dieses Lächeln in ihrem winzigen Gesichtchen entdecken, wenn ich in ihr Haus kam mit der Bitte um etwas Salz, nachdem ich mein Bett wieder einmal nass gemacht hatte.*

Dann stieg ganz plötzlich eine Erinnerung heiß in mir auf. Sie sprudelte gleichsam hoch, wie eine Kaskade aus schlechtem Gewissen.

„Es tut mir leid, Banim, dass ich so böse zu dir war. Bitte, verzeih mir." So sprach ich zu mir selbst. Und ein Gefühl der Reue kam wie eine plötzliche Welle über mich. Meine Kehle tat mir so weh, wie wenn ich einen scharfkantigen Klumpen Eis hinuntergeschluckt hätte. Schließlich hob ich meinen Kopf und schaute zu den Sternen am Himmel hinauf, um meine Tränen zu verbergen.

In einer Ecke des Hofes hatte Großmutter aus einem Haufen aus trockenen Beifußkräutern ein kleines Feuerchen gegen die Moskitos angezündet, das laut knisterte und Rauchwolken in die Luft blies, bis der Rauch sich ringsum im Hof verbreitete, über unsere Mauer zog und über Banims Hütte schwebte, ehe er weiter nach oben stieg und sich schließlich in der Luft auflöste. Ebenso waren auch die rauen Töne der Wehklage der Mutter um ihr totes Kind langsam schwächer geworden und mit dem Rauch zusammen verhallt.

Als hätte sie sich aus einem Garnknäuel gelöst, glich die aufsteigende Rauchspirale dem direkten Weg nach oben, den auch Banim auf ihrer Himmelsreise genommen hatte.

Plötzlich strich eine Sternschnuppe über den Nachthimmel und verschwand spurlos in der dunklen Unendlichkeit.

Ah, seht nur, um Himmels willen, den Stern dort!, rief ich fassungslos, aber ohne einen Ton von mir zu geben. Ich dachte, das muss Banim gewesen sein, denn der Stern war genau über ihrer Hütte verschwunden. Ja, das muss Banim sein, sprach ich leise zu mir selbst.

Indem ich meine Arme vor der Brust überkreuzte, suchte ich nach einem neuen Stern Ausschau zu halten, der jetzt eigentlich am Himmel erscheinen musste. Ich wusste, der neue Stern würde Banim sein, nachdem sie eben in ihre alte Heimat zurückgekehrt war. Und ich wusste auch genau, der neue Stern würde auf keinen Fall einen hässlichen Buckel haben.

Ich schlang meine Arme fest um Großmutters Hüften, und dabei hielt ich meine Augen dicht geschlossen, um meine Tränen zurückzuhalten. Aber es half nichts, die Tränen flossen trotzdem.

8
EIN SCHWEIN IM TRAUM

Eines Nachmittags wurden wir Geschwister von dem Duft nach *Ddeok*, nach gedämpften Reiskuchen also, in große Begeisterung versetzt. Immer wenn wir vorsichtig in die Küche spähten und mit schnuppernden Nasen den aufregenden Gerüchen nachgingen, befahl uns Großmutter, wir sollten in unserem Zimmer bleiben. Doch bald darauf lauerten wir wieder an der Küchentür, um ihr bei der Zubereitung der Reiskuchen zuzuschauen.

„Raus hier, ihr Schlingel!", rief Großmutter, während sie Holz im Herd nachlegte. „Wenn sie euch so sehen, denken die Leute ja, ich lasse die Kinder Hunger leiden. Los, bleibt jetzt in eurem Zimmer! Ihr braucht nicht nachzuschauen, vor morgen früh bis zum Frühstück bekommt niemand etwas von den *Ddeok* zu essen, habt ihr verstanden? Zuerst kommt die Zeremonie, und dann wird gegessen."

„Aber wir wollen doch nur zuschauen, Großmutter. Wir wollen ja gar nichts probieren", sagten wir.

„Was? Ich weiß schon, was ihr wollt. Ihr denkt, ihr könnt gleich ein paar Reste von dem Kuchenteig abbekommen, hab ich recht?", fragte Großmutter lächelnd.

Kichernd setzten wir uns in die offene Küchentür. Alle in unserer Familie waren heute in froher Stimmung, weil Großmutter Reiskuchen für meinen morgigen Geburtstag zubereitete.

Sie legte noch mehr Kiefernzweige ins Feuer, dort im Küchenherd glimmte die Glut aus wohlriechendem Kiefernholz, und wir hatten es gerne, die duftende Wärme zu spüren, die davon ausstrahlte.

„Los, los, noch mehr heizen! Damit der Reis im Topf anständig kocht und bald gar ist!", riefen wir fröhlich und klatschten dazu.

Aber ich konnte nur ganz wenig Dampf aus dem Kochtopf kommen sehen. Aus irgendeinem Grund hatte Großmutter nicht genügend Holz in den Ofen getan, um den Reis etwas schneller und stärker zu dämpfen. Jedenfalls wunderten wir uns darüber, dass sie beim Heizen so zurückhaltend war.

„Großmutter, soll ich dir noch etwas mehr Holz bringen?", fragte meine ältere Schwester ungeduldig.

„Das ist ja etwas ganz Neues, das habe ich von dir noch nie gehört, Chunrye!", wunderte sich Großmutter. „Traust du dich tatsächlich in die dunkle Scheune, um mir Holz zu bringen? Also, vielen Dank. Aber es ist nicht nötig, mein Schatz. Wenn das Feuer zu heiß wird, wird der Kuchenteig verdorben. Man muss den Reis langsam erhitzen, andernfalls bleibt er innen roh und außen wird er zu weich."

„Kochst du für morgen früh nur den Reis, Großmutter?", fragte mein älterer Bruder.

„Ja."

„Wirklich? Also nur Reis, ganz ohne Gerste?", fragte er noch einmal, weil er nicht glauben konnte, was sie gesagt hatte.

„Morgen ist ein besonderer Tag. Da kann ich meine lieben Enkelkinder nicht mit Gerste füttern."

Wir freuten uns alle riesig über ihre Antwort und klatschten einander in die Hände, während Großmutter vor dem Herdfeuer stand und seufzte. Dann fügte sie etwas betrübt hinzu: „Ich wollte, ich könnte es mir leisten, euch Kindern jeden Tag nur Reis vorzusetzen, ganz ohne Gerste."

Doch wir achteten gar nicht auf Großmutters Seufzer und waren nichts als überglücklich über die Aussicht auf *Ddeok*, die, wie von ihr versprochen, ganz aus reinem Reis sein würden. In der Tat, es war immer unser größter Wunsch, nur schneeweißen Reis zu essen, ohne Zutaten aus anderen Körnern. Gewöhnlich gab es weißen Reis nur bei ganz besonderen Gelegenheiten wie dem Neujahrstag, den *Chuseok*-Feiertagen*, an Familiengedenktagen oder an Großvaters Geburtstag. Deshalb erwarteten wir diese Feiertage immer mit großer Ungeduld, besonders die Zeremonien an den Totengedenktagen der Familie. Da diese jedoch immer erst nach Mitternacht stattfanden, mussten wir Kinder hart gegen den Schlaf ankämpfen, wenn wir so lange wach bleiben wollten, um von dem Reis und den besonders guten Beilagen essen zu können. Doch schlugen diese Versuche, bis nach Mitternacht wach zu bleiben, fast immer fehl, so dass wir Kinder am folgenden Morgen jedes Mal in Tränen ausbrachen über die versäumte Gelegenheit, uns diese seltenen Genüsse bereits in der nun vergangenen Nacht schmecken zu lassen.

So wie die meisten Bewohner der Inseln hatten auch wir auf unserer Insel nur kleine, handtellergroße Felder, und der Boden war wenig fruchtbar. Vor allem gab es in unserem Dorf kaum Reisfelder. Das hatte zur Folge, dass wir Insulaner uns noch viel weniger Reis leisten konnten als die Leute auf dem Festland. Zum Ausgleich dafür bemühten sich die Erwachsenen, die Felder so gut wie möglich zu bearbeiten, und bauten Süßkartoffeln, gewöhnliche Kartoffeln, Bohnen, Knoblauch, Gerste und Kolbenhirse an, um trotz der ungünstigen Bedingungen etwas zum Leben zu haben, und das waren dann die Feldfrüchte, von denen wir uns hauptsächlich ernährten. Zu den Essenszeiten roch das ganze Dorf nach Gerste. Man musste die Gerste zweimal kochen, weil die Körner nach einmaligem Kochen zum Essen noch zu hart waren. Dann vermischten die Insulaner die Gerste mit ein wenig Reis, den man auf dem Festland gekauft hatte, um das Essen etwas weicher und lockerer zu machen, und das mussten wir das ganze Jahr über essen, ausgenommen eben die wenigen besonderen Feiertage. Und vielfach war selbst dieser Gerstenbrei nicht ausreichend, und so mussten wir mittags auch noch die grässlichen Süßkartoffeln oder gewöhnliche Kartoffeln dazu essen. So erging es allen Familien auf unserer Insel.

„Moment mal, Großmutter", maulte meine ältere Schwester dazwischen, „zu meinem Geburtstag letztes Jahr hast du überhaupt kein besonderes Essen gekocht. Aber jetzt kochst du *Ddeok*, und noch dazu mit weißem Reis, für meinen Bruder."

„Jungen tragen stolz ihre Eier durch die Gegend und sind eben was Besseres als die Mädchen. Und Mädchen brauchen ihren Geburtstag eigentlich überhaupt nicht zu feiern. Ja, so ist das eben", versicherte ihr Großmutter.

„Pfui! … Eier, diese hässlichen Dinger zwischen den Beinen", konterte meine Schwester.

Trotz des Abscheus und der Empörung unserer Schwester hob die Wertschätzung durch die Großmutter, die ohnehin stets und ohne Ausnahme die Partei von uns Jungen ergriff, unsere Selbstachtung beträchtlich.

„Hör zu, Mädchen", sagte sie. Sobald du heiratest, gehörst du zu einer fremden Familie, während deine Brüder weiterhin die Stützen unserer Familie sein werden, verstehst du das?"

Nicht allein Großmutter, auch der Großvater pflegte so zu reden. Meine Schwester sah damals ziemlich niedergeschlagen aus. Sie war verärgert, dass ihr diese Eier zwischen den Beinen fehlten.

„Übrigens, Großmutter, wird Mama denn morgen kommen?", fragte ich, mit Blick auf den Reistopf auf dem Herd.

Wie glücklich hätte es mich gemacht, wenn meine Mutter aus der Kreisstadt auf dem Festland herübergekommen wäre, um mich an meinem Geburtstag zu besuchen. Mich überfiel eine plötzliche Traurigkeit bei dem Gedanken, sie könnte möglicherweise gar nicht da sein.

„Ich weiß, du vermisst sie. Hab ich recht?"

„Natürlich …, sie fehlt mir."

„Wahrscheinlich kommt sie nicht. Wenn deine Mama uns hier besucht, wer soll dann das Essen machen für deinen Vater und deine

Brüder …? Niemand. Aber sie kommt bald, in einem Monat oder so, sicher", sagte Großmutter mit einer Stimme, die mich beruhigen sollte.

Mir wurde schwer ums Herz, aber Großmutter redete weiter.

„Gut, meine Lieben, ihr seid ja keine kleinen Kinder mehr. Ich habe euch Bengels als Hebamme alle mit auf die Welt gebracht. Und das ist noch nicht alles: Ich hatte vor eurer Geburt immer so einen Schwangerschaftstraum, wie sich das gehört."

„Was ist denn das?", fragte mein Bruder.

„Da schickt uns der große Gott im Traum eine Voraussage über die bevorstehende Geburt. Als man dich gezeugt hat, Jun, sah ich einen großen Tiger in meinem Traum", sagte Großmutter zu meinem Bruder.

„Das ist ja fantastisch! Ich bin also ein Tiger, wirklich?"

„Ja, sicher. Im Traum sprang ein riesiger Tiger von einem Felsvorsprung auf mich zu. Und dabei hat er laut gebrüllt."

„Und was war ich im Traum?", fragte meine Schwester und rückte näher an Großmutter heran.

„Du, du warst ein Kranich, ein schöner, eleganter Kranich. Weißt du, was das ist? Das ist ein Vogel mit einem sehr langen Hals und schneeweißen Federn. Die schöne Stickerei auf dem Kissenbezug deines Großvaters, das ist ein Kranich. Als ich einen Kranich auf einer Kiefer am Meer gesehen habe, da wusste ich gleich, wir werden ein hübsches kleines Mädchen bekommen. Und genauso war es – du bist gekommen."

Meine Schwester lächelte, und wie es aussah, war sie mit Großmutters Traum zufrieden. Dann kam ich mit meiner Frage an die Reihe.

„Du? Du warst ein Schwein. Ein großes, schwarzes, stattliches Schwein", sagte Großmutter.

„Ha ha, du bist ein Schwein, *oink oink*", schrien mein Bruder und meine Schwester vor Vergnügen.

Mich hat das so aufgebracht, dass ich vor Wut fast ausgerastet wäre. Warum, um Gottes willen, musste ich ausgerechnet ein Schwein sein, wo es doch so viele andere Tiere gab! Ein Schwein, das sich quiekend im dreckigen Schlamm wälzte.

„Es war helllichter Tag", berichtete Großmutter. „Ich saß im Traum gerade auf der Diele, als ein riesengroßes Schwein in den Hof hereinkam und umherstreunte."

„Ha ha, mein Bruder als Schwein, das im Hof herumstreunt", kreischten mein Bruder und meine Schwester.

„Es war so riesig, dass ich zuerst dachte, es muss ein schwarzer

Bulle sein. Aber auf den zweiten Blick sah ich: ein gewaltiges Schwein! Und es trug einen Sack mit Eiern so groß wie dein Kopf zwischen den Hinterbeinen. Ein großartiger Anblick war das, auch wenn es nur ein Traum gewesen ist", sagte Großmutter lachend.

„Ein Eiersack, was ist das denn?", fragte mein Bruder.

„Du hast doch auch einen, hier gleich hinter dem Pimmel", sagte Großmutter und deutete auf meine Geschlechtsorgane.

„Wirklich? Ich habe nicht gewusst, dass ein Schwein auch so etwas hat", sagte mein Bruder.

Meine Geschwister mussten weiter kichern.

„Mein Liebling, es war wirklich seltsam", sagte Großmutter. „Am Morgen vor deiner Geburt habe ich nämlich dasselbe Schwein wieder im Traum gesehen."

Der Traum, den Großmutter damals am frühen Morgen hatte, ging folgendermaßen:

Der Schauplatz war ein Feld voller Unkraut, das fingerdick war und ihr bis zu den Knien reichte. Sie saß mittendrin und schnitt ihre Fußnägel. Als ihr großer Zeh an die Reihe kam, erlebte sie etwas sehr Seltsames – sie wurde nicht fertig mit dem Schneiden ihres Zehennagels! Je mehr sie daran herumschnitt, desto größer wurde der Nagel, und als sie genauer hinsah – da war sie entsetzt: Der große Zeh wurde größer und immer größer, bis daraus ein großes Schwein geworden war!

„Was ist denn das?", schrie sie laut und rannte voller Entsetzen davon, querfeldein durch das hohe Gras, der Schweiß lief ihr herab, bis sie mit einem Sprung eine Böschung erreichte. Und in diesem Augenblick verlor sie plötzlich ihren Rock.

„Um Himmelswillen, was soll ich machen!", schrie sie, und als sie hastig versuchte, sich ihren Rock wieder anzuziehen, erwachte sie schreiend.

„Wenn ich noch eine Jungfrau gewesen wäre, dann hätte der Traum bedeutet, ein Heiratsvermittler hatte seinen Besuch angekündigt", brummte Großmutter beiläufig.

An jenem Morgen jedenfalls, nach diesem Traum und nachdem sie gefrühstückt hatten, nahm Großmutter ihre Tochter, meine älteste Tante, die damals zwanzig war, mit aufs Feld. Meine Mutter, die im letzten Monat ihrer Schwangerschaft war, bemühte sich, ihnen zu folgen.

„Mit deinem Bauch, so groß wie eine Wassermelone, solltest du nicht mit uns aufs Feld gehen. Bleib lieber zu Hause, meine Liebe", sagte Großmutter.

Doch meine Mutter bestand darauf mitzukommen, und Großmutter gab nach. Dann gingen die drei Frauen los, mit Hacken und Körben und einem Wasserkrug in der Hand mussten sie den Weg über einen Hügel nehmen. Und kaum waren sie angekommen, begannen sie mit der Feldarbeit.

Nachdem ein halber Tag seit dem Beginn ihrer Arbeit vergangen war, erfasste mich, während ich noch zusammengekauert in Mutters Bauch hockte, plötzliche Neugierde auf die Außenwelt. Die von der Sonne ausstrahlende Wärme schmeichelte meiner zarten Haut, während der Geruch der warmen Erde mir beinahe den Atem nahm. Ich bekam kaum Luft und begann mit den Beinen zu strampeln.

Wie ich erwartet und gehofft hatte, legte die Mutter sich auf die Erde und fing sogleich an zu stöhnen und sich zu winden, *aigu ...* *aigu ...,* und mit ihren Händen hielt sie sich dabei den zu einem Ballon aufgeschwollenen Bauch. Verwundert ließen Großmutter und Tante ihre Hacken fallen und rannten zu meiner Mutter. Ganz ohne Zweifel, die Entbindung stand kurz bevor. Sie hoben meine Mutter auf, nahmen sie abwechselnd auf den Rücken und gingen mit ihr umher. Dabei liefen sie über die hügeligen Felder und durch ein Tal, bis sie schließlich an eine Stelle kamen, von der aus man das Meer sehen konnte.

„Oh bitte, legt mich hier ab. Ich kann nicht mehr ..., ja, gleich hier", rief die Mutter.

Das taten sie und legten sie auf einen Platz, der eigentlich zu einer Grabstätte gehörte und mit hohen Kiefern umsäumt war. Großmutter war klar, worum es ging. Sie rollte ihre Ärmel hoch und übernahm die Rolle der Hebamme, während meine Tante, so schnell sie konnte, ins Dorf rannte.

Mangels einer Decke streifte Großmutter ihren Rock ab und breitete ihn auf das Gras. Die Voraussage aus ihrem Traum war also Wirklichkeit geworden.

„Aiguu ..., oh ... oh", schrie und stöhnte meine Mutter.

„Pressen ..., ja, noch mehr drücken! Ja, das ist gut ... weiter, pressen!", ermunterte sie Großmutter immer wieder mit lauten Rufen.

Die Schreie der beiden Frauen erschütterten die Berge und Täler und hallten wider in der Luft. Falls Leute in der Nähe waren, mussten sie gedacht haben, da war ein Ringkampf im Gange zwischen zwei streitbaren Frauen.

Ich hatte den Eindruck, die Welt um mich herum wurde immer heller. Die strahlende Sonne drang dort hinein, wo ich zusammengekauert saß. Auch den Wind und die Wellen hörte ich da drinnen und die Schreie meiner Großmutter und meiner Mutter. Ich zappelte und strampelte, um aus meiner dunklen Höhle herauszukommen in Richtung auf eine helle, neue Welt. Als ich schließlich einen kühlen Luftzug an meinem nassen Kopf spürte, war mir klar, dass ich endlich heil auf diesem neuen Planeten angekommen war.

Als Großmutter dann meinen roten Körper vollends ans Licht zog, kam ein gewaltiges Hurrah!! aus ihrem Mund, und sie kreischte laut vor Aufregung: „Das Baby ist da. Mein Enkel ist endlich angekommen. Er ist da!!"

Da Großmutter keine Schere zur Hand hatte, um die Nabelschnur durchzuschneiden, zerschlug sie kurzerhand mit ihrer Hacke die Wasserschüssel, die sie mitgenommen hatte, und verwandte eine Scherbe dazu, die Nabelschnur zu zerschneiden. Dann hielt sie mich hoch in die Luft und begann, im Gras herumzuhüpfen und zu tanzen – und dabei hatte sie ganz vergessen, dass sie nur noch ihre Unterwäsche anhatte. Der blaue Himmel, die Kiefernbäume und die strahlende Frühlingssonne wirbelten nur so um mich her. Alles das machte mich so benommen, dass ich kaum atmen konnte.

„Hurrah, ich habe einen neuen Enkel! Mein Traum ist in Erfüllung gegangen. Der Traum vom Schwein ist wahr geworden", sang Großmutter.

Dorfbewohner und meine Tante kamen zu Großmutter gerannt, die nicht aufhörte, in ihrer Unterwäsche zu tanzen. Kein Zweifel, dachten sie, nun ist sie verrückt geworden. Als Großmutter dann, mich fest an ihren Busen drückend, wie wahnsinnig die Hügel hinauf und hinab rannte, fürchtete meine Tante, jetzt sei mit ihr wirklich etwas nicht mehr in Ordnung, und fiel vor Schreck auf die Erde.

Als Dorfbewohner die alte Dame am Ende einholten, fragten sie: „Was ist es, ein Junge oder ein Mädchen?", und darauf antwortete Großmutter stolz und mit lauter Stimme:

„Ein Junge ist es! Sobald ich das Baby in meiner Hand hielt, spürte ich sein warmes, prall gefülltes Eiersäckchen. Schwein muss man haben!"

Und Großmutter tanzte weiter, mich in ihren Armen haltend, um sie herum.

9
GUT GEMACHT, EOPSUNNE!

„Eopsunne ist von Geistern besessen!"

Gerüchte schwirrten im Dorf herum. Die Leute sagten, Eopsunne sei mitten in der Nacht aufgestanden, ihre Glieder hätten gezittert wie bei einer Epileptikerin, und das Weiße ihrer Augen habe in der Dunkelheit geleuchtet. Dann habe sie mit Gewalt die Tür aufgestoßen und sei wie der Blitz aus ihrer Hütte gerannt. Im Dorf sei sie hierhin und dorthin gesprungen und in allen Richtungen herumgerannt. Ihre Familie lief hinter ihr her und wollte sie zurückhalten, aber keiner konnte gegen die entsetzliche Kraft etwas ausrichten, mit der sie um sich schlug und umherschnellte wie ein Frosch.

Am folgenden Morgen ging es am großen Dorfbrunnen hoch her. Eine Menge Dorfleute unterhielten sich lautstark über die neuesten Gerüchte, die über Eopsunnes verrücktes Verhalten im Umlauf waren. Alle waren so eifrig bei der Sache, dass niemand auf den Gedanken kam, auch noch Wasser vom Brunnen mitzunehmen. Wenn die eine der Frauen ausgeredet hatte, fielen sofort die anderen ein mit ihrer Version von der Geschichte.

„Ich frage mich, woher Eopsunne eigentlich diese schreckliche Kraft hat. Sie ist doch so dünn und zerbrechlich wie ein dürrer Zweig. Selbst wenn Nam, ihr Mann, sie mit seiner ganzen Kraft festhalten wollte, würde sie sich sicher im nächsten Augenblick herauswinden."

„Was sagst du da? Ihr Mann gilt gleich nach dem Ringer Hwang Seolbong als der stärkste Mann auf der ganzen Insel. Deshalb kann ich nicht glauben, dass diese magere Frau ihm wie ein Wildschwein entschlüpfen kann."

„Das ist eben nur möglich, weil sie von bösen Geistern besessen ist. Und neben einer solchen Nachbarin kann auch unsere Familie keine Nacht mehr ruhig schlafen."

„Ich habe gehört, man hat sie einmal um Mitternacht auf dem Friedhof getroffen."

„Ja, das habe ich auch gehört. Sie war dort alleine in der Dunkelheit, sang, tanzte und hüpfte herum zwischen den Grabhügeln."

„Und hat sie nicht neulich das ganze Dorf durcheinander gebracht mit ihrem Geschrei und ihrer Tanzerei, als sie vor dem Dorfschrein eine Austreibung von bösen Geistern aufgeführt hat?"

„Hat sie das, tatsächlich?"

„Ja, natürlich, das war erst kürzlich. Nam brüllte herum, seine Frau sei verschwunden, und ihre Kindern plärrten. Die jungen Leute durchkämmten alle zusammen über zwei Stunden lang das ganze Dorf nach ihr. Sogar am Strand und auf dem Friedhof haben sie mit Taschenlampen nach ihr gesucht. Sag ehrlich, hast du das ganze Spektakel etwa verschlafen?"

„Nein, nein, ich habe die Unruhe draußen schon mitbekommen. Aber ich habe mich nicht getraut hinauszugehen und selbst nachzusehen, ich hatte zu große Angst."

„Meinst du nicht auch, dass zur Zeit überhaupt zu viele seltsame Dinge in unserem Dorf passieren? Es ist erst zwei Jahre her, dass die arme Neobdodaek verrückt wurde und gestorben ist. Und jetzt Eopsunne, mit den gleichen Symptomen."

„Ja, wenn ich es mir recht überlege, hast du recht. Wie Eopsunne sich aufführt – das ist genau das Gleiche wie mit Neobdodaek damals."

„Nein, das ist nicht dasselbe. Eopsunne ist von bösen Geistern besessen, während Neobdodaek schlicht und einfach verrückt geworden ist."

„Für mich gibt es da keinen Unterschied."

„Egal. Aber was hältst du davon: Beide verlieren den Verstand, und beide singen dasselbe Lied, nämlich *Tränen im Hafen von Mokpo*"?

„Du hast recht. Als Neobdodaek aufs Festland fuhr, hat sie dieses Lied die ganze Zeit gesungen. Ich erinnere mich genau."

„Die arme Neobdodaek. Was für ein schlimmes Schicksal hatte diese Frau, ein schlechtes Karma* eben."

„Und Eopsunne erleidet das gleiche Schicksal wie sie. Seit sie diesen Mann, der so brutal wie ein bissiger Hund ist, geheiratet hat, wurde sie jeden Tag von ihm geschlagen. Ich glaube nicht, dass es ihr mit diesem Dreckskerl jemals gut gegangen ist. Ach, unter was für einem schlimmen Karma haben Frauen in dieser Welt zu leiden! Nur weil wir ohne diese Stange zwischen den Beinen geboren sind, müssen wir bis zu unserem Lebensende all diesen Bestien zu Diensten sein. Zu was für einem Schicksal wir Frauen geboren sind!"

„Da hast du recht. Warum hat Neobdodaek den Verstand verloren und warum ist Eopsunne von bösen Geistern besessen? Warum wohl? Weil Verrücktwerden für uns Frauen der einzige Weg ist, diesen bestialischen Ehemännern zu entkommen. Ich weiß nicht, wie oft ich mir schon gewünscht habe, verrückt zu werden. Verrückt zu werden, ist eben manchmal der Ausweg für uns."

„Als Frau geboren zu werden – das ist schon das böse Karma. Was meint ihr, was man da tun kann? Nichts. Wir müssen es einfach ertragen. Das ist unser Schicksal, *tsss*."

„Ach, das stimmt doch nicht, ihr wisst doch auch, dass das alles an den Männern liegt. Wir Frauen können uns noch so sehr unserem Schicksal unterwerfen, die Männer auf dieser Insel haben kein Herz. Sie behandeln ihre Frauen wie Dienerinnen oder, schlimmer noch, wie Schweine oder Hunde. Ich finde, die Männer auf unserer Insel sind die schlimmsten in ganz Korea. Alles unmenschliche Schweinehunde."

„Übrigens gibt es heute Abend einen *Gut**, eine Geisterbeschwörung im Haus von Eopsunne. Das sollte man sich ansehen. Weiß jemand, welche Schamanin die Zeremonie abhalten wird?"

„Ich habe gehört, es wird die *Mudang**, die Schamanin von der Insel Saengwol sein, von Saengwoldo. Dieselbe, die im vorletzten Jahr in unser Dorf gekommen ist. Die Leute sagen, Herr Nam, Eopsunnes Mann, ist zu ihr gegangen, um einen möglichst glückverheißenden Tag dafür auszusuchen."

„Pah! Dem Kerl muss ja himmelangst gewesen sein, wenn er sogar selbst hingegangen ist, um die Schamanin zu bestellen."

„Von dieser Schamanin habe ich auch schon gehört. Sie ist schon alt, aber die Leute sagen, sie ist sehr erfahren und hat eine großartige Stimme, und ihr Tanz ist legendär. Wenn das stimmt, wird das ein tolles Schauspiel werden."

„Na …, wenn das hier so weitergeht, dann wird uns nichts anderes übrigbleiben, als auch für unser Dorf eine richtige *Mudang* zu suchen …"

„Wie meinst du das?"

„Na ja, es wäre doch möglich, dass Eopsunne unsere Dorfschamanin wird. Wenn sie wirklich von Geistern besessen ist, dann muss sie eine *Mudang* werden, wenn die Alte aus Saengwoldo sie erst einmal angelernt hat. Andernfalls wird sie todkrank und muss sterben."

„Ich habe von Frauen gehört, die eine *Mudang* geworden sind, nachdem sie von einem Geist besessen waren. Aber dass Eopsunne einmal ein solches Schicksal heimsuchen könnte, das habe ich nie gedacht."

„Ja, das kommt alles unerwartet. Ich möchte wissen, ob es jemals in Eopsunnes Familie einen solchen Fall gegeben hat, dass eine Frau eine *Mudang* geworden ist."

„Nein, das hat es noch nie gegeben. Aber ich habe gehört, es könnten Totengeister aus der Familie ihres Mannes sein, die sie besessen haben."

„Was? Von der Familie ihres Mannes?"

„Ja, von ihren toten Schwiegereltern und der toten Schwägerin, die vor ihrer Hochzeit ertrunken ist. Eopsunne selbst soll gesagt haben, dass diese drei Geister in sie gefahren seien."

„O mein Gott! Nicht nur einer, sondern gleich drei? Was kann man da tun?"

„Was meinst du damit? Ich glaube, da kann man gar nichts tun. Wir können bei der Zeremonie nur zuschauen und dabei ein paar *Ddeok* essen, das ist alles. Aber diese Zeremonie heute Nacht ist schon etwas ganz Besonderes."

Der *Gut*, die Zeremonie der Geisterbeschwörung, war tatsächlich ein interessantes und aufregendes Ereignis für die Dorfbewohner. Das ganze Dorf, das heißt ungefähr hundert Familien wurden inmitten ihres langweiligen Alltags von einem gesteigerten Lebensgefühl in Erregung versetzt.

Natürlich hatten die Dorfbewohner solche Zeremonien schon früher erlebt. Doch ein Mangel an regelmäßiger Versorgung mit Unterhaltung steigerte die Erwartung und ließ die Leute lechzen nach derartigen Geisterbeschwörungen wie den Exorzismus* für den häuslichen Schutzgott, für die Austreibung der Bösen Geister sowie den für das Neue Jahr. Doch im Gegensatz zu anderen Dörfern hatte unser Dorf keine eigene *Mudang*, und so musste man, wenn nötig, eine von außerhalb holen.

Es war eine unverzichtbare Bedingung für eine *Mudang*, so dachten die Leute, dass diese selbst einmal von einem bösen Geist besessen war, der körperliches Leiden verursachte. Niemand in meinem Dorf war bisher von einem solchen Geist besessen gewesen. Aber gesetzt den Fall, Eopsunnes verrücktes Verhalten war wirklich von Geistern verursacht, dann wäre sie jedenfalls die erste *Mudang* in unserem Dorf gewesen. Und die Tatsache, dass Eopsunne dafür ausersehen sein sollte, versetzte alle Dorfbewohner in eine Art neugierigen Schockzustand.

Eopsunne war eine bedauernswerte Frau, deren Portion Glück im Leben der Größe eines Ferkelschwänzchens gleichkam. Selbst für einen kleinen Jungen wie mich damals sah sie erbärmlich aus, so als ob sie in der Hauptsache von Tränen und Traurigkeit gelebt hätte. Sie war von Dongbakri auf unsere Seite der Insel gekommen, um Nam zu heiraten – und in dem Moment, als sie seine Ehefrau wurde, begann ihr Unglück. Schon beinahe vom nächsten Tag an begannen Geschichten von der unerträglichen Härte ihres ehelichen Lebens im Dorf zu kursieren.

Ihr Mann war das einzige Kind seines Vaters, der neben seiner Ehefrau mehrere Nebenfrauen hatte. Seltsamerweise hatte Nams Vater von all diesen Frauen bis in seine Vierziger Jahre noch kein einziges Kind. Erst dann wurde Nam endlich geboren, der seit seiner Geburt von seinen Eltern immer wie ein wertvolles Juwel behandelt wurde.

Als Nam das Heiratsalter erreichte, bestand seine Mutter darauf, dass jede Frau, die als Schwiegertochter in Frage kam, mit einem großen und kräftigen Hintern ausgestattet sein müsse, damit die Produktion zahlreicher Nachkommen nur ja gesichert sei. Sie war der Meinung, ein hässliches Gesicht, das wie ein halb im Schlaf zusammengeschusterter Gerstenkuchen aussah, sei kein Problem, wenn ihr Sohn sich erst daran gewöhnt habe, und sogar eine Ehefrau mit einem schlechten Charakter lasse sich durch regelmäßige Züchtigung mit einem Knüppel schon zur Räson bringen. Nur eine Schwiegertochter mit einer so schwachen Gebärmutter, dass sie keine genügend große Zahl Kinder austragen könne, wäre eine wirkliche Katastrophe für die ganze Familie. Diese Überzeugung von Nams Mutter stand unverrückbar fest.

Zu der Zeit, als sie auf der Suche nach einer Braut für ihren Sohn war, brachte ihr Mann ein junges Mädchen ins Haus – und das war niemand anders als Eopsunne. Überrascht prüfte Nams Mutter als erstes des Mädchens Hinterteil und schüttelte gleich den Kopf, ohne sie eines zweiten Blicks zu würdigen. Sie war ungewöhnlich groß, so lang wie der Stengel einer Hirsepflanze, und hatte wenig Fleisch auf den Knochen. Im Übrigen sah sie ziemlich schwächlich aus. Deshalb konnte Nams Mutter der Wahl ihres Mannes nicht zustimmen, und sie blieb dabei, dass die Hinterbacken des Mädchens einfach zu klein seien. Da ihr Mann jedoch hartnäckig bei seiner Entscheidung blieb, musste sie am Ende nachgeben und sie als Schwiegertochter akzeptieren.

Eopsunne, die neue Braut, stammte aus einer bekannten, wohlhabenden Familie. Sie hatte sogar die Mittelschule* in der Kreisstadt auf dem Festland abgeschlossen, etwas, das auf der Insel selbst für einen Jungen ungewöhnlich war. Aber ihr Vater, einst Besitzer zweier großer Schiffe und einer sehr lukrativen Farm am Meer, hatte durch einen Taifun, der die Insel heimgesucht hatte, alles verloren und starb kurz darauf an der Verzweiflung über den plötzlichen Verlust. Nams Vater, ein warmherziger Mann und alter Freund von Eopsunnes Vater, machte die Tochter seines Freundes bald nach dessen Tod zur Braut seines Sohnes. Und deren Schwiegervater kümmerte sich liebevoll um sie, jedoch lebte er nicht lang, und mit seinem Tod wurde ihre unglückliche Ehe nur noch schlimmer.

Immer wenn die Rede auf Eopsunne kam, war das erste, an das die Leute denken mussten, die gequälten Schreie, die von den Schlägen ihres Ehemannes herrührten. Eopsunne dürfte in ganz Nagildo diejenige Frau gewesen sein, die am meisten geprügelt wurde und am meisten Tränen darüber vergießen musste. Nam schlug sie mindestens jeden dritten Tag, und unweigerlich folgten darauf jedes Mal ihre Schmerzensschreie. Seit die Totenbahre des Schwiegervaters aus ihrem Hof getragen worden war, war das zwanzig Jahre lang ihr Leben. Als ihre schreckliche Schwiegermutter gestorben war, hatten die Dorfleute die Hoffnung, dass Nams Gewalttätigkeit zurückgehen würde, aber dessen ungeachtet gingen seine Prügelorgien weiter, bei Tag und bei Nacht, bei Regen und Wind.

Nam war wie besessen davon. Deshalb war es auch kein Wunder, dass Eopsunnes ganzer Körper die ganze Zeit von schwarzen und blauen Flecken und Narben bedeckt war und sie von den ständigen Schlägen schon ganz gekrümmt und mit vor Angst verdüsterten Augen herumlief.

„Hilfe! ... Rettet mich denn niemand ...?!", pflegte sie zu rufen.

Nams Prügelaktionen waren immer auch von vulgären Ausdrücken und Obszönitäten begleitet. Die Dorfleute hörten von Tritten, Faust- und Stockschlägen herrührende Geräusche, und sie wunderten sich, wie ein Mensch solche Brutalitäten aushalten konnte.

Mit seinem Stiernacken und Armen und Beinen wie Telefonmasten war Nam in seiner Jugend nicht nur auf unserer Insel, sondern auch auf benachbarten Inseln ein bekannter Ringer gewesen. Nach außen erschien er als ein anständiger Mensch, aber sobald er nach Hause kam, wurde er bösartig und verprügelte seine Frau. Dazu noch war er träge und ein Mann mit einem riesigen Appetit, der doppelt so viel essen konnte wie gewöhnliche Leute. Und mit dieser Kraft eines Zuchtbullen brachte er es in zwanzig Jahren auf neun Kinder.

Man konnte es eigentlich nicht ertragen, Eopsunnes Leben an der Seite dieses Scheusals mitanzusehen. Während ihr Körper es schaffte, neun Kinder auszutragen und die Schläge ihres Mannes zu überstehen, war alles Leben aus ihr gewichen. Ihr Körper vertrocknete wie die abgeworfene Haut einer Zikade, die Hüften so dünn wie bei einer Ameise, und die Kleider hingen nur noch notdürftig an ihr herunter. Immer wenn sie die Prügelgeräusche und Eopsunnes Schreie hörten, schauderte es die Frauen im Dorf, sie versuchten, sich ihre Ohren fest zuzuhalten, und schleuderten endlose Verwünschungen gegen diesen

Mann, so wie sie Eopsunne gegenüber Zeichen für unendliches Mitgefühl aussandten. Doch hatte es keinen Zweck, Eopsunne ein Zeichen ihres Mitgefühls zukommen zu lassen. Zitternd vor Angst hasste auch ich diesen Nam. Wie oft habe ich ihm gewünscht, er möchte von einem großen Felsbrocken zerquetscht werden, oder ein Schwarm von Haifischen sollte ihn auffressen bei lebendigem Leib. Aber jedes Mal, wenn ich seinen Tod gewünscht hatte, musste ich anschließend einen Alptraum verkraften, in dem er mir als Monster erschien, das mich für seine Mahlzeit einfangen wollte.

Um ihr Unglück noch zu vergrößern, wurde Eopsunnes älteste Tochter Misun damals Witwe. Sie hatte einen Mann von einer Nachbarinsel geheiratet, und Eopsunne schmerzte ihr früher Tod sehr, da sie ihren Kindern gegenüber eine liebevolle Zuneigung empfand. Und von allen Kindern war Misun besonders freundlich und sehr hübsch. Doch im Dorf glaubte jeder, dass Nam sie für Geld vermittelt, also verkauft hatte, indem er sie zu einer Heirat mit einem zwölf Jahre älteren, an einer schlimmen Tuberkulose leidenden Mann gezwungen hatte, dem einzigen Sohn reicher Eltern. Und kurz nach dieser Hochzeit kaufte Nam drei *Majigi** Land, zweifellos mit dem Geld, das er vom Schwiegervater seiner Tochter Misun bekommen hatte. Diese wurde jedoch schon drei Jahre nach ihrer Heirat zur Witwe, sie war damals gerade zwanzig und hatte einen Sohn. Als sie nach dem Tod ihres Mannes zusammen mit ihrem Sohn Nam und Eopsunne besuchte, drückte Eopsunne Misun an ihre Brust und beklagte ihr Schicksal. Auch die Frauen im Dorf, ob sie wollten oder nicht, bekamen feuchte Augen beim Anblick dieser traurigen Szene.

Nachdem Misun nach Hause zurückgekehrt war, verlor Eopsunne offensichtlich nicht nur ihren Appetit und jede Lust zu leben, sondern auch ihren Verstand. Zeitweise starrte sie während der Arbeit mit leerem Blick nur noch auf das Meer. Dies war auch die Zeit, als sie von den Geistern besessen wurde.

Als die Abenddämmerung einsetzte, begannen die Erwachsenen, sich in Richtung des Hauses von Eopsunne aufzumachen. Nach Beendigung ihres ungewöhnlich frühen Abendessens sagte Großmutter uns Kindern, wir sollten zu Hause bleiben. Dann verließ sie das Haus. Doch es hielt auch uns nicht zu Hause, und so schlichen wir, meine Schwester Chunrye und ich, uns hinaus. Mein Bruder war, als wir weggingen, nirgends zu sehen; wahrscheinlich war er schon früher gegangen, um das Ritual der Geisterbeschwörung* mitzuerleben.

Sobald wir den altvertrauten Kiefernbaum vor Eopsunnes Hoftor im Blick hatten, klangen Gong-Töne durch die abendliche Ruhe an unser Ohr. Dorfleute versammelten sich in Eopsunnes Hof und begannen dort sich zu unterhalten und herumzugehen. Als ich mich mit meiner Schwester durch die dicht stehende Menge hindurchgewunden hatte, konnte ich mir den Schauplatz des bevorstehenden Rituals ansehen. In der Mitte des Hofes waren mehrere Strohmatten ausgelegt, und dahinter hatte man einen dieser großen, zusammenfaltbaren Paravents aufgestellt. Vor dem Wandschirm auf dem Tisch mit den Opfergaben lag ein Schweinskopf, so groß wie der Kopf des Herrn Nam, und ein Dampftopf voll Reiskuchen. Da ich den Eindruck hatte, der Schweinskopf würde mir zulächeln, konnte ich ihn nicht aus den Augen lassen, während ich den Gesprächen der Erwachsenen zuhörte, die die Vorbereitungen für den Exorzismus lobten.

„Das Essen bei den Opfergaben ist sehr üppig. Wer hat das alles zubereitet?"

„Das hat Eopsunne ganz alleine gemacht. Ich habe gehört, sie hat gestern mit dem Kochen angefangen und ist auch heute Nacht kaum zum Schlafen gekommen vor lauter Arbeit mit der Zubereitung all dieser Speisen."

„Das kann nicht sein! Eopsunne soll das alles geschafft haben, wo sie doch ihren Verstand verloren hat?"

„Na ja, verrückt ist sie doch nur, wenn die Geister in sie gefahren sind. Und wenn die weg sind, dann kommt sie wieder zu sich, als wäre nichts gewesen. Schau sie dir doch an: Sie ist doch jetzt ganz in Ordnung, sie macht einen ganz normalen Eindruck."

„Erstaunlich. Wie kann sich jemand so verrückt aufführen und im nächsten Moment wieder ganz vernünftig sein? Ja, das kann nicht anders sein, da müssen Geister am Werk sein."

„He, schau doch, Eopsunne! Was für schöne Kleider sie heute anhat, überhaupt nicht diese alten Klamotten. Ich dachte schon, sie besitzt überhaupt keine vernünftige Kleidung."

„Das gehört zu ihrer Hochzeitskleidung, die sie in der Kiste verwahrte. Sie durfte sie nicht einmal an Feiertagen tragen, weil dann ihre Schwiegermutter, die Wildkatze, und Nam, ihr Mann, vielleicht hätte denken können, sie habe es auf andere Männer abgesehen."

„Aber warum trägt sie ihre Festtagskleider gerade heute?"

„Das frage ich mich auch. Aber Nam hat sogar ein Schwein geschlachtet für die Zeremonie."

„Ein Schwein? Dieser alte Geizkragen, der noch den leeren Topf auskratzt für ein Korn Reis, der hat ein Schwein geschlachtet?"

„Ja, tatsächlich, und nicht einmal ein kleines. Es ist etwa mittelgroß. Jedenfalls können wir alle nach dem *Gut* etwas von dem Schweinefleisch essen."

„Das ist alles sehr ungewöhnlich. Ich hätte das nie erwartet: Ein Geizhals wie er verköstigt das ganze Dorf mit Fleisch!"

Im Handumdrehen hatte sich der ganze Hof mit Dorfbewohnern gefüllt, die alle zusammengekommen waren, um den *gut* mitanzusehen. Die Älteren saßen auf der Diele oder bei geöffneten Türen im Innern des Hauses und die übrigen hockten zusammengedrängt um die Strohmatten. An allen Pfosten waren kleine und große Lampions aufgehängt, und der Tisch mit den Opfergaben war von Kerzen erleuchtet.

Auf dem Tisch lagen drei Papiere, auf denen die Namen von Eopsunnes verstorbenen Schwiegereltern und ihrer Schwägerin, die als Jungfrau gestorben war, geschrieben standen. Neben den Papieren standen mehrere Schüsseln, jede war gefüllt mit weißem Reis, in dem je ein Löffel, eine Kerze und ein Essstäbchen steckten. Schließlich erschien die Schamanin mit zwei Trommlern und schaute sich die auf dem Tisch ausgelegten Gegenstände an. Die *Mudang* zeigte sich zufrieden mit dem, was sie zu sehen bekam.

Bei Einbruch der Dunkelheit begann die Zeremonie der Geisterbeschwörung. Die Trommler auf den Strohmatten fingen an, auf ihre Instrumente zu schlagen. Gleich neben dem Tisch knieten Nam und Eopsunne Seite an Seite. Aller Augen waren auf das kniende Paar gerichtet.

Neben dem massigen Körper ihres Mannes erschien Eopsunne als nur halb so groß, wie ein Töpfchen mit Pepperonipaste neben einem großen Wasserkrug. Der Gesichtsausdruck der beiden war ebenfalls ausgesprochen verschieden. Aus irgendeinem Grund machte Nam einen sehr deprimierten Eindruck, wie ein Stier, den man beim Zertrampeln eines fremden Gemüsebeets erwischt hatte. Der Mann machte eine verängstigte und finstere Miene, als wüsste er weder ein noch aus, und saß sichtlich unbequem. Ganz anders als er sah Eopsunne überraschend gefasst und unbeschwert aus und saß auf ihrem Platz dicht neben Nam mit anmutiger Würde in traditionell gelber Bluse und dunkelblauem Rock. Ihr mit Kamelienöl gekämmtes Haar hatte sie zu einem hübschen Knoten arrangiert, der von einer silbernen Haarnadel zusammengehalten wurde. Für die Leute hatte sie nie zuvor so schön ausgesehen. Auch ich konnte es kaum glauben, dass das dieselbe Person sein sollte, die immer in schmutzigen Lumpen herumlief und immer starr vor Angst war. Man sprach gleich voller Verwunderung von ihrer neuen, würdevollen Erscheinung an diesem Abend.

„Erstaunlich! Ich kann es gar nicht glauben, dass das Eopsunne ist. Seht nur, wie schön sie zurechtgemacht ist!"

„Ich habe gar nicht gewusst, dass Eopsunne so hübsch ist. Hätte sie nur einen anständigen Mann bekommen, wäre sie zu schade, um auf dieser Insel hier zu leben. Dieser Nam, dieser Dummkopf, weiß gar nicht, was für eine tüchtige Frau er eigentlich hat. Er behandelt sie wie die Scherbe einer zerbrochenen Hundeschüssel. So ein Esel."

„Übrigens ist sie eine gebildete Frau, die die Mittelschule abgeschlossen hat, anders als wir Analphabetinnen."

„Aber wozu ist die ganze Bildung gut, wenn das Leben einer Frau völlig davon abhängt, was für eine Art Mann sie heiratet? Wenn das ein schlechter Ehemann ist, dann ist schon Schluss mit unserem Leben. Dann können wir alle Hoffnung aufgeben. Wie ein zerbrochener Wasserkrug, den man nie wieder ganz machen kann."

Am erstaunlichsten an Eopsunne war ihr Verhalten. Die Frau, die man da auf der Strohmatte sitzen sah, war das krasse Gegenteil der Person, die wir gekannt hatten. Das war jetzt eine ganz andere Frau als jene, die leblos in unserem Dorf herumgelaufen war, verkrümmt und wie eine gänzlich gebrochene Gestalt. In dieser Nacht wirkte sie aus unerklärlichen Gründen eindrucksvoll und strahlte eine lebensfrohe Würde aus. In aufrechter Haltung und völlig gefasst hatte sie sich niedergekniet, feierlich und voller Ernst. Im Vergleich zu dieser würdevollen Beherrschtheit seiner Ehefrau wirkte Nams Erscheinung eher zurückgeblieben und plump.

Jetzt fingen die Trommeln des *Baksu** an zu tönen:

> *du deong du deong du du deong deong …*
> *jiing jiing jing jing …*

und die alte Schamanin begann ihren getragenen, monotonen Gesang:

> *Alte, uralte Erinnerungen, zweitausend Jahre, Tage und Nächte,*
> *an den Frühling der Jugend, lange vergangen.*
> *Wie fern der Himmel,*
> *wie früh der abendliche Tau,*
> *die nie gesehene Welt, weit, weit entfernt.*
> *Das Tor zum Himmel scheint fern,*
> *aber die Zeit lässt das Haar schnell grau werden,*
> *und bringt Erinnerungen an die ersten Schritte eines Kindes …*
> *tu teong tu teong teong tu tu teong teong …*
> *ching ching chi … ing ching …*

Der Klang der Trommeln und der Gesang der *Mudang* erfüllte den Hof und hallte wider in der Nacht. Ihre von beständigem Glockengerassel begleiteten Bewegungen erzeugten einen hypnotisierenden Rhythmus, der, zusammen mit den lebhaften Trommelschlägen, die Zuschauer aus dem Dorf in eine Art Rauschzustand versetzte. Manche fingen an, sich stumm hin und her zu bewegen, andere schwankten umher und schüttelten sich dabei. Mit einem Mal war der ganze Hof in lebendige Bewegung geraten.

Dann war das Ritual für den häuslichen Schutzgott zu Ende. Bevor das nächste zur Begrüßung der Geister begann, verbeugte sich Eopsunne vor den Geistern, wobei sie die Handflächen aneinander rieb. Jetzt ging die *Mudang* zum Tor, dem Eingang zum Hof, um dort die Geister, vor allem den Geist von Eopsunnes unglücklicher Schwägerin, zu empfangen, und sang:

> *Ein Geist erscheint, ein Geist erscheint, die Geister sind unterwegs.*
> *Wessen Geist ist es? – Es ist der verirrte Geist der armen, jungfräulichen Nam.*
> *Als ein Geist sind Sie gekommen, lassen Sie sich begrüßen von mir am Empfangstisch*
> *und bedienen Sie sich bei unseren Speisen und Geschenken, dem Geld und den Kleidern,*
> *ehe Sie hinüberreisen ins gesegnete Jenseits und eingehen in die ewige Seligkeit.*

Die Dorfleute folgten der *Mudang*, als sie vom Tor zurück in den Hof tanzte. Bald darauf verteilte jemand *Ddeok*. Meine Schwester und ich nahmen uns die größten Stücke und schlangen sie hinunter. Sie schmeckten köstlich. Wie sehr hoffte ich damals, dass ich einmal jeden Tag Reiskuchen essen könnte! Auch wünschte ich mir, Großmutter würde einmal von einem Geist besessen, und ebenso Beoldeongnyeo und Dwitganne und alle die anderen Frauen im Dorf, so dass man die gleiche Beschwörungszeremonie jede Nacht veranstalten würde – was mich in die Lage versetzen würde, immerzu nach Herzenslust *Ddeok* zu verspeisen.

Schließlich machte die *Mudang*, voller Temperament jetzt, Sprünge in die Luft. In blitzartigen Bewegungen schnellten ihre Füße von der Matte nach oben. Der Rhythmus der Trommelschläge wurde immer schneller, und mit noch immer sich beschleunigenden Schrittchen bewegte sich die Schamanin in Windeseile über den Hof.

Plötzlich stieß jemand einen heiseren Schrei aus:

„Schaut doch, Eopsunne! Jetzt sind die Geister in sie gefahren!"
So war es. Etwas ganz Seltsames, etwas, das ich nie zuvor gesehen
hatte, war mit ihr geschehen. Sie hatte sich auf die Strohmatten am
Boden geworfen und wälzte sich darauf herum. Das Weiße in ihren
Augen leuchtete hervor, und dabei bewegte sie ihre Arme in der Luft
hin und her. Dann wand sie sich, zitterte und bebte, während sie
ihre Arme ausstreckte, als wollte sie in der Luft etwas packen und
festhalten. Die Schritte der Schamanin wurden immer schneller, und
der Rhythmus der Trommeln hielten sie in Trance. Die Umstehenden
blickten gebannt auf das Schauspiel. Zu Tode erschrocken, klammerte sich meine Schwester mit aller Kraft an mich. Und auch ich
vergaß sogar, an meinem Reiskuchen weiterzukauen, und zitterte
vor Angst.

Plötzlich sprang Eopsunne hoch, schon stand sie auf ihren Füßen,
und dann hüpfte sie auf und nieder wie auf einem Springboden. Dann
begannen die *Mudang* und sie, im Hof herum zu tanzen. Dabei bewegten sie sich mit so schnellen Schritten, dass man glauben konnte,
ihre Füße tanzten in der Luft, ohne noch den Boden zu berühren.
Ihre straff gespannten Körper krümmten und verdrehten sich, und am
Ende stiegen sie hoch, um wieder herunter zu fallen. Auf diese Weise
wirbelten die beiden Frauen wild umher. Eopsunnes Geist schien ihren Körper verlassen zu haben, und Nam, der vor dem Spektakel in
Ehrfurcht erstarrt war, schien halbtot vor Angst. Er saß bewegungslos
davor, mit bleichem Gesicht.

Dann hörten Eopsunnes gespenstische Bewegungen mit einem
Mal auf, und sie fiel langsam in sich zusammen und drehte sich erschöpft im Kreis wie eine taumelnde Kämpferin. Dabei erreichten die
Rhythmen und die Bewegungen der tanzenden *Mudang* einen rasen-
den Höhepunkt – bis die Trommeln und die Bewegungen allmählich
nachließen.

Eopsunne, die zuletzt wie ein lebloser Körper auf der Matte gelegen war, sprang unerwartet wieder auf. Bebend blickte sie sorgfältig
im Hof umher. In diesem Moment gefror mir das Blut in den Adern;
als ich ihre entsetzlich glühenden, blutunterlaufenen Augen sah, stock-
te mir der Atem vor Schrecken.

Da kam aus Eopsunnes Mund die Stimme einer fremden jungen
Frau, und Nams Gesicht wurde noch blasser vor Angst. Da sprach die
Stimme zu Nam:

„Mein Bruder, ich bin es, deine Schwester."

„Das ist die Stimme der ertrunkenen Schwester von Nam. Das
hier ist ihr Geist", flüsterte jemand.

„Ja, das ist sie! Ich erinnere mich an ihre Stimme", sagte ein anderer aus dem Dorf.

Eopsunne wandte sich um, näherte sich Nam und warf ihm einen wütenden Blick zu.

„Bruder, ich bin es. Hast du die Stimme deiner eigenen Schwester vergessen?"

„Nein … neinnein … Ich … ich, ich erinnere mich an deine Stimme, meine … Schwester."

Zusammengeduckt vor Angst, konnte er nur stockend antworten, worauf der Geist seiner Schwester mit schwermütig klingender Stimme erwiderte:

„Mein lieber Bruder, hier spricht deine arme Schwester, die ertrunken ist und nicht ins Jenseits gelangen konnte. Wie der Wind und der Regen fand ich nirgends einen Halt und musste ziellos umherwandeln. Niemand, nicht einmal du, mein Bruder, kümmerte sich um mich, deine einzige Schwester. Wie konntest du mich so behandeln? Wie konntest du deine Schwester vollkommen vergessen? Warum hast du mich so spät gerufen? Bitte, befreie mich jetzt von diesem Leiden."

„Byeongsun! Es tut mir leid … es tut mir … Was kann ich für dich tun?", stammelte Nam.

„Ich muss von meinem nassen Grab im Wasser erlöst werden. Es ist zu dunkel, ich kann dort nicht atmen. Schrecklich ist das, auf dem Grund des Meeres zu liegen, da und dorthin getrieben zu werden, über den glitschigen Sand und das haltlose Wasser. Bitte, mach dich auf die Suche nach meinem Körper, finde ihn und decke ihn zu mit der weichen Erde unseres Familiengrabes. Mein Bruder, hörst du mich? Bitte, erfülle mir diese Wünsche!"

Eopsunne tanzte derweil mit ausgestreckten Armen wie ein Schmetterling umher, dann ließ sie sich auf den Boden fallen und fing an zu klagen.

„Ach, mein Schicksal. Was für ein erbärmliches Schicksal!"

Schreiend zerkratzte sie die Strohmatten und schlug mit ihren Fäusten darauf herum. Tränen liefen über ihre mageren Wangen herab, während ihre Schreie durch die nächtliche Stille gellten. Aus der Menge der Umstehenden hörte man Seufzer und Stöhnen, und viele Frauen wischten sich ihre Tränen ab.

„Ja, gut, ich verstehe. Jetzt weiß ich, was ich für dich tun kann, meine Schwester", sagte Nam. „Jetzt kommst du bald in den Himmel, um dort in Frieden zu ruhen!"

Die Schamanin nahm das auf dem Tisch für das Ritual bereitgelegte Bündel Geldscheine und bot es nicht nur dem Geist von Nams Schwester an, sondern auch den beiden anderen herbeigerufenen Geistern. Anschließend sprang sie von der Matte hoch, und als die Glocken wieder zu klingen anfingen, ließ sich Eopsunne erneut mit einem dumpfen Geräusch niederfallen, um sich auf den Matten wieder zitternd herumzuwälzen. Auch der Gesang der *Mudang* und die Trommelschläge wurden dabei lauter.

Nun erhob sich Eopsunnes Körper. Ihr Gesicht brannte vor Zorn. Ja, ihr ganzer Körper sprühte vor giftigem Hass, und sie schien kurz davor zu explodieren. Mit geballten Fäusten schrie sie die Vorwürfe gegen ihren Ehemann aus sich heraus. Als Nam vor ihr zurückweichen wollte, streckte sie die Arme nach ihm aus, packte ihn an der Gurgel und brüllte auf ihn los:

„Du verfluchter Kerl, jetzt habe ich dich. Endlich habe ich diesen unverschämten Schweinehund erwischt!"

Nams Gesicht wurde aschfahl, als er jetzt darum kämpfte, sich zu befreien. Aber es hatte keinen Zweck – Eopsunne schleifte ihn gnadenlos umher. Ich konnte es kaum glauben, was für eine übermenschliche Kraft in einer so spindeldürren Frau steckte.

„Du wagst es …, du Schlampe …", stotterte Nam.

Plötzlich begann der Geist seines Vaters aus Eopsunne zu sprechen:

„Was für ein undankbarer Sohn du bist. Weißt du nicht, wer ich bin? Ich bin dein Vater, du Lump!"

Wütend schlug Eopsunne Nam ins Gesicht. Er stöhnte vor Schmerzen, als sie immer weiter und unablässig auf ihn einschlug.

„Du erbärmlicher Wurm. Dazu habe ich dich aufgezogen?"

Wieder und wieder trafen ihre Schläge in Nams Gesicht.

„Was um Himmels willen hast du mit mir gemacht? Du hast mich in einem schrecklichen Loch begraben. Mein Grab ist voll Wasser, und Wurzeln von Kiefernbäumen haben sich um meinen Leichnam geschlungen, zwischen meine Rippen, in meinen Schädel und meine Augenhöhlen."

Nam versuchte, sein Gesicht hinter seinen Händen zu verbergen, um das Trommelfeuer ihrer Schläge abzuwehren.

„Und ein wildes Tier wäre ein besserer Vater gewesen als du. Und Misun …: Warum … warum hast du meine geliebte Enkelin Misun verkauft? Du grausamer Unmensch, du … niemand anderer als du hast Schuld, dass sie zur Witwe geworden ist. Du bist nicht mein Sohn. Ich will keinen Verbrecher als Sohn haben. Denkst du etwa, nach alledem, was du getan hast, du verdienst noch einen natürlichen Tod? Auf keinen Fall."

Eopsunne schlug mit aller Kraft auf Nams Gesicht ein. Seine Nase fing an zu bluten, und Blut lief über sein Gesicht und seine Hände.

„Verzeihen Sie mir, mein Vater, ich habe Unrecht getan. Bitte, bitte, vergeben Sie mir!", flehte Nam.

Schließlich ließ Eopsunne seinen Hals los, und Nam kniete nieder und stöhnte. Sie blickte drohend auf ihn, ehe sie sich langsam umdrehte. Für einen kurzen Moment leuchtete ein rätselhaftes Lächeln in Eopsunnes Gesicht auf, das sofort wieder erlosch. Darauf fuhr sie fort, sich auf den Strohmatten wie wahnsinnig in die Luft zu werfen, und auch die *Mudang* nahm ihre Luftsprünge mit ihr zusammen wieder auf. Mit großem Elan hüpften die beiden wie Bälle auf und nieder.

„Ich kann das alles nicht glauben", stieß eine der umstehenden Frauen hervor.

Unter den Dorfleuten war es jetzt ganz still geworden, und niemand sagte ein Wort. Alle standen wie in Trance und blickten mit offenen Mündern auf Eopsunne, die weiter tanzte und im Hof umher sprang.

Ein paar Tage danach öffnete Nam das Grab seiner Eltern. Ganz wie die Stimme seines Vaters zu ihm gesprochen hatte, war dessen Grab und das seiner Frau tatsächlich voll Wasser. Obwohl viele Jahre seit ihrem Begräbnis vergangen waren, waren ihre Leichen noch nicht völlig verwest. Als er die Überreste seines Vaters und seiner Mutter in diesem Zustand erblickte, brach Nam in Tränen aus. Wenn er auch kein guter Ehemann und Vater war, so war doch die Verehrung des Sohnes für seine Eltern nicht geringer als bei anderen Männern.

Dann waren Tage seit dem *gut* vergangen, als die Dorfbewohner erneut die gleichen altbekannten Schreie hörten, wie auch die Geräusche von zertrümmerten Gegenständen, die aus Nams Haus herausschallten.

„Jetzt geht das schon wieder los", sagte eine Frau.

„Ja, kein Zweifel. Ich dachte eigentlich, die Zeremonie der Geisterbeschwörung hat Nam endlich von dieser Krankheit, dass er immer seine Frau schlagen muss, geheilt. Aber wie es aussieht, habe ich mich getäuscht. Dieses Schwein macht in derselben grässlichen Art weiter. Schauen wir, was da los ist."

Die Leute rannten zu Eopsunnes Haus und spähten über die Steinmauer hinweg in den Hof. Dort herrschte das reine Chaos. Zerbrochene Teller, Löffel, Kerzenständer und allerlei Papierblumen waren über den Boden verstreut.

„Dieser Idiot macht alles kaputt."

„Sind das nicht die Sachen von der Zeremonie für Eopsunne?"

„Ja, richtig. Sie ist ja jetzt eine *Mudang*, und das sind die Gegenstände, die sie für ihre Auftritte braucht."

Dann wurden die Dorfleute Zeugen einer schrecklichen Szene. Nam hatte Eopsunne an der Kehle gepackt und zog sie in den Hof hinaus, und schon ballte er seine Fäuste, um erneut auf sie einzuschlagen. Doch zur Überraschung der Zuschauer sprang diese plötzlich auf und schlug Nam mit aller Gewalt ins Gesicht.

„Du Lump! Hast du nicht einmal Achtung vor deiner Mutter?", rief Eopsunne.

Dabei trommelte sie mit ihren Fäusten fieberhaft auf Nams Gesicht ein.

„Aaah …, wovon redest du …, du Schlampe", schrie Nam wütend zurück.

„Ha, schaut euch nur diesen undankbaren Sohn an! Deine Mutter nennst du eine Schlampe, was? Sag das nochmal, sag das noch einmal …, du Sauhund!"

Nam, der einerseits den Geist seiner toten Mutter nicht anzurühren oder gar zu schlagen wagte, dabei jedoch niemand anders als seine Frau vor sich zu sehen glaubte, war fassungslos und wusste sich nicht mehr zu helfen. Und so schlug sie so lange auf ihn ein, bis sie nicht mehr konnte. Und die Frauen, die die Szene bis jetzt schweigend beobachtet hatten, reckten jetzt ihre Fäuste in die Luft und schrien:

„Hurrah, Eopsunne! Los, schlag ihn! Schlag zu! Ja, so ist's recht, ja, ja …"

10
SODONG, DER HAUSIERER

In jenem Jahr war der Sommer ungewöhnlich heiß. Am Abend versank die Sonne allmählich in einem flammenden Rot hinter den Bergen, nachdem sie die Insel den ganzen Tag lang geröstet hatte.

Der ältere Bruder von Tante Oknim, Samjong, der in Gwangju eine Eisenhandlung betrieb, kam nach langer Zeit wieder einmal zu Besuch in unser Dorf, und zwar in Begleitung eines Mannes, den ich nie zuvor gesehen hatte. Als die beiden am Dorfeingang auftauchten, wurden sie von den Dorfleuten argwöhnisch beäugt. Samjong trug einen modischen Anzug im westlichen Stil, der andere machte einen eher linkischen Eindruck und war schäbig gekleidet. Er war offensichtlich ein Hausierer, denn er trug einen hölzernen Kasten mit Süßwaren auf dem Rücken. Der Mann war vielleicht Ende fünfzig, und aus seinem dunklen, runzligen Gesicht und seiner ärmlichen Erscheinung schlossen die Leute, einen Landstreicher vor sich zu haben, der ein jämmerliches, hartes Leben führte. Diese beiden Männer, die als Gefährten eigentlich nicht so recht zusammenpassen wollten, gingen nun den Fußweg zu Tante Oknims Hütte hinauf.

„Ist der eine nicht Samjong, Oknims Bruder?", meinte ein Mann aus dem Dorf.

„Ja, das ist er. Und was man von ihm erzählt, dass er mit seinem Eisenwarengeschäft ein Vermögen gemacht hat, scheint wirklich zu stimmen. Schau doch, den Erfolg sieht man ihm doch schon äußerlich an?"

„Da hast du recht. Aber wer ist der Mann hinter ihm?"

„Mit dieser Kiste auf dem Rücken sieht er aus wie ein Hausierer."

„Kann sein. Vielleicht ist er mitgekommen, um in Oknims Wohnung irgendwelches unbrauchbare Zeug zusammenzuklauben."

Oknims Hütte, in ihrer Lage auf einem der Hügel am Rande des Dorfes, war für die Dorfleute jederzeit gut sichtbar.

Inzwischen, innerhalb von weniger als einer Stunde, war bereits ein spaßiges Gerücht durchs Dorf gegangen, ohne dass jemand sagen konnte, wie es entstanden war: Diese dumme Oknim, so hieß es, sei tatsächlich drauf und dran, sich zu verheiraten. Man habe gehört, Samjong habe einen alten Junggesellen aus Gwangju angeschleppt, der Oknim heiraten sollte und der in einem hölzernen Kasten eine Menge Seidenstoffe für einen *Hanbok** und Schmuck als Hochzeitsgeschenke mitgebracht habe. Und man wisse das diesmal nicht bloß vom Hörensagen; denn mehrere Dorfbewohner hatten sie gesehen, wie sie zu Oknims Hütte hinaufgingen.

Die Nachricht hatte die Leute verblüfft und aufgeregt. Freilich, Insulaner haben eine Neigung zu übertreiben. So wurde zum Beispiel aus der Tatsache, dass sich ein verfaulter Stützbalken auf jemandes Diele gesenkt habe, sogleich das Gerücht, das ganze Haus des Betreffenden stehe kurz vor dem Zusammenbruch, oder es brauchte nur irgendeine Schwiegertochter einen Furz entweichen zu lassen, und schon sei der ganze Fußboden eingebrochen. Jedenfalls klang das Gerücht von der bevorstehenden Vermählung Oknims pikant genug, um sich wie ein Lauffeuer durchs Dorf zu verbreiten.

Es war aber auch ein Zeichen der Großzügigkeit dieser Inselleute, die ihr ganzes Leben inmitten eines unermesslich weiten Ozeans verbringen, dass sie derbe Späße liebten und sich gerne als harmlose Lästermäuler aufführten, sooft sie sich trafen. Und die vierzig Jahre alte Jungfer Oknim war eine wahre Goldmine für ihren Klatsch.

Es war früher Abend, und unsere Familie feierte den Großvater, der mit einer Portion Fische vom Fischfang zurückgekehrt war, mit einem großen Abendessen. Während Großmutter nach dem Essen das Geschirr spülte und sich Großvater im Hof ausruhte, sammelten mein Bruder und ich Kräuter und trockene Beifußstengel, um damit ein Feuerchen gegen Moskitos anzuzünden. Währenddessen war jemand in unseren Hof gekommen.

„… Na, wie geht's uns immer?", sagte ein dicker Mann in einem eleganten Anzug mit Krawatte und ging auf meinen Großvater zu, um sich zu verbeugen.

„Wer … wer bist du? … Ach! Du bist ja Samjong!", sagte Großvater, der ihn erkannt hatte.

„Was für eine schöne Überraschung, dich hier zu sehen", beeilte sich auch Großmutter, ihn zu begrüßen.

Der Mann hatte eine Flasche *Soju** mitgebracht, die er auf die Diele stellte. Als auch wir Kinder, aufgefordert von Großmutter, uns vor ihm verbeugt hatten, gab Samjong jedem von uns etwas Geld. Das war das erste Mal, dass ich Oknims älterem Bruder begegnet bin, und mein erster Gedanke war: Er muss reich sein.

„Du hast sicher viel Arbeit mit deinem Geschäft. Aber was hat dich dazu gebracht, uns hier zu besuchen?", fragte Großvater, nachdem sich alle gesetzt hatten.

„Ach, ich hatte wegen der Geschäfte in der Kreisstadt zu tun, und bei dieser Gelegenheit wollte ich meine Schwester wieder einmal sehen, und dann ... und außerdem ... außerdem möchte ich ..."

Ich hörte ein Geräusch hinter mir am Hoftor, und als ich mich umdrehte, sah ich, wie der Mann, der mir nachmittags am Dorfeingang aufgefallen war, dort stand und geduldig wartete. Und hinter ihm waren einige Frauen aus dem Dorf zu sehen, wie sie neugierig in unseren Hof hereinspähten. Wahrscheinlich waren sie Samjong und dem Fremden bis zu unserem Haus gefolgt, um mehr über Oknims angebliche Heirat zu erfahren.

„Wer ist dieser Mann?", fragte Großvater. „Wenn er mit dir zusammen hier ist, dann bitte ihn doch zu uns herein."

„Ja, natürlich; denn es gibt etwas, worüber ich mit dir reden muss", antwortete Samjong und winkte den Mann herein.

Der Mann näherte sich uns auf eine etwas steife Art und verbeugte sich vor den Großeltern. Gleichzeitig drängten sich die Frauen jetzt vollends durch das Tor in unseren Hof.

„Also ..., ich verstehe nicht ganz, warum die Aussicht, dass Oknim sich verheiratet, alle diese Damen hier in gar so große Aufregung versetzt", sagte Samjong und musste laut lachen.

„Ist das also wahr?", fragte Großmutter dazwischen. „Ja, ich habe auch davon gehört, und wer ist denn überhaupt der Bräutigam?"

„Hier ist er! Dieser Herr ist der Bräutigam", antwortete Samjong, indem er auf den fremden Gast deutete.

„Ach, das hört man ja gerne", sagte Großmutter lächelnd.

Sogleich waren jetzt auch bei den Frauen hinter uns alle Augen auf den zukünftigen Bräutigam gerichtet, der sich nun mit auf den *Pyeongsang** setzte. Unter all den neugierigen Blicken, die auf ihn gerichtet waren, fühlte er sich sichtlich unwohl, und während der Unterhaltung zwischen Samjong und Großmutter begannen die Frauen auch noch zu kichern und untereinander zu flüstern.

„Ach! Dieser alte Mann hat wirklich die Hoffnung, Oknims Bräutigam zu werden? Das kann ich nicht glauben", sagte eine Dorffrau.

„Ein alter Mann? Der ist doch höchstens Anfang fünfzig", meinte eine andere.

„Das kann nicht sein. Schau doch, wie krumm der schon dasitzt. Der sieht doch viel älter aus."

„Ach was, für mich sieht der noch viel zu gut aus für diese Oknim, egal wie alt er ist."

Inzwischen war Samjong dabei, meinen Großeltern alles zu erzählen, was er über den Mann wusste. Zuerst einmal war das Gerücht, Samjong habe ihn aus Gwangju mitgebracht, falsch. Auch war der Kasten, den der Mann auf dem Rücken getragen hatte, keineswegs mit Seide und wertvollem Schmuck gefüllt. Vielmehr handelte es sich lediglich um einem Behälter mit Bonbons aus süßen Gerstenkeimen. Der Mann hausierte mit Süßigkeiten, und Samjong war ihm auf dem Festland am Hafenkai der Kreisstadt begegnet, als er auf die Fähre nach Nagildo wartete. Als ihm das Warten zu lang wurde, kaufte er aus Langeweile dem Mann ein paar Gerstenbonbons ab und unterhielt sich mit ihm über dies und das, und dabei ergab es sich, dass der Mann ledig war und als Hausierer über die Dörfer zog.

Da habe er sofort an seine arme Schwester Oknim gedacht, sagte Samjong, die noch immer als alte Jungfer leben musste. Er schaute sich den Hausierer darauf etwas genauer an und kam zu dem Schluss, dass der ganz gut mit Oknim zusammenpassen könnte. Er schien ihm einen guten und angenehmen Charakter zu haben. Und als er ihm von Oknim erzählte, fand er Gefallen daran und war mit einem Treffen einverstanden.

„Ah, ich verstehe", sagte Großmutter. „Das ist auf jeden Fall eine gute Sache für alle Beteiligten. Und Oknim bekommt endlich den passenden Partner."

„Ja, so habe ich mir das auch gedacht", sagte Samjong lächelnd und kratzte sich am Kopf. „Wenn das mit Oknim gut geht, wäre das eine große Freude für mich. Also, dann wollen wir sehen, wie sich das Ganze anlässt."

„Moment noch, darf ich wissen, wie Sie heißen?", fragte Großvater den Fremden.

„Die Leute nennen mich Sodong, … mein Familienname, der ist Kim", brachte der Mann mühsam heraus, stammelnd vor Verlegenheit.

„Kim? Woher stammt Ihre Familie?", fragte Großvater.

„Ach, ich habe gehört, sie kommt aus Kimhae."

„Sie wissen, im alten Korea stammten sogar Königsfamilien aus Kimhae", sagte Großvater.

„Aber geboren wurde ich in Gurae", erklärte Sodong, „und meine Eltern sind schon gestorben, als ich noch klein war. Seitdem bin ich überall im ganzen Land gewesen, und einen Heimatort habe ich eigentlich nicht. So bin ich siebenundvierzig Jahre alt geworden."

Der Mann war sehr höflich. Er sah recht schwächlich und schmal aus, schien aber durchaus gesund zu sein. Aus dem Anblick seiner groben, rauen Hände und seiner schäbigen Kleidung konnte man schließen, dass er sein ganzes Leben lang hart gearbeitet haben musste. Er erzählte, er habe als Knecht auf einem Bauernhof gearbeitet, als Gepäckträger am Bahnhof von Gwangju, dann habe er Schlangen verkauft und schließlich sei er Hausierer geworden, und so ziehe er mit seinen Getreidebonbons durch die ganze Jeolla-Provinz.

„Inzwischen habe ich keinerlei Familie mehr", sagte Sodong. „Meine beiden älteren Schwestern und ich wurden voneinander getrennt, als wir noch sehr klein waren, und ich weiß nicht einmal mehr, wie sie aussehen."

Sodong erzählte von seinem Leben mit einem Lächeln im Gesicht. Er schien ein sehr sanftmütiger Mensch zu sein.

„Der erste Eindruck, den Sie hier hinterlassen haben, ist ja sehr positiv", stellte die Frau des Ortsvorstehers fest. Aber das, worum es hier geht, ist für Sie doch so etwas wie ein Geschenk des Himmels. Oknim ist schließlich eine schöne und gewissenhafte Frau. Also ziehen Sie in unser Dorf und wohnen Sie hier mit ihr zusammen als unser Nachbar. Es ist doch ein großes Glück auch für Sie, in Ihrem Alter noch eine unberührte Jungfrau gefunden zu haben."

Die Frau des Ortsvorstehers war frech genug, das alles so beim Namen zu nennen, und erntete dafür auch viel Gelächter. Aber auch wenn die Umstehenden sich darüber amüsierten, so wünschten sie doch, dass Sodong und Oknim heirateten. Auch Sodong musste lachen, dann wandte er sich an meine Großmutter:

„Verzeihen Sie bitte, könnte ich mir ein Handtuch von Ihnen ausleihen? Es ist lange her, dass ich auf meiner Tour von zu Hause weg bin, und ich fühle mich so unsauber. Ich möchte mich doch noch irgendwo waschen."

„Natürlich", sagte Großmutter sofort. „Hier ist ein Handtuch. Gehen Sie bitte mit meinem Enkel, er zeigt Ihnen den Weg zum Waschplatz in unserem Dorf."

Kaum hatte sie meinen Bruder gebeten, er solle Sodong dorthin bringen, waren die beiden schon fort.

Nachdem sie verschwunden waren, fingen die Dorfleute an, sich über alles zu unterhalten.

„Im Gegensatz zu seiner schlichten Erscheinung weiß er anscheinend ganz gut, was er vor ihrer ersten gemeinsamen Nacht zu tun hat. Deshalb möchte er sauber sein."

„Ja, er macht den Eindruck eines netten Kerls und eines fleißigen Arbeiters."

„Falls es dazu kommt, dass Oknim und Sodong einmal in unserem Dorf zusammenleben, dann haben beide etwas davon. Das wird auch für ihn besser sein, als die ganze Zeit in der Gegend herumzuziehen, und für Oknim genauso, wenn sie endlich einen Gefährten hat, anstatt ewig allein zu leben. Wirklich, ich hoffe es für sie, dass es so kommt."

„Übrigens habe ich gehört, dass Oknim den Mann schon einmal getroffen hat. Weiß man denn, wie sie übereinander denken?"

„Na ja, Sodong schien an Oknim Gefallen zu finden, aber was meine Schwester angeht, bin ich mir nicht so sicher", antwortete Samjong. „Warum denn? Was war da los? Hat Oknim etwa nein gesagt?"

„Ich habe Oknim in Anwesenheit von Sodong deutlich gesagt, dass sie allein ist und älter wird und ihre Lage mir jedes Mal Magenschmerzen bereitet. Deshalb habe ich sie darum gebeten, sie solle doch mit ihm zusammenleben."

„Und was hat Oknim dazu gesagt?"

„Zuerst schüttelte sie den Kopf. Aber ich gab nicht nach und sagte: Es ist doch ganz einfach. Mach einfach dasselbe, was die anderen Frauen mit ihren Männern machen. Zusammen essen, bei Tage zusammen ausgehen und, wenn es Nacht wird, miteinander schlafen. Das ist alles."

Samjong fuhr fort, Oknim sei nach dieser Unterredung schon beinahe einverstanden gewesen. Allerdings habe sie doch noch einige Zweifel gehabt:

„... ich weiß nicht. Diese Hütte hier ... ist doch sehr klein. Viel zu klein, noch mit einem Mann zusammen ..."

Oknims Antwort erinnerte die Leute an den Vorfall vom vergangenen Sommer mit dem Bruder von Beoldeongnyeo. Deshalb waren sie auch überrascht, dass Oknim sich mehr oder weniger entschieden haben sollte, den Mann als Ehepartner zu akzeptieren, und sie fragten sich, ob sie überhaupt richtig verstanden hatte, was ihr Bruder gesagt hatte: dass sie mit Sodong schlafen solle usw.

Am späteren Abend waren nicht wenige Dorffrauen, etwa sieben oder acht, gar nicht mehr nach Hause gegangen und warteten stattdessen geduldig in der Nähe von Oknims Hütte, um Zeugen der Begrüßung zu sein, die es zwischen Oknim und ihrem Zukünftigen geben würde. Während sie sich kichernd unterhielten, trat Samjong aus der Hütte, in seinem modernen Jackett und, wie es aussah, um die Nacht anderswo zu verbringen.

„Was haben die Damen denn vor?", redete Samjong sie an. „Was tun Sie hier?"

„Nun, es ist Oknims erste Nacht mit ihrem zukünftigen Gemahl. Sie wissen doch – das ist ein alter Brauch: dass wir solche Ereignisse persönlich überwachen müssen ..."

„Ja, ich kann nur hoffen, dass Oknim von heute an mit ihm leben wird", sagte Samjong.

„Machen Sie sich nur keine Sorgen", meinte eine der Wächterinnen. „Sie ist doch auch eine Frau, oder nicht? Und sie wird inzwischen bestimmt wissen, was es heißt, alleine zu leben, ganz ohne Mann."

„Ja, ich verstehe schon. Nach dieser Nacht werden wir es wissen. Und wenn Oknim und Sodong sich für ein gemeinsames Leben entschieden haben, will ich einen günstigen Tag für ihre Hochzeit herausfinden, und dazu noch kaufe ich ihnen ein paar *Majigi** Land. Hoffen wir also das Beste."

Die Frauen waren sehr erfreut über Samjongs Worte, nicht zuletzt weil sie das Gefühl hatten, auch sie selbst würden an der Erfüllung all dieser schönen Aussichten teilhaben.

„Wenn eine vierzig Jahre alte Jungfer endlich heiratet, dann ist das wirklich ein Segen!", bekräftigte eine Frau. „Ein Schicksalstag für das ganze Dorf. Für diesen Fall wird die Frauengruppe in unserem Dorf richtigen Reis für den Festtagskuchen sammeln. Und die Familie der Braut schlachtet ein Schwein, okay?"

„Haben Sie Schwein gesagt? Ich werde eine ganze Kuh schlachten, wenn das mit meiner Schwester wirklich in Ordnung geht!", rief Samjong.

Dann ließ er sie und den Mann in der Hütte zurück und ging, mit heiterem Lachen, so als hätte er eben schon das Hochzeitsdatum für seine Schwester festgelegt, ins Dorf hinunter, um die Nacht bei seinen Verwandten zu verbringen.

Die Frauen indessen schlichen sich verstohlen um Oknims Hütte herum auf deren rückwärtige Seite. Dort fanden sie ein kleines Fensterchen, das statt einer Glasscheibe mit Reispapier gefüllt war. Wie sie es von Kindheit an gelernt hatten, drückte eine von ihnen mit dem Zeigefinger, den sie vorher mit etwas Speichel nass gemacht hatte, ein paar kleine Löcher in das verschmutzte Reispapier. Auf diese Weise hatten sie das Innere von Oknims Hütte im Blick. Der Raum war von einer Öllampe schwach erleuchtet. Auf einer alten hölzernen Truhe lagen schmutzige Decken, und an Haken an der Wand waren Oknims schäbige Kleider aufgehängt. Sodong saß allein und verlassen mitten im Zimmer, es war ihm unbehaglich und er blickte mit weit aufgerissenen Augen ängstlich um sich wie eine Ziege, die man an einen unbekannten neuen Besitzer verkauft hatte. Die Frauen draußen begannen zu tuscheln.

„Wo ist denn jetzt Oknim, in ihrer ersten gemeinsamen Nacht?"

„Anscheinend wäscht sie gerade irgendetwas ab, da hinten auf der Terrasse, wo die Sojakrüge stehen. Hörst du nicht das Klappern?"

„Ich glaube eher, sie ist noch dabei, sich für den Mann zurechtzumachen."

„Dass sie sich selber wäscht, halte ich für unwahrscheinlich. Sie wäscht sicher nur das Geschirr ab."

Jetzt stand Sodong plötzlich auf, nahm die Decken von der Truhe herunter und breitete sie nebeneinander auf dem Boden aus. Sie waren sehr schmuddelig, voller lange eingetrockneter Flecken und üblem Geruch, und sie sahen aus, als wären sie noch nie gewaschen worden. Dann zog Sodong seine abgetragenen Kleider aus, die ebenso schmutzig und verschlissen waren wie Oknims Decken. Überall Löcher und Flicken. Jedenfalls konnte er sich über Oknims dreckige Decken nicht beklagen. Als er nackt war, schlüpfte der Bräutigam rasch unter die Decken, und die Fauen wurden ganz unruhig in Erwartung der aufregenden Szene, die da bevorstand.

„Schau den an, der will seine Frau ganz nackt erwarten. Der ist schon einsatzbereit."

„Allerhand! Das ist einmal ein Mann, der weiß, worum es geht. Ein alter Gaul frisst nur frisches Gemüse, heißt es. Der kennt sich aus bei den Frauen."

„Aber ist das nicht seltsam: Ein Bräutigam, der seine Braut im Bett erwartet? Die Braut sollte doch auf den Bräutigam warten!"

„Das ist eben Oknim – ganz anders als wir normalen Menschen."

Die Zimmertür öffnete sich und Oknim erschien.

„Hey, da haben wir die Dame!"

„Lass mich auch durchschauen, mach' doch ein bisschen Platz …"

Die Frauen stießen mit den Köpfen zusammen, als jede sich bemühte, auch einen flüchtigen Blick von dem Paar da drinnen zu erhaschen. Sie bebten vor Erwartung und waren überzeugt, Oknim werde bei aller Beschränktheit schon wissen, was es hieß, die erste Nacht mit ihrem zukünftigen Mann zu verbringen. Dass Oknim hübsch gekleidet sein würde, hatten sie gar nicht erwartet, nur dass sie sich vorher säubern würde, hatten sie schon angenommen. Doch nun sah sie schlimmer aus als jemals, in schmutziger, abgetragener Arbeitskleidung, ein Hosenbein höher hinaufgerollt als das andere, und mit unglaublich dreckigen Füßen und ungewaschenem Gesicht. Sogar gelblicher Rotz baumelte ihr aus der Nase. Statt wie eine Braut, die ihren Bräutigam in ihrer ersten Nacht begrüßt, sah sie aus wie eine Arbeiterin, die eben vom Reisfeld ins Aborthäuschen gerannt kommt, weil sie es eilig hat, die Toilette zu benutzen.

„Um Himmels willen, was macht sie denn? O Gott, was für eine Schande!", stöhnte eine Frau bei dem unerwarteten Anblick.

„Stoß mich nicht weg, lass mich auch schauen", sagte eine andere.

Während sie sich gegenseitig schubsten und stießen, gelang es den Frauen doch mitanzusehen, wie Oknim eine Weile mitten im Zimmer stand, ehe sie sich mit einem Mal auf den Platz stürzte, auf dem Sodong lag.

„Das ist meine Decke!", schrie sie, riss die Decke mit einem Ruck an sich und entblößte dabei Sodongs dürren Körper.

Die Frauen waren geschockt von dem Anblick, der sich ihnen da drinnen bot.

„Was machst du hier, du Scheusal? Das gehört mir, … meine Decke. Du nimmst meine Decke ohne Erlaubnis. Geh sofort runter von meiner Decke!", schrie Oknim voller Zorn.

Erschrocken richtete Sodong sich auf.

„Aber …, wollten wir nicht zusammenleben, von heute an, … oder nicht?", fragte Sodong, fasste an ein Bein Oknims und strich vorsichtig mit seiner Hand darüber.

„Geh weg, du Scheusal du. Ich weiß genau, du willst meine Decke stehlen!"

„Ach was, das stimmt doch nicht! Hör zu! Weißt du denn nicht mehr, dein Bruder hat heute Nachmittag gesagt, wir sollen zusammen leben und nebeneinander liegen und schlafen", suchte ihr Sodong zu erklären.

„Ich weiß nicht. Davon weiß ich nichts. Der Raum ist zu klein, hier kann ich mit dir nicht schlafen. Raus hier! Schnell, schnell! Du kannst im Hof oder in der Scheune schlafen. Raus hier, du Scheusal, du Deckenräuber!"

Oknim begann, auf seinen Rücken einzutreten, und Sodong schrie auf vor Schmerzen.

„Hör mir doch zu …, bitte …", sagte Sodong.

Aber sie hörte nicht auf, ihn zu treten. Sodong kroch im Raum umher, und Oknim wütend immer hinter ihm.

„Raus hier, Scheusal! Du hast hier nichts zu suchen!"

Als sie dann, über das Treten mit den Füßen hinaus, auch noch anfing, ihn zu kratzen und zu zwicken, griff sich der Mann schließlich seine Kleider und stapfte entschlossen zur Tür hinaus. Den Frauen hinten am Fenster fehlten jetzt die Worte über eine derart plötzliche Wendung der Dinge, und sie standen bewegungslos mit offenen Mündern beieinander.

„Was macht diese hirnlose Oknim für Sachen!", sagte endlich eine der Frauen.

„O mein Gott, die hätte den Alten umgebracht, noch bevor er seine Pflichten als Mann hätte erfüllen können."

„Tja, Oknim ist wieder in ihrem Element. Es war dumm von uns, hier auf etwas anderes zu warten. Wir wissen doch, sie ist ein Dummkopf, trotzdem haben wir gemeint, es passiert etwas anderes. Verschwenden wir also nicht weiter unsere Zeit und gehen wir nach Hause. Meine Güte, was für ein Weib!"

Nun begannen die Frauen, laut zu lachen.

„Wer ist da? Was zum Teufel gibt es hier zu lachen?", kreischte Oknim.

Von Oknims Wutausbruch überrascht, beeilten sich die Dorffrauen wegzukommen und holten Sodong noch draußen an der Ecke des Hofes ein. Noch immer nackt und barfuß, war er dabei, sich seine Hose anzuziehen.

„Wer sind Sie?", fragte er erschrocken.

„Ach, das tut uns so leid", antworteten die Frauen wie aus einem Mund, „wir wollten nur bei der ersten Nacht des Hochzeitspaares zugucken ..., Sie wissen, das ist so eine Tradition ..."

„Waas ..? Was für eine erste Nacht? Dann waren Sie ja fast Zeugen meiner Ermordung. O je, das sollte eben nicht sein", brummte Sodong.

An sich war der Vorfall eigentlich komisch, aber Sodongs völlig entmutigter Anblick erweckte doch das Mitgefühl der Dorffrauen. Deshalb versuchten sie ihn durch gutes Zureden dazu zu bringen, vielleicht doch noch einen weiteren Versuch zu wagen.

„Aber Sie können doch jetzt nicht einfach aufgeben, oder? Und wohin wollen Sie denn zu dieser späten Stunde gehen?"

„Ach was! Wenn ich noch einmal versuchen würde, hier die Nacht zu verbringen, würde sie mich doch totschlagen! Die ist nicht nur ein Schwachkopf – sie ist auch eine Wildkatze. Da reichen keine zwei Männer, um sie zu bändigen", erwiderte Sodong.

Stöhnend rieb er seine geschwollenen Wangen, und nachdem er seine Gummischuhe angezogen und sich die Kiste mit den Getreidebonbons auf den Rücken geschnallt hatte, machte er Anstalten, den Hof zu verlassen. Doch die Frauen ließen nicht locker und versuchten noch einmal, ihn zu einem letzten Versuch zu überreden.

„Oknim hat doch keine Ahnung und ist gutgläubig. Deshalb sollten Sie die Sache nicht zu früh abbrechen und ihr noch eine Chance geben."

„Das stimmt", bestätigte eine andere. „Oknim ist einsam und allein, und sie wird immer älter. Und wenn das klar ist, dann ist das für euch beide gut. Ich bitte Sie, versuchen Sie es nochmal ..., nur ein einziges Mal."

Anscheinend ließ sich Sodong von den offen und ehrlich vorgebrachten Ratschlägen der Frauen irgendwie überzeugen. Er klang jetzt nachgiebiger, aber seine Zweifel waren nicht verschwunden, und er konnte sich noch nicht entschließen.

„Ihr Bruder hat mir ja alles über ihre traurigen Verhältnisse berichtet. Doch sie hat nun einmal zu viel von einer gefährlichen Wildkatze. Nein, ich gehe lieber. Eine Frau ist nun mal nichts für mich. Ich weiß, mir fehlt das Glück im Leben. Das ist eben Schicksal!", klagte Sodong.

„Aber Sie kennen doch die Frauen hier, oder nicht?", redete eine andere dazwischen. „Welche Frau möchte in diesem Land schon mit einem Mann ins Bett gehen, den sie eben erst kennengelernt hat ... Vielleicht versucht sie nur, ihr Gesicht zu wahren? Ehrlich gesagt: Wenn ich Oknim wäre, ich würde an ihrer Stelle auch nicht am selben Tag mit einem Mann schlafen, an dem ich ihn zum ersten Mal getroffen habe."

„Ja, so ist es. Um es ehrlich zu sagen: Oknim ist eine gewissenhafte Frau, auch wenn sie ein bisschen beschränkt ist", bekräftigte eine weitere Sprecherin.

Am Ende hatten die Frauen Sodong so weit gebracht, dass er bereit dazu war, die Hütte von Oknim noch einmal zu betreten.

„Na gut, das leuchtet mir ein", meinte Sodong in einem nun etwas sanfteren Ton. Er legte seine Bonbonkiste ab und ging erneut auf die Hütte zu. Drinnen war die Öllampe bereits gelöscht, und wie es schien, hatte Oknim sich zum Schlafen hingelegt, da man ihre rasselnden Schnarchlaute durch die Tür hören konnte. Die Frauen schubsten Sodong ungeduldig von hinten.

„Los, gehen Sie nur hinein ... Nach einer Nacht mit ihr sieht alles ganz anders aus, und alles wird sich zum Besseren wenden ... Sie wissen doch, wie die Frauen sind ...", flüsterten sie auf ihn ein.

Sodong tat so, als würde er die Tür nicht so sehr aus eigenem Entschluss, als vielmehr gezwungenermaßen öffnen. Dann trat er in aller Vorsicht ein und machte die Tür hinter sich zu. Die Frauen hörten es rascheln, und es hörte sich so an, als würde Sodong wieder seine Kleider ablegen. Und bald war es ganz still.

„Jetzt ist anscheinend alles in bester Ordnung. Dann gehen wir nach Hause."

Indem sie Mühe hatten, sich das Lachen zu verbeißen, wandten sie sich um und verließen den Hof. Auf dem Weg hinunter ins Dorf stellten sie sich vor, was für ein Gesicht Oknim am Morgen danach machen werde. Doch plötzlich hörten sie sie schreien.

„Hilfe! Helft mir!"

„Was ist jetzt los?"

„Da muss etwas Schlimmes passiert sein. Kommt, wir müssen nachsehen."

Die ganze Gruppe rannte den Weg zurück, hinauf zu Oknims Hütte. Als sie am Hoftor ankamen, sahen sie Sodong, halbnackt und zum Schutz seines Kopfes die Hände nach oben gereckt, aus der Hütte flitzen.

„Waigoooo …,* dieses Biest will mich umbringen", schrie er, und die Frauen rannten auf ihn zu und stellten sich schützend vor ihn.

„Was ist los mit Ihnen? Haben Sie sich irgendwo den Kopf angestoßen?"

„Ach …, ich hätte nicht auf euch Frauen hören sollen. Bei euch kann ich mich jetzt bedanken, dass man mir den Kopf eingeschlagen hat", jaulte Sodong, während er sich wieder anzog.

„Den Kopf eingeschlagen, haben Sie gesagt?"

„Es sieht ganz so aus. Diese gemeingefährliche Schlampe hat versucht, mich zu erschlagen. Schauen Sie sich nur meinen Kopf an …, aber vorsichtig! … Da muss etwas gebrochen sein. Ach …, was für ein Pech muss ich haben, an einem einzigen Abend!"

Die Frauen betrachteten seinen Kopf und entdeckten eine Beule, die so groß wie ein Hühnerei hervortrat. Im selben Moment trat Oknim aus ihrer Hütte. Sie hatte einen dicken Knüppel in der Hand und schrie in Richtung auf Sodong:

„Das ist ein Dieb, ein Einbrecher …! Raus, raus aus meinem Hof!"

„Um Gottes willen, was machst du denn?", rief eine der Frauen. „Musst du dich so benehmen? Du weißt hoffentlich, du hast ihm beinahe den Schädel eingeschlagen."

„Das ist mir egal. Das geht mich nichts an. Ich werde diesen Lumpen kaltmachen. Ein ganz schrecklicher Kerl ist das", sagte Oknim.

„Was meinst du denn überhaupt? Was hat er denn verbrochen, womit hat er denn deine Schläge verdient?", wurde sie gefragt.

„Zuerst hat er versucht, mir meine Decken zu rauben, und dann schleicht er sich nochmal in mein Zimmer, der Dieb, während ich schon schlafe, und will mir meinen Geldsack klauen", schimpfte sie und tastete nach dem schmutzigen Säckchen.

„Das ist hoffnungslos, dir ist nicht zu helfen. Willst du jetzt wieder von diesem Geldsäckchen anfangen?"

Die Dorffrauen waren sprachlos, als sie sich darauf Oknims alte

Geschichte von ihrem Geldsäckchen wieder anhören mussten. Zu mehr als einem müden Lächeln reichte es nicht mehr.

„Sie haben eben kein Mitleid. Wie können Sie noch lachen, während ich hier mit einem eingeschlagenen Schädel im Sterben liege", knurrte Sodong und schnallte sich seine Bonbonkiste wieder auf den Rücken.

„Wohin wollen Sie jetzt gehen?", fragte eine Frau.

„Wenn ich bleibe, bringt sie mich um. Und ich möchte ihr dummes, dreckiges Kartoffelgesicht auch nicht mehr sehen", gab Sodong zurück.

„Was sagst du da, du Räuber? Raus aus meinem Hof!", kreischte Oknim. Darauf stürzte sie mit ihrem Knüppel auf den armen Mann zu, der so schnell er konnte durchs Tor hinausrannte. Die Frauen kamen mit ihm und fragten voller Mitgefühl:

„Wissen Sie denn, wo Sie diese Nacht verbringen können?"

„Ich bin zum ersten Mal hier, woher soll ich wissen, wohin ich gehen kann?"

„Dann kommen Sie mit mir", sagte eine Frau. „Ich habe ein Gästezimmer, dort können Sie übernachten."

Und dort hat Sodong dann diese Nacht geschlafen. Am nächsten Tag bedauerte das ganze Dorf den Mann, der eigens auf ihre Insel gekommen war, um eine Braut zu finden, und dessen Brautwerbung stattdessen mit einer schweren Beule auf dem Kopf geendet hatte, und deshalb kauften sie ihm wenigstens große Mengen Bonbons ab. Wir Kinder hatten es also Sodong und Oknim zu verdanken, dass wir Getreidebonbons lutschen durften, bis wir unsere Kaumuskeln nicht mehr bewegen konnten.

Als wir am anderen Tag von der Schule nach Hause gingen, sahen wir Sodong auf einer Anhöhe neben unserem Weg sitzen. Er hatte seine Bonbonkiste neben sich ins Gras gestellt und winkte uns zu, wir sollten zu ihm herüberkommen. Wir näherten uns vorsichtig, und er schenkte uns ein paar Gerstenbonbons und lächelte uns zu.

„Aha, du bist der Junge, den ich gestern Abend getroffen habe", sagte er zu mir. „Da, iss noch ein paar. Wir sind ja fast zu Verwandten geworden, aber das Schicksal hat es nicht gewollt."

Ich wurde rot und lutschte weiter an den köstlichen Bonbons. Als ich umherschaute, fiel mein Blick auf das Dorf am Fuß des Hügels. Hinter den Kamelienbäumen und den Büschen erblickte ich die Strohdächer der Hütten, und dahinter erkannte ich die hellen Sandbänke und das türkisblaue Wasser des Ozeans.

„Was für ein wunderschöner Ort das hier ist!", rief Sodong aus, nachdem wir ein paar Augenblicke still beieinander gesessen hatten. „Hier könnte ich bleiben für den Rest meines Lebens! Ich weiß, ihr Jungen wisst gar nicht, wie glücklich ihr seid, dass ihr hier leben dürft."

Er schaute uns an und lächelte. Ich erinnere mich, dass ich dabei dachte: was für ein trauriges Gesicht er doch macht.

„Also, dann geh ich jetzt besser. Die Straße ist ja ohne Ziel. Wir kommen und gehen auf einer Reise ohne Ende, nicht wahr? Gut, das war's. Lebt wohl, Jungs!"

So ließ er uns Kinder auf dem Hügel zurück, mit seiner Bonbonkiste auf dem Rücken und einem schwermütigen Lied auf den Lippen:

> ... ein weiter Weg, eine weite Reise noch vor mir.
> Wie komme ich dorthin? Kein leichter Weg.
> Wo bin ich, wenn der Tag endet? Und wo bleibe ich morgen?

Bevor wir den Hügel hinuntergingen, sahen wir, wie Sodong eben unseren Blicken entschwand. Leb wohl, Sodong. Es sollte nicht sein.

11
Hwang Seolbong, als Ringer unbesiegbar

Lange vor *Chuseok** befand sich in jenem Jahr das ganze Dorf in einer Feierstimmung. Nicht allein wir Kinder mit unserer Erwartung besonderer Speisen, besonders *Songpyeons**, sondern auch die Erwachsenen waren in Aufregung, vor allem wegen der für diese Zeit vorgesehenen Ringkämpfe.* Besonders diejenigen, die man als Teilnehmer an den Mannschaftsdisziplinen ausgewählt hatte, wurden ganz groß herausgestellt. Schon etwa zwei Wochen vor den Wettkämpfen kamen sie täglich am Strand zusammen, wo den ganzen Tag trainiert wurde, um Leistungsfähigkeit und Teamgeist zu perfektionieren.

Jedes Jahr während der *Chuseok*-Feiertage versammelten sich Teilnehmer aus allen zwölf Dörfern auf der Insel in der Grundschule von Gappori zu Wettkämpfen im Laufen, Volleyball und Ringen. Erfolge in diesen Wettbewerben waren für die Dörfer eine Frage der Ehre, und die Dorfleute setzten sich immer wieder hohe Ziele: Sie wollten gewinnen oder wenigstens im Kampf um die ersten Plätze dabei sein.

Die Leistungsbilanz unseres Dorfes war seit Jahren unbefriedigend, besonders im Volleyball, wo wir jedes Mal schon in der ersten oder zweiten Runde ausschieden. Ein Grund für unser schlechtes Abschneiden war, dass unser Dorf kleiner war als andere, aber es fehlte uns auch ein geeigneter Übungsplatz zum Trainieren. Die Einwohner von Gappori, wo sich unsere Schule befand, und von Hwapori mit seinem großen Markt verfügten über sehr viel bessere Bedingungen. Der einzige Übungsplatz für unsere Leute war immer unser Sandstrand. Aber ihre Übungen erschöpften sich darin, barfuß auf dem weichen Sand herumzurennen und herumzustolpern, und wenn sie dann bei einem richtigen Wettkampf auf dem Sportplatz in festen Schuhen antreten mussten, benahmen sie sich wie taumelnde Frösche.

Auch die Leistungen im Wettlauf waren nicht gut. Im vorletzten Jahr gewann unser Dorf einmal den dritten Platz, und das war das beste Resultat, das wir jemals erreicht haben. Und sogar der Sieg im Rennen um den dritten Platz war nur möglich, weil zwei Läufer vor dem unseren gestrauchelt und gestürzt waren. Ohne diesen für uns glücklichen Unfall hätten wir von einem dritten Platz wieder nur träumen können. Man erzählte sich zwar die Geschichte von einem ersten Platz für unser Dorf aus der Zeit vor dem Koreakrieg, aber viele hielten das für ein Märchen.

Erfolgreich waren wir nur im Ringen, dem koreanischen *Ssireum*.

Hier hatten wir den konkurrenzlosen Meister Hwang Seolbong, einen Onkel von mir, in unserer Mannschaft. Als einer, der bereits drei Schweine* bei Ringkämpfen gewonnen hatte, war er für uns ein Held. Ich erinnere mich noch an die festlichen Umzüge, die nach Hwangs siegreichen Kämpfen veranstaltet wurden. Dabei gingen er selbst und das Schwein an der Spitze des Zuges, und die Dorfleute folgten dahinter mit Tanz und Gesang den ganzen Weg von etwa vier Kilometern von Gappori bis zurück zu unserem Dorf. Alle waren sie überaus stolz auf ihr Dorf, das den populärsten aller Wettkämpfe gewonnen hatte. Natürlich war Hwang auch einer der berühmtesten Persönlichkeiten auf Nagildo, und ich war stolz darauf, dass dieser unschlagbare Ringer mein Onkel war.

Ich glaubte auch, der Grund dafür, dass Großmutter diesen Hwang als Ehemann für ihre Tochter aussuchte, war seine ungeheuere Kraft, und dabei spielte es gar keine Rolle, dass er praktisch ein Analphabet war und nicht einmal die drei Silben seines Namens lesen konnte. Auch dass sein Gesicht von lauter Narben verunstaltet war, die von einer Erkrankung an den Pocken in seiner Kindheit herrührten, schreckte sie nicht ab. Nur dass er zu viel Reiswein trinke und davon eine rote Nase bekommen habe, tadelte Großmutter – was sie aber dann nicht davon abhielt, uns Kinder zu beauftragen, ihm immer wieder eine Portion von dem selbst angesetzten Reiswein nach Hause zu bringen.

Im Dorf erzählte man, dass der diesjährige erste Preis im Ringerwettkampf etwas Besonderes sei, nämlich ein Kalb statt des üblichen Schweins. Dazu noch winke dem Sieger eine Pauschalreise nach Seoul. Die unglaublich großzügigen Preise, so hörte man, würden von einem aus Nagildo stammenden japanischen Geschäftsmann finanziert. Der Koreaner von unserer Insel sei während der japanischen Kolonialherrschaft als Zwangsarbeiter verschleppt und dienstverpflichtet worden, und man hatte seither nichts mehr von ihm gehört und angenommen, er sei tot. Nach jahrelanger harter Arbeit sei er dann in Osaka mit einer Nudelfabrik zu einem erfolgreichen Unternehmer geworden.

Nicht zuletzt wegen der bisher unerhörten Preise erreichte das Interesse der Dorfbewohner an den Ringwettkämpfen einen Siedepunkt. Die gewöhnliche Anzahl der Teilnehmer von einem pro Dorf wurde auf zwei erhöht. Der zweite Ringer aus unserem Dorf war ein Herr Pak, eine frühere Berühmtheit, dessen Kraft auch jetzt noch, in seinen Dreißigern, so beachtlich war, dass er ohne Probleme zwei jüngere Gegner auf einmal besiegen konnte. Die beiden als Vertreter des Dorfes ausgewählten Ringer begannen einen Monat vor den Wett-kämpfen mit dem Training. Dazu trafen sie sich täglich am Strand und verbrachten mehrere Stunden in der Gemeinschaft der Dorfjugend mit ihren Übungen.

Wir Kinder schauten ihnen jeden Tag bei ihrem Training zu. Besonders zu den Auftritten meines Onkels kamen viele Dorfleute, vor allem Mädchen und Frauen. Meine beiden Nachbarinnen, Beol-deongnyeo und Dwitganne, waren regelmäßig unter ihnen. Ich konnte beobachten, wie sie in Bewunderung für die mächtige Erscheinung meines Onkel schwelgten: seine Arme, massiv wie Baumstümpfe, die Beine und Schenkel, so fest und gewölbt wie Tontöpfe, die stechenden Blicke aus großen Augen, die denen eines Bullen glichen, der große Kopf und die Muskeln an den Oberarmen, so straff wie Eisendrähte; der kompakte Leib und die Brust, die bei schneller werdenden Atmenzügen sich weitete und aufschwoll; die dicken schwarzen Koteletten als Ausweis männlicher Kraft und die nicht weniger schwarz gelockte Behaarung auf der Brust. Die beiden Frauen warfen immer wieder verstohlene Blicke auf seinen Körper, während sie Bemerkungen über seine Leistung als Ringer machten.

„Er wird immer besser", sagte Dwitganne. „Schau nur, er hat nicht nur wirklich Kraft, sondern ist inzwischen auch geschickter geworden. In diesem Jahr gewinnt er den Ringerwettkampf, ganz bestimmt."

„Du sagst es! Auf ganz Nagildo gibt es keinen, der sich mit ihm messen kann", antwortete Beoldeongnyeo.

„Auf Nagildo? Im ganzen Kreis Wando besiegt ihn keiner! Das kannst du mir glauben."

Die Erwachsenen meinten, er würde als einziger dazu in der Lage sein, das Kalb zu gewinnen. Und weil unser Dorf ohne Zweifel Sieger sein werde, sollten wir alle unsere Musikinstrumente zur Siegesparade mitbringen, in der man dann hinter dem Kalb her zu unserem Dorf ziehen werde.

Schließlich war der *Chuseok*-Morgen da, und mit ihm der Wett-kampftag. In aller Frühe rief mich Großmutter:

„Liebling, lauf doch zum Haus deines Onkels und bitte ihn, mit uns zu frühstücken!"

Pfeifend lief ich zu dem Haus, das am anderen Dorfende lag. Als ich ankam, machte er gerade Aufwärmübungen in seinem Hof. Schnaubend wie ein Stier, streckte und drehte er seinen Körper und rannte hierhin und dorthin. Anschließend ging ich mit ihm nach Hause.

Das Frühstück, das Großmutter für ihn angerichtet hatte, war auf-

wändig, mit mehr als zwei Pfund Rindfleisch als besonderem Leckerbissen.

„Ist das Rindfleisch? Wo haben Sie denn das her? Das bekommt
man hier auf der Insel nirgends, das weiß ich doch."

„Aber ist das heute nicht auch ein besonderer Tag? Ich habe es
vorgestern auf dem Markt gekauft. Du weißt doch: Die Kraft kommt
nur aus einem vollen Bauch …, also los, greif zu!"

Lächelnd schob Großmutter den Teller mit dem Fleisch vor ihn
hin, und uns Kindern blieb nur, ihm mit atemloser Spannung beim
Essen zuzuschauen, während uns das Wasser im Mund zusammenlief.
Aber wir wussten, das war ein außergewöhnliches Ereignis, und das
Fleisch war eben nicht für uns bestimmt.

Er schlang das ganze Fleisch ohne viel Umstände in einem Zug
hinunter. Als er fertig war, brachte Großmutter eine große Suppen-
schüssel aus der Küche. Als der Onkel hineinsah, war er überrascht:
„Ist das nicht reines Rinderfett?"

Er hatte recht. Der Krug war randvoll mit gelblichem Fett vom
Rind.

„Stimmt, sagte Großmutter. Ich habe das Rinderfett aufgefangen
und daraus eine Suppe gekocht. Aber das ist nicht alles, ich habe
noch etwas von der Ginsengwurzel hineingetan. Das ist ein richtiger
Krafttrank."

„Fett, zusammen mit Ginseng", rief mein Onkel.

„Ja, Fett ist das Beste, davon bekommst du noch mehr Kraft. Zum
erfolgreichen Ringen brauchst du genügend Fett im Magen. Los, trink
das aus, am besten in einem Zug!", drängte ihn Großmutter.

„Vielleicht haben Sie recht … Aber ich bin schon voll mit Fleisch
und Reis. Da ist kein Platz mehr für irgendwas anderes", klagte der
Onkel.

„Das ist keine Mahlzeit, das ist Medizin. Das steigert deine Energie,
glaub' mir. Trink das, das hilft, damit gewinnst du das Kalb. Und wenn
du gewonnen hast, dann vergiss das Kälbchen, dann kauf ich dir die
Galle eines Bären", sagte Großmutter.

„Es wird nicht leicht sein, zu gewinnen, weil alle anderen auch
darauf aus sind", antwortete mein Onkel nachdenklich und kratzte
sich am Hinterkopf.

„Mach dir bloß keine Sorgen um die anderen. – Übrigens, ich
hatte heute Nacht einen Traum, in dem dein Sieg prophezeit wird",
sagte Großmutter mit voller Überzeugung.

„Was war das für ein Traum?", fragte Großvater.

„Der war ganz ungewöhnlich. Als ich draußen an unserer Mauer entlangging, da spritzte mir plötzlich irgendetwas ins Gesicht, etwas wie eine Soyabohnenpaste oder so. Erschrocken blickte ich auf, und was ich sah, war eine stattliche Kuh, die mich angeschissen hatte. Es war zwar nur ein Traum, aber ich war glücklich!"

Das verstand ich überhaupt nicht: Wie konnte Großmutter glauben, dass das ein Glücksfall ist, wenn auf einen geschissen wird? Aber sie lächelte nur.

„Was hältst du von meinem Traum? Ist das etwa kein Traum vom großen Glück?"

„Es sieht so aus", sagte mein Onkel.

„Also, dann warte nicht länger und trink das endlich. Es wird dir sicher helfen!"

„Also vielen Dank … aber vielleicht habe ich doch schon zu viel im Magen …"

Immer noch mit Vorbehalten, aber jetzt ohne wirksame Gegenwehr trank der Onkel Großmutters Zaubertrank und verließ unser Haus.

Nach dem Frühstück machten wir uns alle auf den Weg zur Grundschule in Gappori. In ihrer Feiertagskleidung und mit Festtagsleckerbissen in Tüchern zusammengebunden, stürmten die Dorfleute aus ihren Häusern.

Als wir bei der Schule ankamen, war der Sportplatz bereits voll, mit der größten Menschenmenge, die ich bis dahin gesehen hatte. Bunte Fahnen aller Nationen hingen an Schnüren und flatterten im Wind. Auch wichtige Leute waren zu sehen, darunter der Gemeindevorsteher, der Polizeichef, der Präsident der Genossenschaft der vereinigten Inseldörfer, unser Schulrektor sowie ein dicker fremder Mann, und alle saßen unter einem Sonnendach vor dem Schulhof direkt am Rande des Platzes. Der fremde Herr war der großzügige, aus Nagildo stammende Geschäftsmann mit dem vielen Geld, und die Leute reckten neugierig ihre Hälse, um ihn besser sehen zu können.

Die Sportveranstaltung begann mit einer Eröffnungsfeier. Und als eben der Gemeindevorsteher aufs Podium trat und seine lange Rede an die vor ihm aufgestellten Teilnehmer zu halten begann, da zog sich plötzlich das Gesicht meines Onkels, der unter ihnen stand, zusammen. Er spürte ungewöhnliche Vorgänge im Magen, so als ob Hunderte von Fröschen in seinem Bauch zu quaken anfangen wollten, und aus den prall gefüllten, vorgewölbten unteren Regionen seines Bauches war ein unheilvolles Gluckern zu hören.

„... Jetzt habe ich Probleme mit dem Magen ... das ist kein gutes Zeichen ...", brummte er vor sich hin.

Sein vollgestopftes Hinterteil schien so weit, sich schon im nächsten Moment von der gesamten Ladung zu befreien. Indem er seine Beine aufeinander presste und die rückwärtige Öffnung zudrückte, versuchte er verzweifelt, den Durchbruch der Flut noch zu verzögern.

Als der Gemeindevorsteher seine Ansprache beendet hatte, stieg der japanische Geschäftsmann mit koreanischen Wurzeln in seiner hochmütigen und sich überlegen gebenden Art auf das Podium und setzte zu einer langen Rede an, die auf nichts als Selbstbelobigung hinauslief, – und während eben dieser Minuten geschah es, dass mein Onkel gespürt haben musste: Jetzt ist die Grenze erreicht, und ich muss sofort weg hier.

„War das nicht dein Onkel?", fragte mich jemand.

„Ja. Ich weiß auch nicht, wohin der auf einmal so schnell weg musste. Er hat es anscheinend sehr eilig."

Während wir über seinen plötzlichen Abgang noch erstaunt waren, trippelte mein Onkel in kleinen, vorsichtigen Schritten, vor Schmerzen gebückt, als hätte er eine riesige Eiterbeule an seinem Hintern, in Richtung auf das Aborthäuschen am anderen Ende des Sportplatzes.

„Na ja, er muss eben zum Pinkeln – aber warum ist er nicht vor der Feier auf die Toilette gegangen? Das tut man doch nicht, mitten in der bedeutenden Ansprache eines so wichtigen Herrn", meinte Großvater und verzog sein Gesicht zu einer ironischen Grimasse.

Nach einiger Zeit erschien mein Onkel wieder, und als er gemächlich den Abort verließ und dabei mit düsteren Blicken seinen Gürtel festschnallte, war die Eröffnungsfeier beendet und der Beginn des Sportfestes stand bevor.

Erwartungsgemäß verlor unsere Volleyballmannschaft schon in der Vorrunde, die ein paar Tage früher stattgefunden hatte, und die Laufwettbewerbe waren für den späteren Nachmittag angesetzt.

Alle Leute aus unserem Dorf hatten sich aber an dem Schauplatz versammelt, wo die Ausscheidungskämpfe der Ringer stattfanden. Als erster Ringer aus meinem Dorf musste sich Pak schon in der ersten Runde widerstandslos geschlagen geben. Aber das konnte uns nicht entmutigen, da ja Hwang, der berühmte und unbesiegbare Herr Hwang, sich zum Kampf erst noch stellen würde. Und neben dem Ringplatz wartete schon die Siegertrophäe, das Kalb mit seinen großen sanftmütigen Augen, das man dort an einem Pfahl festgebunden hatte.

„Schaut euch nur dieses Kalb an", sagte Großmutter. „Das ist kein

Kalb mehr – das ist fast schon ein Ochse, und mir wäre es sowieso lieber, wenn es eine Kuh wäre."

So als hätte mein Onkel den Preis bereits gewonnen, klang aus Großmutters Stimme ein ungetrübtes Vorgefühl des Glücks.

Nach einer Folge von mehreren Kämpfen zwischen Ringern aus den anderen Dörfern kam die Reihe schließlich an meinen Onkel. Mit Begeisterung begannen die Zuschauer auf unserer Seite sofort, unseren Champion mit Gongschlägen und Getrommel anzufeuern.

„Herr Hwang Seolbong, kommen Sie bitte nach vorne", rief der Ringrichter, Vizerektor unserer Schule, durch den Lautsprecher.

Aber aus irgendeinem Grund erschien mein Onkel nicht.

„Wo ist dein Onkel? Ich habe ihn doch vor einer Minute noch gesehen", fragte Großmutter.

„Er müsste eigentlich wissen, dass er jetzt dran ist", sagte ein Mann aus dem Dorf.

Unter den Dorfleuten begann ein Hälserecken und Herumblicken, bis man endlich seine Stimme hörte: Ich komme schon …! Alle drehten sich um und sahen meinen Onkel, wie er vom Aborthäuschen her in unsere Richtung rannte und dabei eilig den Reißverschluss seiner Hose hochzog. Aus irgendeinem Grund war sein Gesicht so gelb wie eingelegter Rettich. Da es als eine kampflose Niederlage gewertet worden wäre, hätte sich sein Auftritt noch länger verzögert, stießen die Zuschauer einen hörbaren Seufzer der Erleichterung aus.

Nun zog er sein Hemd aus, umwickelte seine Beine mit Binden und betrat den mit Sand bestreuten Kampfplatz, während die dichtgedrängt stehenden Zuschauer unter Anfeuerungsrufen in die Hände klatschten.

Mein Onkel merkte zwar, wie seine Beine zitterten, aber es gelang ihm, seine ganze Kraft darin zu konzentrieren, und so nahm er seinen Gegner in den Blick, und dabei ballte er seine Fäuste und biss die Zähne aufeinander. Der Gegner war ein Angestellter bei der Gemeinde in Gappori, sechs Jahre jünger als er und im Ring ein blutiger Anfänger. Lang wie eine Fahnenstange und mit nur einem Drittel des Gewichts meines Onkels, blickte er etwas eingeschüchtert drein. Auch deshalb war die Menge überzeugt, der Sieg meines Onkels sei so gut wie sicher und nur noch eine Formsache.

Dann pfiff der Ringrichter den Wettkampf an. Die beiden Ringer gingen aufeinander zu, und mein Onkel, in der Gewissheit, der andere sei kein Gegner für ihn, war fest entschlossen, kurzen Prozess mit ihm zu machen. Er spuckte in die Hände, packte den Kontrahenten an den Oberschenkeln und sammelte seine ganze Kraft aus dem

Bauch heraus, um den armen Teufel mit dem Rücken voraus in den Sand zu schleudern.

Aber genau in dem Moment, als mein Onkel dabei war, den Mann hochzuheben, fuhr etwas aus seinem Hinterteil heraus. Ganz irritiert davon, was das nun wieder sein solle, kam es ihm vor, als würde ein riesiger Reisweinkrug voller unzähliger quakender Frösche aus seinem rückwärtigen Ausgang herausgespült.

„Oh, Scheiße ...!", war das einzige, was er herausbrachte, bevor sein riesiger Körper auf den Sandboden krachte, wie ein voll beladener A-Rahmen*, an dem eine Stütze gebrochen ist.

„Was ist denn jetzt los?"

„Aber um Himmels willen, das ist doch nicht zu glauben", raunte es unter den Zuschauern.

Laute des Staunens und des Bedauerns und viele Seufzer waren unter unseren Leuten zu hören, während Jubelrufe aus den Kehlen der Zuschauer aus Gappori über den Kampfplatz tönten. Dennoch waren im Grunde beide Seiten von dem unerwarteten Ausgang schockiert. Alle Zuschauer blickten fassungslos auf die beiden Ringer. Am verblüfftesten aber war natürlich die Bürokraft selbst. Er stand verwundert mitten auf dem Sandplatz, einer, der vielleicht gerade so viel Energie aufbrachte, einen Furz zu lassen, und dessen Gegner nun vor seinen Augen wie ein nasser Sack zu Boden gestürzt war.

Mein Onkel taumelte derweil auf dem Sand umher und hielt sich mit beiden Händen seine Hinterbacken, dann sprang er auf und rannte erneut zum Aborthäuschen. Die Zuschauer konnten nichts anders tun, als einfach nur verdutzt zuzusehen, wie er auf diese peinliche Art das Weite suchte. Als er im Abort verschwunden war, stand meine Großmutter auf und rannte ihm hinterher, und ich stand ebenfalls auf und beeilte mich, ihr zu folgen.

„Was um Gottes willen hat er denn nur?", stieß sie immer wieder hervor. Ihr Gesicht war blass, und als sie vor dem Abort ankam, stampfte sie in ihrer Hilflosigkeit mit dem Fuß auf.

Ich ging hinein und blieb an der Tür stehen, durch die seltsame Laute und dazwischen die Klagen meines Onkels nach außen drangen.

„Scheiße. Was für eine Schande ...", hörte ich ihn stöhnen.

Zusammen mit seinen Worten hörte ich, dass sich etwas ergoss, wie ein Wasserfall oder ein sommerlicher Regenschauer, begleitet von einem verzweifelten Klopfen gegen die Wand.

„Warum zum Teufel musste sie mich mit diesem Fett füttern, als ich doch schon nichts mehr hinunterbrachte? Alles hat sie damit versaut, verdammt nochmal!"

Ich glaube, ich hörte ihn weinen, und seine Flüche und das Klopfen gegen die Wand klangen noch eine ganze Weile fort.

„Ach, du lieber Himmel! Was bin ich für ein dummes Weib! Ich habe das alles verursacht. Ich hätte ihm diese Suppe nicht geben sollen. Oh mein Gott!", jammerte Großmutter, und sie hörte nicht mehr damit auf, während sie vor dem Aborthäuschen auf dem Boden saß und in ihrer Verzweiflung und ihrem Gram immer wieder mit der Hand auf die Erde schlug.

Die Dorfleute standen um sie herum, in der Hand ihre Trommeln und Blasinstrumente, und blickten auf sie herunter, in sprachloser Verwunderung über die Ereignisse.

Schließlich hörte ich noch ein lautes Siegesgeschrei vom Kampfplatz herüberschallen.

12
UNSER VETTER BONGMUK

1.

„Ja, natürlich, der Frühling ... das sieht man daran, dass es die Jugend überall herumtreibt, ein Zeichen, dass der Frühling da ist!", sagte Bongmuk zu sich selbst, während er aus seinem Fahrkartenhäuschen hinausschaute.

Bongmuk hinkte, er war ein Behinderter, der am Kai von Hwapori Fahrkarten für den Passagierdampfer „Pyeonghwaho", das „Friedensschiff", verkaufte, das zweimal am Tag zwischen dem Festland und Nagildo verkehrte.

Er hatte gerade beobachtet, wie ein paar Jungen sich hinter der Lagerhalle der Fischereiunion zu verstecken suchten. An ihrem ängstlichen Verhalten erkannte er sie als Mittelschüler, die sich auf dem Weg auf das Festland befanden, und zwar ohne Erlaubnis ihrer Eltern. Ein paar Tage zuvor hatte er eine andere Gruppe beobachtet, die dieselbe Absicht verfolgten. Das war jedes Jahr dasselbe um diese Jahreszeit. Da wurden die Jugendlichen von einer Art Frühjahrsfieber erfasst, und dann mussten sie die Insel verlassen, um in der Stadt auf dem Festland etwas Aufregendes zu erleben. Nach drei Jahren als Ticketverkäufer war das für ihn eine Beobachtung, die er alle Jahre wieder machte.

Überhaupt stieg die Anzahl der Fahrten von Insulanern auf das Festland jedes Jahr um diese Zeit dramatisch an. Und obwohl sie sich fein gemacht hatten und weiße Baumwollhandschuhe trugen, die ihre rissigen Arbeiterhände verhüllten, war ihr einziges Ziel immer nur die nächste Hafenstadt auf dem Festland oder gar nur das dortige Hafenviertel. Wenn sie gefragt wurden, wie der Ausflug gewesen sei, taten sie immer so, als hätten sie etwas Wichtiges auf dem Festland zu erledigen gehabt. Weil sie aber alle einander genau kannten, klangen diese Ausreden immer reichlich hohl. Wenn sie nach einem Ausflug von einem oder zwei Tagen wieder auf der Insel ausstiegen, hatten sie immer allerlei Sachen dabei und verhielten sich so, als ob sie von einer großen Reise zurückkämen. Sie brachten auch irgendwelche banalen Neuigkeiten vom Festland mit, wie zum Beispiel von der neuesten Kinovorführung, wie großartig die Wasserhähne in einer neuer-öffneten öffentlichen Badeanstalt aussahen, wie der Betreiber einer neuen Kneipe hieß usw. Auf Nagildo gab es noch keine öffentliche

Badeanstalt. Deshalb sind wir alle damit aufgewachsen, zu Hause in der Küche bei verschlossenen Türen ein heißes Bad zu nehmen.

Bongmuk war es klar, all das waren Zeichen dieser frühlingshaften Reiselust. Sobald das helle Grün des Frühlings auf dem Meer zu flirren anfing, weitete sich jedes Mal das Herz der Insulaner, und nach der harten Arbeit auf den Seetangplantagen den ganzen Winter hindurch erfasste sie die Sehnsucht nach der großen Welt jenseits ihrer kleinen Insel.

Das war auch die Jahreszeit, in der die jungen Männer unter den Inselbewohnern sich nachts in den Gassen herumtrieben, um ihre Leidenschaften abzukühlen, die Zeit, in der Gerüchte von romantischen Affären sich über die ganze Insel verbreiteten und kleine Jungen es den Älteren nachmachten und von zu Hause wegliefen, um hinüber aufs Festland zu fahren.

Diese Jungen da hinter der Lagerhalle, dachte Bongmuk, die werden das Geld für die Überfahrt zum Festland von ihren Eltern gestohlen haben; nun haben sie Angst, von jemandem gesehen zu werden, und deshalb passen sie auf, dass keiner sie erkennt. Freilich, mehr Passagiere waren immer eine gute Sache, nicht zuletzt für ihn selbst; denn seine Bezahlung richtete sich prozentual nach den verkauften Fahrscheinen.

Und als er sich an eine alte Geschichte erinnerte, aus der Zeit, als er selbst noch ein kleiner Junge war, musste er mit einem Mal lächeln. Obwohl das Ereignis mehr als zwanzig Jahre zurücklag, schämte er sich jedes Mal und wurde rot, wenn er daran dachte.

Mit dreizehn etwa hatte Bongmuk aufgehört, zur Schule zu gehen, da die Kinder sich beständig über sein verkrüppeltes Bein lustig machten. Nicht lange danach fand er eines Tages ein Bündel Geldscheine, das sein Vater in einem Wandschrank versteckt hatte, nahm ein paar davon an sich und bestieg ein Schiff zum Festland.

Sofort nach der Ankunft stieg er in den Bus nach Gwangju. Alles in dieser großen Stadt fand er wunderbar und fantastisch. Aber nach nicht mehr als drei Tagen hatte er kein Geld mehr, und es wurde ihm klar, dass er sich ganz allein und mittellos in einer fremden Stadt befand. Doch selbst ein Tag ohne Essen brachte ihn nicht dazu, auf die Insel zurückzukehren, wo nur ein verärgerter Vater und die Meute der alten Schulkameraden auf ihn warteten, die ihn doch nur schikanieren wollten. So versuchte er, an das sicher traurige Gesicht seiner Mutter einfach nicht zu denken, und hinkte den ganzen Tag durch die Straßen, bis er endlich seinen Mut zusammennahm und ein chinesisches Restaurant am Stadtrand von Gwangju betrat. Aber das hatte er schon früher immer von Jungen, die von zu Hause ausgerissen waren, gehört: Es gibt nur ein Mittel, die Obdachlosigkeit und den Hunger zu überleben, und das ist, Kellner in einem chinesischen Restaurant zu werden.

„Du hast wirklich die Absicht, hier als Kellner zu arbeiten?", fragte ihn die Chefin, und zwar auf koreanisch, nicht auf chinesisch. Bongmuk war ziemlich enttäuscht, dass sie genauso aussah wie eine beliebige koreanische Frau, mit Ausnahme der nicht zu übersehenden Tatsache, dass sie außergewöhnlich dick war. Und dann begriff er: Obwohl der Besitzer draußen ein rotes Schild mit der Aufschrift *Chinesisches Restaurant* aufgehängt hatte, bedeutete das nicht, dass es auch wirklich chinesisch war.

Dann betrachtete die dicke Frau Bongmuks missgestaltetes Bein näher, nicht ohne ihm dabei einige unzufriedene Blicke zuzuwerfen. Aber schließlich akzeptierte sie ihn dennoch als Kellner und kaufte ihm sogar ein Paar bequeme Schuhe und eine Hose. Seine Arbeit in dem Restaurant war nicht besonders schwer. Er lernte schnell, wie man die Gäste korrekt begrüßte, und im Anschluss an die etwas hektischeren Zeiten um die Mittags- und Abendstunden war es ihm sogar möglich, Fernsehen zu schauen und Comic-Hefte zu lesen.

Essen auszuliefern, war weniger einfach. In Anbetracht seines verkrüppelten Beines hatte der Chef zuerst darauf verzichtet, ihn darum zu bitten. Als dann jedoch der andere Kellner kündigte, hatte Bongmuk keine Wahl mehr und musste die Arbeit mit übernehmen. Er konnte sich noch an seine erste Auslieferung erinnern. Bis zu seiner Ankunft bei der billigen Absteige, in der die Gäste beim Glücksspiel saßen, war noch alles gut gegangen. Aber als sich die Blechschachtel, in der er die einzelnen Gerichte transportiert hatte, öffnete, waren alle entsetzt – offensichtlich waren die verschiedenen Speisen völlig durcheinander geraten. Die Spieler waren verärgert und deckten ihn mit wüsten Beschimpfungen ein, wenn sie nicht in lautes Geschrei ausbrachen.

„Guckt euch diesen Krüppel an! Was glaubst du, soll das sein: Essen oder Schweinefraß?"

„Hau bloß ab mit diesem Mist!"

„Habt doch ein bisschen Mitleid", sagte einer und kicherte. „Schaut doch, was für einen schiefen Gang er hat."

Bongmuk nahm die Blechschachtel und beeilte sich, aus der Kneipe wegzukommen, während die Spieler fürchterlich schimpften, hinter ihm her lachten und spotteten.

Es war wirklich merkwürdig: Um seinen ersten Auftrag, Essen auszuliefern, nur ja erfolgreich zu erledigen, wollte Bongmuk besonders aufpassen, aber es war umsonst. Immer wenn er mit seinem von der Kinderlähmung verkürzten Bein einen Schritt machte, machte die Schachtel mit den Speisen einen Ruck nach unten und danach wieder nach oben, und die mit den Speisen belegten Teller im Inneren wurden übereinander geschoben, und alles geriet durcheinander. Als er sich über dieses Missgeschick klar wurde, begannen ihm Tränen über die Wangen zu laufen.

In dieser Nacht teilte Bongmuk seiner Chefin mit, dass er auf seine Heimatinsel zurück wolle. Zu seiner Überraschung ließ sie ihn ohne weiteres gehen und gab ihm noch etwas Geld für die Überfahrt. Und Bongmuk war tatsächlich so dankbar dafür, dass sie ihm sogar noch mit Geld ausgeholfen hatte, zusätzlich zu der freien Unterkunft und Verpflegung für einen Monat, dass er sich beim Abschied ganz tief vor ihr verbeugte.

Seit der Rückkehr auf seine heimatliche Insel träumte Bongmuk niemals wieder davon, wegzugehen. Während er mit fünfunddreißig Jahren noch immer unverheiratet war, waren aus denjenigen, die ihn früher immer verspottet hatten, längst Eltern mit eigenen Kindern geworden, mit Kindern, die nun die frühere Rolle ihrer Eltern übernahmen und sich wiederum über ihn lustig machten, indem sie seinen hinkenden Gang nachahmten. Aber nichts von alledem brachte ihn dazu, seine Rückkehr in die Inselheimat zu bedauern.

Jetzt schaute Bongmuk auf die Uhr. Er wusste, er musste noch etwas warten, bis die „Pyeonghwaho" in der Ferne bei der Insel Saengwoldo auftauchte. Wenn er zum blauen Himmel hinaufblickte, sah er golden glänzende Sonnenstrahlen auf das türkisblaue Meer herabströmen.

Im Handumdrehen hatte sich inzwischen eine Menschenmenge am Kai versammelt. Nach einem Blick auf die Menge, die schon etwa fünfzig bis sechzig Personen zählte, lächelte Bongmuk vor Zufriedenheit. Es war die größte Menschenansammlung seit dem letzten Vollmond am 15. Januar nach dem Mondkalender. Gewöhnlich waren zwanzig Leute das Höchste, womit man hier rechnen konnte.

„Hallo, alter Junggeselle! Lange nicht mehr gesehen. Wie geht's?", fragte eine Frau und tippte ihm auf die Schulter. Immer wenn sie ihn sah, nannte sie ihn einen alten Junggesellen, was ihn jedes Mal verlegen machte.

„Ach, Sie sind es …! Wohin unterwegs?", fragte Bongmuk.

„Ich habe kein besonderes Ziel. Ich brauche nur ein bisschen Abstand für eine Weile."

„Ah, ich verstehe. Sie sind auf dem Weg aufs Festland, um bei dem Gesangswettbewerb zuzuhören, hab ich recht?"

„Eigentlich will ich nicht nur zuhören ... Weißt du denn nicht, was für eine gute Sängerin ich bin?", antwortete die Frau. „Ich werde daran teilnehmen als eine Vertreterin unserer Insel!"

Dabei kicherte und plauderte sie weiter im Vorübergehen und versuchte noch die Bewegungen eines TV-Stars nachzumachen, indem sie demonstrativ mit ihrem Hintern wackelte. Einige vertraute Gesichter in der Nähe konnte man dazu lachen sehen.

Dies war nämlich der Tag, an dem im Kinosaal Jungang in der Kreisstadt auf dem Festland der Gesangswettbewerb veranstaltet wurde. Es gab Gerüchte, dass bereits ein TV-Team aus Seoul angekommen sei, um das Ereignis zu filmen. Und drei Personen waren als Vertreter von Nagildo ausgewählt worden: die älteste Tochter aus dem Friseursalon und ein Angestellter der Fischerei-Kooperative waren darunter.

Den Insulanern war jetzt so gut wie jeder Vorwand recht, unter dem sie von der Insel wegkommen konnten, – und da kam dieser Wettbewerb gerade zur rechten Zeit. Fast jeder schien heute auf dem Weg zum Festland. Einige besonders ungeduldige Jugendliche waren schon am Morgen mit einem gemieteten Motorboot losgefahren. Bongmuk konnte es gut verstehen, wenn er beobachtete, wie sie alle da draußen herumstanden, aufgeregt wie kleine Kinder vor der Bescherung, in ihren besten Kleidern in den leuchtendsten Farben. Der Anlegeplatz für das Schiff glich schon bald einem Garten voll bunter Blumen. Und während er sich durch die wartende Menge drückte, um seine Tickets zu verkaufen, hörte Bongmuk, wie die Leute Nachrichten über das bevorstehende Wettsingen austauschten.

„Haben Sie auch gehört, die Schönheit aus dem Friseursalon wird auch mitsingen?"

„Ja, natürlich. Ich habe sie schon letztes Jahr singen gehört, bei dem Gesangswettbewerb am Strand, da kam sie auf den zweiten Platz. Sie hat ja wirklich eine schöne Stimme."

„Zuerst das Ticket kaufen!", rief Bongmuk immer wieder. „Sonst können Sie das Beiboot nicht benutzen."

Aber die Insulaner waren es gewohnt, das Kaufen der Fahrkarten bis zur letzten Minute aufzuschieben, und so war Bongmuk gezwungen, jeden Einzelnen anzusprechen und ihn daran zu erinnern, dass es nun wirklich Zeit sei, ein Ticket zu erwerben. Und als ihm die

Gruppe jener Jungen wieder auffiel, die die Absicht hatten, sich aufs Festland davonzustehlen, konnte er nicht anders, als sie geradeheraus darauf anzusprechen:

„He, ihr Halunken, ich kenne euch doch, ihr wollt unbedingt weg von zu Hause, stimmt's?"

„Oh ..., was? ... wir? Nein ...", stotterten sie aufgeregt, da sie sich offenbar ertappt fühlten.

„Ach, ich seh' das doch auf einen Blick. Und jetzt zeigt mir, was ihr da in der Hand habt", fragte Bongmuk.

„Aach ..., nichts", sagte einer der Jungen, der eine kleine Handtasche hinter seinem Rücken versteckte.

„Na ja ..., es geht mich ja nichts an. Aber da ihr nun schon unterwegs seid: Ich hoffe, ihr findet in der Stadt, was ihr sucht! Man sieht sich ja wieder, wenn euch das Geld ausgegangen ist und ihr hungrig zurückkommt. Dann werdet ihr's ja sehen: Das sieht alles nicht so rosig aus da draußen, wenn man einmal von zu Hause weg ist", sagte Bongmuk lächelnd und verkaufte den Jungen die Fahrkarten.

Dann war es bald Zeit für ihn, endlich Feierabend zu machen, aber zuvor bekam er durch Zufall noch mit, was ein paar Frauen über ihn zu schwatzen hatten, und es war offensichtlich: Sie hatten gar nichts dagegen, wenn er es mithörte.

„Für Bongmuk läuft das heute sehr gut. Der nimmt eine Menge Geld ein. Ich wünsche ihm, dass es jeden Tag so gut geht, damit er genug verdient, um endlich heiraten zu können."

„Ja, ich hoffe, er bleibt nicht ewig Junggeselle."

„Allerdings. In seinem Alter sind viele schon Großväter."

Unter dem Eindruck dieser Scherze war Bongmuk etwas verlegen, als er das Geld zählte, das er heute kassiert hatte. Themen dieser Art waren ihm unangenehm, und die Dorffrauen wussten das und hörten nicht auf, ihn damit zu provozieren.

Schließlich tauchte die „Pyeonghwaho" über dem Horizont auf, und die Leute am Kai beeilten sich, in das Beiboot zu kommen. Es war im Handumdrehen voll und nahm Kurs auf die „Pyeonghwaho", das „Friedensschiff". Dabei machte sein Motor ein Geräusch, wie wenn man die Bügelverschlüsse mehrerer Bierflaschen der Reihe nach aufspringen lässt, tong tong tong ... tong tong tong tong tong.

Bongmuk saß derweil am Rande des Hafenkais und sah zu, wie das Boot hinausfuhr. Einen Augenblick lange dachte er, man könnte eigentlich auch hinüberfahren und den Sängerwettstreit miterleben. Aber dann besann er sich doch, dass ihm zu einem solchen Ausflug die Zeit fehlte; denn er hatte Wichtigeres zu tun.

„Ist das dein Ernst? Du ... du willst heiraten? Wer ist das Mädchen?", hatte Bongmuks Mutter gefragt.

Nachdem er es lange hinausgeschoben hatte, sprach Bongmuk nun endlich offen vor ihr davon, dass er möglicherweise heiraten werde. Seine Mutter, eine ältere Frau über siebzig, wäre vor Freude fast an die Decke gesprungen, als sie die Neuigkeit erfuhr.

„Sie ist nicht aus unserem Dorf. Sie heißt Geumok und arbeitet als Bedienung in einem Restaurant am Hafenkai von Hwapori."

„Ah, ein Barmädchen also, eine Animierdame?", fragte seine Mutter zurück.

„Aber nein, Mutter. Wenn man in einem Restaurant arbeitet, heißt das nicht automatisch, dass man ein Barmädchen ist", beeilte sich Bongmuk, das richtigzustellen.

„Na gut. Aber hat das Mädchen wirklich gesagt, dass sie dich heiraten will? Sie hat sicher in der Großstadt gelebt. Bist du sicher, sie möchte hier in unserem armseligen kleinen Häuschen wohnen?"

Obwohl sie der Beruf des Mädchens in ihren Gefühlen etwas unsicher gemacht hatte, schien die Mutter doch recht glücklich über diese Nachricht. Sie empfand einfach Dankbarkeit, dass jemand die Ehefrau ihres Sohnes werden wollte, eines armen, eingefleischten Junggesellen, der auch noch hinkte.

Bongmuk befand sich später auf dem Weg zu seinem Fahrkartenhäuschen, als er plötzlich in seinem hinkenden Gang innehielt. Hinter dem Gebäude der Fischerei-Kooperative, oben auf einem fernen Hügel, hatte er ein paar Gestalten ausgemacht. Auf den ersten Blick sahen sie aus wie zwei große Schmetterlinge, doch trotz der weiten Entfernung und obwohl er von der Sonne geblendet und es etwas diesig war, war es ihm ein Leichtes festzustellen, dass die eine der beiden Gestalten niemand anders als Geumok war. Er hätte sie sogar im Traum unter vielen anderen erkannt. In ihrer Gesellschaft befand sich eine andere Kellnerin, Mija, die wohl zusammen mit Geumok vergangenen Winter hier angefangen hatte. Voller Freude über den Anblick seiner Geliebten konnte Bongmuk eine ganze Weile seinen Blick nicht von der Hügelkuppe dort drüben abwenden. Von dem Moment an, in dem er Geumok als eine der beiden Gestalten identifiziert hatte, galt seine ganze Aufmerksamkeit nur noch ihr allein, und alles andere verschwamm im Schein der warmen Frühlingssonne, die sich auch über sein gerötetes Gesicht ergoss, das jetzt von einem Lächeln aufgeheitert war.

2.

Die ganze Insel war mit dem überall sprießenden Grün und den leuchtenden Frühlingsblumen zu neuem Leben erwacht.

Geumok blickte auf das Meer hinunter und holte tief Atem. Nicht nur das Wasser des Ozeans, sondern auch die Berggipfel der weiter entfernt liegenden Inseln und die winzigen Gerstenfelder im Tal von Saengwoldo waren jetzt grün. Und hin und wieder kitzelte sie ein leichter Wind vom Meer her in der Nase.

„Geumok, hast du den Schmetterling gesehen?", rief Mija.

„Wo?"

„Dort drüben, siehst du?"

„Ja, jetzt sehe ich ihn."

„Wie schön der ist. Er ist gelb, mein erster Schmetterling in diesem Jahr."

„Meiner auch."

Der kleine Schmetterling flatterte mit seinen gelben Flügeln an ihnen vorüber. Mija stand auf und folgte ihm lange mit ihren Blicken, bis er hinter dem Hügelabhang verschwunden war. Ihre gewöhnlich blassen Wangen leuchteten vor Erregung.

Während sie Mija beobachtete, tat Geumok das Herz weh, und plötzlich begann Mija zu husten. Immer wenn sie hustete, was sie sehr häufig tat, kam ihr langer Hals ihr noch länger vor. Und wenn sich ihr magerer Körper bei diesen Hustenanfällen vor Schmerzen schüttelte, erschienen fürchterliche Falten auf ihrer Stirn. Wenn Mija leiden musste, kam es oft vor, dass in Geumok auf einmal die Wut hochstieg, die aber nicht gegen eine konkrete Person gerichtet war. Um ihre Gefühle zu verbergen, fuhr sie jetzt weiter mit ihren Händen durch das Gras, um nach wilden Kräutern zu suchen.

„Ist das nicht merkwürdig, dass der Schmetterling schon da ist, Geumok?", fragte Mija mit schwacher Stimme.

„Was redest du denn da, du alte Schlampe", antwortete Geumok.

Sie gebrauchte gewöhnlich dieses Wort, wenn sie ihre Zuneigung Mija gegenüber zum Ausdruck bringen wollte.

„Offensichtlich ist der Schmetterling vom anderen Ufer des Ozeans hierher geflogen ... fliegen übers Wasser ohne Grenzen ...", erklärte Mija voller Staunen.

„Ja, und warum nicht?"

„Findest du das nicht seltsam ..., ein Schmetterling kommt über den Ozean geflogen?"

„Vielleicht kommt er ja nur von einer Insel in der Nähe."

„Meinst du? Aber du weißt doch, wie weit die Inseln auseinander liegen. Und was, wenn sie eine solche Entfernung nicht schaffen?", fragte Mija zweifelnd.

Geumok legte den eben gesammelten Beifuß in ihren Korb und sah sich nach weiteren Kräutern um.

„Mir hat jemand gesagt, dass Schmetterlinge ohne weiteres auch über große Entfernungen über dem Meer fliegen können. Wenn die Zeit kommt und sie werden müde und können nicht mehr weiter, dann machen sie Rast auf einem Kugelfisch", sagte Geumok.

„Auf einem Kugelfisch? Du meinst diese komischen Fische mit den ballonartigen, aufgeblasenen Bäuchen?"

„Genau. Ich habe gehört, jetzt um diese Jahreszeit blasen sie ihre Bäuche mit Luft auf und lassen sich auf dem Wasser treiben, und damit warten sie auf Schmetterlinge", erklärte Geumok. „Und wenn die Schmetterlinge vor Erschöpfung nicht mehr weiterfliegen können, dann machen sie auf den Bäuchen der Kugelfische Rast und legen Eier, und von diesem Augenblick an sind die Fische giftig. Nicht zu glauben, was?"

„Irre! Aber ist die Geschichte auch wahr?"

„Sicher weiß ich das auch nicht. Es hat mir nur jemand erzählt."

Geumok versuchte sich zu erinnern, von wem sie diese Geschichte gehört hatte. Es war lange her. Aber schließlich erinnerte sie sich; es war ein Mann, ein Matrose mit einem kräftigen Körper. Sie war ihm begegnet während er Zeit, als sie in einem Tea-Room* in Mokpo arbeitete. Er war zwar nicht ihr Freund, doch war er einer der Männer, die sie eine Zeitlang fesselten. Dennoch war er aus ihrem Gedächtnis entschwunden wie eine alte Fotografie. Dass sie an ihn dachte, ohne sich auch nur an seinen Namen erinnern zu können, wie ihr das schon mit so vielen Männern in ihrem Leben gegangen war, ließ sie aber vor Scham doch einen Moment zusammenzucken.

Damals, als sie den Matrosen kennenlernte, das war jedenfalls eine bessere Zeit als heute, dachte Geumok. Wenn sie auf ihr Leben zurückblickte, hatte sie den Eindruck, dass es seit jenem Job im Tea-Room mit ihr in jeder Hinsicht bergab gegangen ist. Aber da sie in dem Tea-Room den ganzen Tag stehen musste, was dann die Ursache für ihre Schmerzen in den Beinen war, war sie gezwungen, den Job aufzugeben. Dann fing sie an, in allerlei Kneipen zu arbeiten, und damals erreichte sie denn auch den Tiefpunkt in ihrem Leben. Nachdem sie von einer Kneipe in die andere gewandert war, landete sie am Ende auf der Straße als Prostituierte. In dieser Zeit kam sie überall im ganzen Land herum, von den Militärbasen im Norden bis zu den Inseln ganz im Süden. Dieses Leben mit so vielen Männern, die ihren Körper dazu benutzten, ihre Lust auszuleben, war eine ungemütliche Reise zwischen gefährlichen Klippen und verborgenen Felsen in einer aufgewühlten See.

In diesem ‚Beruf‘ hatte sie, seit sie neunzehn war, über ein Jahrzehnt gearbeitet, und während dieser Zeit, ob sie nun auf den Strich ging oder in Bars arbeitete, lebte sie in einer Art sklavischer Knechtschaft unter der Kontrolle von Zuhältern oder Barbesitzern. Das kleine Lebensschiff, auf dem sie gefahren war, musste schließlich abgetakelt werden, es war zu einem kaum mehr seetüchtigen, brüchigen Kahn geworden, mit dem man sich nicht mehr auf das Wasser trauen konnte.

Aber es war nicht das erste Mal, dass die Reise, auf die Geumok sich begeben hatte, kein Ende zu nehmen schien. Irgendwann aber würde ihr Schiff auch noch ohne Rumpf sein und spurlos in der Tiefe des Meeres versinken. Und sie tat sich selbst deswegen auch überhaupt nicht leid, weil sie einsah, sie müsse sich eben geschlagen geben und sich von vielem verabschieden, von der Hoffnung etwa, oder vom Träumen und Plänemachen. Das hatte sie im Laufe ihres harten Lebens gelernt, in dem ihr Körper ihr einziges Kapital gewesen war. Das Leben hatte sie gelehrt, sich nicht an unrealistische Einbildungen zu klammern und hinzunehmen, was es gerade zu bieten hatte.

Mija, mit ihrem Kopf zwischen den Knien, hatte einen neuen Hustenanfall, und ihr gelb gefärbtes Haar schien sich vor Schmerzen zu kräuseln. Geumok ging zu ihr und streichelte ihr den Rücken.

„Dein Husten ist schlimmer geworden", sagte sie.

„Ach, es … es geht … schon", antwortete Mija leise, deren Stimme unter der Anstrengung ihres Hustens etwas brüchig geworden war.

Plötzlich spuckte Mija Blut vor sich ins Gras. Geumok warf einen Blick darauf, das Blut sah aus wie eine feuerrote Balsamblüte.

„Um Gottes willen", rief Geumok fast in Panik, „bist du okay?"

„Ist schon gut. Mach dir um mich keine Sorgen."

„Bist du sicher, dass alles in Ordnung ist? Wir sollten besser nach Hause gehen. Ich glaube nicht, dass dieser kühle Wind jetzt gut für dich ist."

„Ach, bitte …, bleiben wir doch noch ein bisschen. Das ist nichts Besonderes, das kommt immer wieder vor", bat Mija, wieder mit einem Lächeln in den Augen.

Auch wenn sie lächelte, waren ihre Lippen blutverschmiert, und ihr Gesicht machte einen etwas verschobenen Eindruck. Geumok produzierte ein gezwungenes Gelächter, während Tränen aus ihren Augen quollen, als sie auf Mijas Rücken klopfte und darüberstrich, bis der Husten allmählich aufhörte.

„Geht es jetzt wieder besser, wie fühlst du dich?", fragte Geumok.

„Es tut mir so leid."

„Was tut dir leid, du … Schlampe?"

Mija lächelte erneut, ohne ein Wort zu sagen.

Geumok blickte wortlos zum Himmel und aufs Meer. Der Wind trug den Geruch von Salz und Seetang vom Meer herüber, und vom Land her kam der Duft von frischer Gerste und von der dampfenden Erde auf den Feldern. Fern am Horizont schienen die Inseln miteinander in Verbindung zu stehen, hoch aufragend aus dem Wasser wie Monolithen, während die weißlich schimmernden Wellen Silberfischen glichen, die in der strahlenden Sonne glitzerten.

„Geumok, ich hatte heute Nacht einen Traum", sagte Mija mit einer weichen Stimme, als würde sie auch jetzt aus einem Traum heraus sprechen. „Er war so seltsam und lebendig, dass ich noch immer daran denken muss. Aber vielleicht bin ich, wie du einmal gesagt hast, noch nicht erwachsen genug, weil ich noch immer solchen sinnlosen Träumen nachhänge."

Geumok hörte mit dem Sammeln auf und setzte sich an die Seite von Mija. Ihr Bambuskorb mit dem Beifuß rollte ein kleines Stück hügelabwärts, aber sie machte keine Anstalten, ihn zurückzuholen.

Der Besitzer der Gaststätte hatte ihnen erlaubt, zum Sammeln von Beifuß in die Felder zu gehen, aber ihre eigentliche Absicht war es natürlich, einmal an die frische Luft zu kommen. Da tagsüber kaum Gäste kamen, führte das gewöhnlich nur dazu, dass sie sich etwas hinlegen konnten oder Karten spielten. Wenn sie auf dem Festland gearbeitet hätten, wäre es erheblich schwieriger gewesen, etwas Freizeit zu bekommen. Aber die Arbeit in einem Gasthaus auf einer einsamen Insel stimmte den Chef doch ein bisschen großzügiger. Und da sie ja auch nicht ohne weiteres wegfahren konnten, solange dieser seine Spione in der Nähe des Landungsstegs hatte, hatte er auch nichts dagegen, seinen Bedienungen zu gestatten, sich etwas auf der Insel umzusehen.

„Na ja, du bist noch jung, deshalb hast du noch Träume", sagte Geumok, während sie auf das Meer hinausblickte. „Ich habe den Glauben an Träume längst verloren."

„Aber ich habe mein Baby gesehen …, verstehst du, mein eigenes Baby", sagte Mija.

Geumok wandte sich zu ihr und blickte ihr bewegungslos ins Gesicht. Mit einem Mal begann sie sich um Mija Sorgen zu machen, die mit bleichen Wangen neben ihr saß. Wenn das so weitergeht, dachte Geumok, wird sie noch verrückt, so sterbenselend, wie sie aussieht.

„Ich war unterwegs in einem endlosen Wald", erzählte Mija, „voll riesenhafter, alter Bäume. Der Nebel war so dicht, dass man kaum seine Hand vor den Augen sehen konnte. Nach einer Weile kam ich an einen großen See. Als ich dort stand und nicht wusste, was ich als Nächstes machen sollte, da kam etwas auf mich zugeschwommen. Zuerst dachte ich, es ist ein großer Vogel oder eine große Lotusblüte. Aber als ich genauer hinsah, stellte es sich als ein blauer Plastiksack heraus, und als der sich dann öffnete wie eine blühende Blume, da sah ich ein süßes kleines, ganz nacktes Baby darin. Das Baby winkte mir mit seinen kleinen Händchen zu, als wollte es, dass seine Mutter sich ihm zuwendet. Ohne zu überlegen, stürzte im mich sofort in den See und rief dabei immer wieder ‚Verzeih mir, mein Kind, verzeih mir'. … Und dann bin ich plötzlich aufgewacht aus meinem Traum."

Mija steckte ihren Kopf zwischen die Knie, um ihre Erschütterung zu verbergen, aber dann konnte sie sie nicht länger unterdrücken und brach in Tränen aus. Bei diesem Anblick spürte Geumok eine schwere Last an ihrem Herzen zerren, andererseits aber war sie auch leicht gereizt.

„Du erbärmliche Schlampe! Was gibt es denn zu heulen!", blaffte Geumok.

Im nächsten Moment war ihr nach einer Zigarette, aber dann hatte sie keine dabei, und das machte ihren Ärger nur noch größer. Gewiss, sie hatte Mitleid mit Mija, aber jemanden mit sanften Worten zu trösten, dazu war sie nicht fähig, und auch diese Unfähigkeit ärgerte sie zusätzlich. So war sie am meisten von sich selbst enttäuscht und ihrer Verlegenheit, Mija nicht helfen zu können.

Mija war einundzwanzig, ihr hartes Leben ließ sie aber älter aussehen. An ihrem schlanken Hals traten die Adern hervor, und ihr völlig ungeschminktes Gesicht hatte ein kränkliches Aussehen.

Sie hatte vor drei Monaten im „Seoul-Haus" am Hafen von Hwapori als Bedienung angefangen. Der Besitzer des Lokals hatte einen Ausflug aufs Festland unternommen, um sich nach einer zusätzlichen Kellnerin umzusehen, und zwei Tage später kam er mit Mija zurück.

Geumok war damals bereits ein Jahr bei ihm angestellt. Obwohl sie ursprünglich nur ein paar Monate hatte bleiben wollen, musste sie sich schließlich doch fragen, wo ihr Schiff denn sonst vor Anker gehen sollte. Denn sie hatte ja sonst nichts, wo sie bleiben konnte, und nach

Ablauf eines Jahres hatte sie die Hoffnung ganz aufgegeben, von der Insel fortzugehen und sich etwas Besseres zu suchen. Sie fühlte sich körperlich erschöpft und kam zu dem Schluss, hier zu leben, sei schließlich nicht das Schlechteste. Es war ihr klar, dass sie an den armen Insulanern kein Vermögen verdienen würde, doch dann fand sie dennoch Gefallen an dem weiten Ozean, an dem Wind von der See her und am gemächlichen Inselleben.

Zuerst mochte sie Mija überhaupt nicht. Obgleich sie sich beide in derselben Zwangslage befanden, finanziell an das „Seoul-Haus" gebunden zu sein und davon leben zu müssen, dass sie die Begierden der raubeinigen Inselmänner befriedigten, zeigten sie trotzdem einander die kalte Schulter und waren weit entfernt, sich gegenseitig über die Beschädigungen ihrer Seelen und Körper hinwegzutrösten.

Die Neuigkeit der Ankunft Mijas im „Seoul-Haus" erregte die Leidenschaften der Männer auf der Insel, und eine Zeitlang war die Kneipe übervoll von Besuchern, die alle das neue Mädchen besichtigen wollten. Und dass alle nur auf Mija scharf waren, peinigte Geumoks Herz vor Eifersucht. Außerdem hielt Geumok ihre neue Kollegin für ein arrogantes Weib, die, sooft sie konnte, unter den Kneipengästen herumerzählte, sie habe schließlich eine höhere Schule besucht. Und eines Tages begann sie auch noch, für diese unwissenden Inselmänner fremde Schlager auf Englisch zu singen oder gar mit einer Sopranstimme klassische Lieder zu trällern, und dabei wollte sie die Opernsängerinnen nachahmen, indem sie mit einer Hand ihren Bauch stützte. Dazu noch las sie jeden Tag die Zeitung und trank niemals Wasser, nur Kaffee. Geumok glaube nichts von dem, was Mija erzählte, und alles, was sie tat, missfiel ihr, – ihr, einem zweiunddreißig Jahre alten Barmädchen, das nicht einmal die Grundschule abgeschlossen hatte.

Mija färbte auch ihr Haar gelb, was eine weitere Attraktion für die Insulaner darstellte. Es gab ein Gerücht, dass ein zwanzigjähriger kultivierter Oberschüler, der Schlager auf Englisch singen konnte und ein hübsches, westlich aussehendes Gesicht hatte, im „Seoul-Haus" verkehrte. Jedenfalls gab es tausend Gründe, weshalb Geumok nur darauf wartete, auf Mija losgehen zu können.

Eines schönen Tages war die Gelegenheit endlich da. Es war etwa zwei Wochen, nachdem Mija in dem Gasthaus angefangen hatte. Eine Gruppe von Angestellten der Gemeindeverwaltung hatte sich zu einem Festessen getroffen und ging erst nach Mitternacht. Anschließend ging Geumok mit Mija zum Hafen, um ihr einmal kräftig die Meinung zu sagen.

„Du Schlampe", schrie Geumok, „du glaubst wohl, du kannst dich hier wie ein geiles junges Dreckstück aufführen!"

„Was sagst du? Hör zu, Oma, dein hohes Alter gibt dir nicht das Recht, solchen Schrott zu reden", kreischte Mija mit einer schon heiseren Stimme.

Nachdem sie die vielen Drinks hinuntergekippt hatte, zu denen die Gäste sie im Laufe des langen Abends animiert hatten, war Mija ausgesprochen kampfbereit. Und Geumok dachte, nun ist es aber Zeit, dem hochmütigen jungen Mädchen einmal Manieren beizubringen.

„Schaut euch nur diese Schlampe an! Weißt du denn nicht, wie man mit einer älteren Dame spricht?", keifte sie.

„Eine ältere Dame? Das ist mir neu, dass es unter uns ... äh ... Huren solche Manieren geben soll", brachte Mija in wegwerfendem Ton heraus, zugleich hicksend, da sie an einem Schluckauf litt.

„Aha ..., ich sehe schon, ich muss dir zeigen, wozu wir alten Nutten fähig sind", schrie Geumok zurück, ehe sie auf Mija wie eine Katze zusprang.

Nachdem Geumok in die gelb gefärbten Haare Mijas gegriffen hatte, packte Mija Geumok an den Haaren. Im Nu waren die beiden Körper ineinander verkrallt und rollten gemeinsam über den Betonboden. Um der Gegnerin noch mehr Haare aus dem Kopf zu reißen, bissen sie die Zähne aufeinander und rissen mit aller Kraft, und so wüteten sie in der Dunkelheit wie zwei Straßenhunde und kratzten und bissen einander ohne Gnade. Da ein Taifun im Anzug war, der schon das Meer aufgewühlt hatte, und es tiefe Nacht geworden war, war niemand in der Nähe, der von dem Zweikampf etwas mitbekam.

Es dauerte nicht lange, bis beide Frauen vor Erschöpfung eine Pause einlegten, ohne dabei aber den Griff in das Haar der anderen zu lockern. Geumok saß mit ihrem sehr viel schwereren Körper auf Mijas Bauch wie auf dem Rücken eines Pferdes, und selbst als sie von deren Gewicht halb zerquetscht wurde, achtete Mija darauf, den Griff in die Haare ihrer Kontrahentin nicht zu lockern. Der keuchende Atem der Kämpferinnen tönte durch die Nacht.

Da brach Geumok unerwartet in Tränen aus, und Mija, die noch immer schwer an deren Gewicht zu tragen hatte, stimmte in die Klage ein. Dann lösten beide die Griffe in den Haaren des Gegenübers, umarmten einander und setzten, nebeneinander sitzend, das Geheul gemeinsam fort. Sie klagten so laut, dass der Besitzer des „Seoul-Hauses" und seine Gattin aufwachten und schließlich bemerken mussten, dass ihre Angestellten das Lokal verlassen hatten. Darauf machten sie sich mit Laternen auf die Suche nach den beiden Frauen, bis sie sie schließlich gefunden hatten. Sie fielen aus allen Wolken, als sie die beiden heulend auf der Straße sitzen sahen und mitanhören mussten, wie sie, lauter als sonst, ihre tiefsitzende Traurigkeit hinausschrien, einen Gram, der jedoch in ihrem Inneren noch weiterwühlte. Aber weniger noch als der Chef und seine Gattin hatten die beiden Heulenden begriffen, warum sie zu dieser Zeit und an diesem Ort so geheult hatten.

Seit diesem Vorfall waren Geumok und Mija enge Freundinnen geworden. Eines Tages bemerkte Mija, als sie gerade zu viel getrunken hatte, Geumok sehe aus wie ihre ältere Schwester, und im Gegenzug meinte Geumok, Mija sei ihrer geliebten Kusine sehr ähnlich. Obwohl sie am folgenden Morgen beide nüchtern waren, meinten sie beide, sie hätten am Tag zuvor keineswegs nur Unsinn geredet.

Eine sanfte Brise vom Meer her wehte wieder um den Hügel. Unten glitzerten die Ozeanwellen in der Sonne. Geumok sah einen weißen Passagierdampfer auftauchen und dann wieder hinter einem Inselvorsprung verschwinden. Melodiefetzen eines einst populären Liedes wurde aus den Lautsprechern des Schiffes vom Wind herübergeweht.

Mija kauerte noch am Boden und hielt ihren Kopf zwischen die Knie gesteckt. Sie dachte sicher noch immer an ihr Baby, das sie gleich nach seiner Geburt in Plastiktüten gewickelt und in den See geworfen hatte. Ein paar Tage zuvor hatte sie damit angefangen, die schreckliche Geschichte von ihrem Kind zu erzählen und hatte dabei gleichzeitig gelacht und geweint und sie so oft erzählt, dass Geumok sie nicht mehr hören konnte.

„Es gibt nichts zu weinen, Mija", sagte Geumok. „Alles ist Schicksal, und zu allem, was wir tun, sind wir durch das Schicksal verurteilt."

Mangels einer Zigarette kaute sie an ihren Fingernägeln.

„Ich möchte nach Hause", flüsterte Mija.

„Was?", rief Geumok.

Sie schaute Mija in die Augen, in denen keine Spur einer Rührung mehr zu sehen war. Mija schaute auf das Meer hinunter und begann wieder zu husten.

„Wirklich …, ich möchte meine Eltern noch einmal sehen, bevor ich sterbe."

„Rede keinen Unsinn, du alte Schlampe", sagte Geumok. „Wer liegt hier im Sterben …?"

Geomok wusste, Frauen in ihrem Beruf redeten oft so daher, wenn sie sich todkrank fühlten, und es ist dann auch immer die Zeit gekommen, nach Hause zurückzugehen. Doch obwohl in solchen Situationen alle immer den Wunsch hatten, nach Hause zu kommen, wussten sie doch auch alle sehr gut, dass niemand auf sie wartete und dieses Nach-Hause-Kommen fast ein Ding der Unmöglichkeit war.

„Gut, vielleicht ist das ja eine gute Idee, falls deine Eltern noch am Leben sind …, ganz im Gegensatz zu mir", sagte Geumok und versuchte, sie damit zu trösten, auch wenn sie wusste, dass es nicht sehr wahrscheinlich war, dass noch jemand auf sie wartete.

„Aber …, aber wie kann ich mich denn vor meinen Eltern sehen lassen mit diesem ruinierten, beschmutzten Körper", seufzte Mija.

„Beschmutzt?", sagte Geumok mit schroffer Stimme. „Du wirst doch hoffentlich nicht offen sagen, was du gemacht hast, oder? Wenn du den Mund hältst, wer sollte dann etwas über deine Geschichte erfahren? Gehe nach Hause und tue so, als ob du mit nichts von alledem jemals etwas zu tun gehabt hättest, und dann suchst du dir einen dieser dümmlichen Männer, lässt dich heiraten und wirst Mutter. Deshalb brauchst du dir kein schlechtes Gewissen zu machen, das machen doch viele Frauen so.

„Unglaublich …, meinst du das wirklich?"

„Natürlich. Hör zu, Mädchen. Niemand kümmert sich um uns Frauen, wenn wir uns nicht selbst um uns kümmern. Hast du diese Wahrheit noch nicht mitbekommen? Wir müssen für unsere Zukunft selbst sorgen. Und dafür muss man eben manchmal auch lügen. Sei also nicht dumm und mach kein besonderes Aufhebens von dem, was du in der Vergangenheit gemacht hast. Das ist gut für deine Eltern wie auch für dich. Sogar Gott wird dir diese Lüge verzeihen. Erzähl deinen Eltern, du hast die letzten drei Jahre in einer Fabrik gearbeitet. Wir sind zu diesem elenden Leben nicht unwiderruflich verurteilt, hast du verstanden?"

„Aber ich habe doch kein Geld, du weißt doch, nichts als riesige Schulden bei unserem Chef", seufzte Mija.

„Dann musst du ihnen eben sagen, wenn du nach Hause kommst, man hat dich bestohlen …, oder besser: man hat dich ausgeraubt", sagte Geumok.

„Ich kann das nicht …", antwortete Mija, wieder mit ihrem Kopf zwischen den Knien.

Nun wurde Geumok still. Sie wusste, was sie Mija da gesagt hatte, war unrealistisch. Mija befand sich nicht in einer Lage, in der sie frei entscheiden konnte, ob sie bleiben oder gehen wollte. Ihr jetziger Arbeitgeber hatte ihre Schulden bei ihrem früheren Chef bezahlt, und um das ihm geschuldete Geld zurückzuzahlen, musste sie noch lange im „Seoul-Haus" arbeiten. In der Zwischenzeit wird noch mehr Blut aus ihrem Körper gespuckt werden müssen, und ihr Herz wird leer werden wie eine Lampionblume*. Dann biss sich Geumok plötzlich in die Unterlippe und schaute Mija an: Sie hatte eine Idee.

„Willst du wirklich nach Hause, wenn du kannst? Ich meine, hast du das wirklich vor?", fragte sie Geumok mit großer Bestimmtheit.

Statt einer Antwort hatte Mija wieder einen quälenden Hustenanfall, worauf sie wieder anfing, zu weinen.

„Sag mir klipp und klar, ob du es willst, selbst in deinem Zustand?", fragte Geumok nochmal, jetzt noch eindringlicher.

Mija wandte sich langsam Geumok zu, dann blickte sie wieder hinunter aufs Meer. Geumok sah die Tränen aus Mijas Augen fließen, und eine plötzliche Aufwallung von Überdruss und Verzweiflung drohte ihr den Atem zu nehmen, und es gelang ihr mit großer Mühe, sich zu beherrschen und den Korb mit dem Beifuß nicht den Hügel hinunter zu schleudern.

Dann redete eine Weile keine von beiden. Sie setzten wortlos ihre Tätigkeit fort und schnitten mit dem Messer Kräuter ab, bis sie müde wurden und sich ins Gras setzten, um zu rasten.

„Da ist er", sagte Mija mit einem Mal.

Geumok hob ihren Kopf und sah jemand heftig hinkend auf sie zukommen.

„Wer ist das denn?", fragte Geumok abweisend.

„Hast du etwa das Gesicht deines Ehemanns vergessen?", kicherte Mija.

„Was für eines Ehemanns? Ach, sei doch still", antwortete Geumok ungehalten.

„Ja, dann werde ich mich mal verabschieden, damit ihr beiden allein sein könnt. Und viel Spaß", schmunzelte Mija im Gehen.

Mija durchquerte das Feld, dann lief sie langsam den Hügel hinunter in Richtung Hwapori. Die warme Brise vom Meer wehte den Hügel hinauf, zusammen mit dem Geruch von Gülle aus den frisch gedüngten Feldern im Tal. Geumok wandte sich wieder den Kräutern zu und tat so, als ob sie niemanden bemerkte, und das gelang ihr so lange, bis Bongmuk sie bereits erreicht hatte.

„Ah …, Fräulein Oh …, haben Sie einen Moment Zeit?"

Er schien seinen ganzen Mut zusammenzunehmen, trotzdem zitterte seine Stimme ein wenig.

„Was für eine Überraschung", sagte Geumok listig, und dabei dachte sie, was wird das für ein Hinterwäldler sein, der sie mit ‚Fräulein Oh' anredete, statt einfach ‚Geumok' zu sagen.

„Sie sammeln Gemüse?", fragte Bongmuk.

„Beifuß, kein Gemüse", antwortete Geumok.

„Ah ja, natürlich ..., kein Gemüse, richtig ... Beifuß ...", stotterte Bongmuk und kratzte sich am Kopf.

Geumok konnte kurz angebunden sein, wenn sie ihre Gefühle verbergen wollte.

„Wollen Sie sich setzen? Bitte, setzen Sie sich doch", sagte Geumok.

Ihre Aufforderung machte ihm etwas Mut, und er setzte sich neben sie auf die Erde. Dann blieb es eine Weile still zwischen ihnen. Ein Fasan kam aus einem der kleinen Gerstenfelder und flatterte in die Lüfte. Beide schauten dem davonfliegenden Vogel nach und sagten kein Wort. Schließlich fasste Bongmuk sich ein Herz und fing an zu reden.

„Also ..., ... ich ..., ich habe gestern Abend ... ah ... mit meiner Mutter geredet", brachte Bongmuk heraus, nicht ohne wieder über seine Worte zu stolpern.

„Worüber?"

„Na, über unsere Heirat ..."

„Wer hat gesagt, dass wir heiraten?", fragte Geumok.

„Haben Sie nicht neulich gesagt, Sie wollten mich heiraten?"

„Aber was reden Sie denn! Hören Sie zu: Sie haben mich darum gebeten, ich solle Sie heiraten, und ich habe gesagt, ich werde es mir überlegen. War es nicht so?", gab Geumok zurück.

Bongmuk schwieg.

Geumok warf heimlich einen Blick in sein enttäuschtes, missmutiges Gesicht und dachte bei sich: Was für ein einfacher Mensch das ist! Und sogleich hatte sie Mitleid mit ihm.

„Und? ... Was sagt Ihre Mutter nun dazu?"

„Oh ..., meine Mutter: Sie ist einverstanden damit, jederzeit, notfalls gleich morgen", antwortete Bongmuk glückstrahlend und auf einmal wieder ganz ohne einen Zug von Traurigkeit im Gesicht.

Geumok schaute auf ihre Fingernägel, die von dem Saft der Kräuter ganz grün waren, und sagte kein Wort.

Bongmuk war ihr zu Anfang des vergangenen Winters, vor einem halben Jahr etwa, zum ersten Mal begegnet. Da er am Landungssteg am Hafen arbeitete, kam er immer am „Seoul-Haus" vorbei, und so wurde ihm Geumoks Gesicht allmählich so vertraut, dass es für ihn schon sehr bald ein ganz unerträglicher Gedanke geworden war, sie einmal, und sei es nur für einen Tag, gar nicht mehr zu sehen, und an Geumok war das auch nicht unbemerkt vorübergegangen. Zuerst wollte sie sein verkrüppeltes Bein überhaupt nicht wahrhaben, bis sie es dann gemerkt hatte, dass es sie eigentlich gar nicht mehr störte. Wenn man es recht überlegte, war es ja eigentlich Geumok, die in dieser Partie den besseren Teil für sich erwählen würde. Als gealtertes Barmädchen nach mehr als zehn Jahren auf der untersten Ebene der Gesellschaft war die Hoffnung gering, jetzt noch einen besseren Mann zu finden. Aber einmal Mutter zu werden, und zwar eine gute: Das traute sie sich noch immer zu. Diesen Traum, den einzigen und letzten, der ihr geblieben war, konnte sie nicht aufgeben: Sie wollte ein eigenes Kind haben.

„Hören Sie", sagte sie zu Bongmuk, „ich habe kein Geld. Ich habe ganz gut verdient, aber davon ist nichts mehr da. Ich neige eben zum Geldausgeben, leider." Das sagte sie, um Bongmuk zu testen, wie er auf ihre finanzielle Lage reagieren würde, und dabei machte sie weiter mit dem Kräutersammeln.

„Nein, das ist überhaupt kein Problem", beeilte sich Bongmuk zu antworten. „Ich habe auch nicht so viel, aber ich besitze ein paar *Majigi* Reis- und Gemüsefelder. Davon kann man ganz gut leben. Ich habe auch etwas gespart, und damit könnte man vielleicht einen Laden oder sonst ein Geschäft eröffnen."

„Aber was ist, wenn die Dorfleute nichts mehr mit Ihnen zu schaffen haben wollen, wenn Sie mit einer solchen Frau zusammenleben?", fragte Geumok, nun wieder den Tränen nahe. Denn inzwischen konnte bei ihr von listigen Hintergedanken keine Rede mehr sein. Sie fühlte sich ganz aufrichtig nur noch elend, als sie ihm diese Frage stellte. Aber wie sie es insgeheim gehofft hatte, enttäuschte er sie nicht, seine prompte Antwort war dazu angetan, ihr ihre Angst zu nehmen.

„Aber was reden Sie da?", sagte Bongmuk mit ernstem Gesicht. „Wer soll so etwas sagen? Um ehrlich zu sein: Ich habe nicht mehr im Traum daran gedacht, jemals zu heiraten. Und Sie können sich gar nicht vorstellen, wie glücklich meine Mutter über all das ist!"

Bongmuk lachte jetzt und entblößte dabei seine Vorderzähne wie ein alter Ochse, und Geumok stimmte in sein Lachen ein. Seit sie begonnen hatte, offen und ehrlich über sich selbst zu sprechen, dachte sie, sie könnte jetzt auch über viele andere Dinge offen reden. Zum Beispiel davon, dass ihr wahres Alter zweiunddreißig und nicht fünfundzwanzig war und dass ihr richtiger Name Cheon Okja, nicht Oh Geumok lautete. Aber schließlich entschloss sie sich doch, nicht zu viel zu verraten; denn sie hatte gelernt, dass sie gerade dann vorsichtig sein musste, wenn die Dinge einen guten Verlauf für sie zu nehmen schienen. Ihr schwieriges Leben hatte sie gelehrt, dass jedes Glück immer auch seine Schattenseite hatte, die sich sofort bemerkbar machen konnte, sobald sie in ihrer Aufmerksamkeit nachließ.

Der Himmel war blau und die Bläue des Meeres wurde immer tiefer. Von Mija war längst nichts mehr zu sehen. Geumok blickte lange den Hügel hinab und dachte gründlich über etwas Bestimmtes nach, bevor sie sich wieder an Bongmuk wandte.

„Würden Sie mir einen Gefallen tun?", fragte Geumok schließlich.

„Gerne. Was soll ich für Sie tun?", antwortete er, ohne zu zögern.

„Es ist ganz einfach, aber nur Sie können das tun. ... Sagen wir so: Es ist eine Art ..., es ist etwas wie ... einem Kind dabei zu helfen, heil nach Hause zu kommen. Sie müssen dabei nur so tun, als wüssten Sie von nichts", sagte Geumok.

„Bitte ...? Was da wohl dahintersteckt ...", meinte Bongmuk mit einem fragenden Augenzwinkern.

3.

An diesem Abend waren alle Gäste des „Seoul-Hauses" in bester Stimmung, nachdem der Angestellte der Fischerei-Kooperative, einer der Vertreter von Nagildo als Teilnehmer an dem Gesangswettbewerb, eine große Wanduhr gewonnen hatte. Um die Essenszeit waren die Leute der Kooperative zum Feiern ins „Seoul-Haus" gekommen, an der Spitze der siegreiche Sänger. Dieser, ein Junggeselle im jugendlichen Alter, wurde gebeten, das Lied, mit dem er den Preis gewonnen hatte, vorzusingen, und das tat er auch. Das Publikum ehrte ihn hernach mit nicht weniger als sechs Zugaben. Nachdem er aber dasselbe Lied sechsmal gesungen hatte, krächzte seine Stimme wie die eines kranken Gockelhahns. Doch weil er trotzdem so glücklich war, hielt er die ganze Gesellschaft für den Abend frei, das heißt, er bezahlte die Rechnung für alle, und das war dreimal so viel, wie die gewonnene Wanduhr wert war.

Der junge Mann ließ die Rechnungssumme anschreiben, und die Wirtsleute im „Seoul-Haus" hatten nichts dagegen, so wie sie auch über Geumok und Mija sehr erfreut waren, die sich zu den Gästen an diesem Abend besonders freundlich benahmen, so freundlich, dass diese bis in die Nacht hinein tranken, und als sie nach Mitternacht gegangen waren, war die Chefin sogar aus freien Stücken dazu bereit, aufzuräumen und das Geschirr abzuwaschen, damit Geumok und Mija sich frühzeitig zurückziehen konnten. Während sie mit der Arbeit anfing, gingen die beiden Bedienungen dann schlafen.

Sehr früh am nächsten Morgen wurde am „Seoul-Haus" vorsichtig eine Tür geöffnet, und jemand schlich sich hinaus wie ein Dieb. Der dunkle Schatten machte sich eilig davon in Richtung des Landungsstegs. Das war etwa um die Zeit, als der erste Passagierdampfer an diesem Tag abfuhr.

4.

Die Morgensonne kam über den Horizont herauf. Die Dunkelheit, die über der Insel gelegen hatte, verschwand, und das morgendliche Sonnenlicht flutete über die Wellen hin. Nachdem sich der leichte Nebel aufgelöst hatte, zeigten sich überall in der Luft weiße Rauchschwaden aus den Dorfkaminen, und die Kühe und Hähne kündigten lautstark einen neuen Morgen an.

Plötzlich drangen wütende Schreie aus dem „Seoul-Haus" und zerrissen die stille Morgenfrühe.

„Du Schlampe, sag mir die Wahrheit!", schrie die Frau des Chefs.

Sie hatte die Tür mit dem Fuß aufgestoßen und zerrte Geumok am Hals auf die Straße hinaus.

„Lassen Sie mich frei, ich weiß wirklich nichts", rief Geumok.

„Ha! Ich weiß doch, du hängst mit drin in der Sache. Du hast ihr geholfen abzuhauen", brüllte die Frau des Wirts.

„Habe ich es Ihnen nicht gesagt: Ich dachte, Mija schlief neben mir."

„Mein Geld …, das Geld, das wir für die Schlampe bezahlt haben, ist weg! Wie sollen wir jetzt unser Geld zurückbekommen!", schrie die Frau.

„Willst du uns für blöd halten? Ich weiß doch, du warst es, die das alles eingefädelt hat", fügte ihr Mann wütend hinzu.

Die Chefin riss an Geumoks Haaren, und Geumok tat dasselbe mit den Haaren ihrer Gegnerin.

„Schaut euch diese Hure an …, diese Schlampe, die will wohl, dass ich sie kalt mache. Wie kannst du es wagen …", kreischte die Frau.

„Ist schon gut. Wenn ich eine Hure bin, dann bist du ein fettes, hässliches Schwein, ein Dreckschwein, das einer armen Hure das Blut aussaugen möchte", brüllte Geumok zurück.

Um sich den seltenen Anblick nicht entgehen zu lassen, waren die Dorfleute aus ihren Häusern auf die Straße geeilt, noch ehe sie mit der morgendlichen Wäsche fertig waren. Während die beiden Streithühner sich noch gegenseitig an den Haaren zerrten, packte der Wirt Geumoks Arm, um seiner Frau zu helfen. Im selben Moment kam Bongmuk hinkend vom Landungssteg zum „Seoul-Haus" gerannt.

„Hey, Geumok hat doch damit nichts zu tun!", rief Bongmuk schon von weitem.

Der Wirt und seine Frau starrten eine Weile auf Bongmuk, bis sie anfingen, ihm vorzuwerfen, er sei es gewesen, der Mija zur Flucht verhalf.

„Schön, ich wollte dich ohnehin etwas fragen", schnauzte ihn der Wirt an. „Jemand hat Mija heute morgen das Passagierschiff besteigen gesehen. Und du hast sie nicht daran gehindert. Wie konntest du mir das antun? Warum wohl hast du von mir immer wieder Zigaretten und Getränke gratis bekommen? Hast du vergessen, wie zuvorkommend ich zu dir gewesen bin? Du bist ein ganz undankbarer Lump, ja, das bist du!"

Doch Bongmuk sagte, er habe gedacht, Mija habe ihre Arbeit im „Seoul-Haus" getan und war eben dabei, aufs Festland zu fahren. Der Eigentümer versicherte, so sei es bestimmt nicht gewesen.

„Hören Sie! Wenn das wirklich stimmt, dass Mija geflohen ist, dann sollten Sie keine Zeit mit dieser unschuldigen Geumok hier verlieren. Dann müssen Sie versuchen, Mija zurückzuholen, bevor sie für immer weg ist", riet ihm Bongmuk.

„Aber wie denn …?", fragte der Wirt.

„Sie kaufte eine Fahrkarte zum Festlandshafen, und wir haben noch etwas Zeit, bis das Schiff dort ankommt", erklärte Bongmuk. „Was Sie also tun müssten, ist, am Hafen anzurufen, und dann muss jemand von Ihnen am Kai sein und sie in Empfang nehmen, ganz einfach."

„Eine gute Idee, danke", sagte der Wirt noch, als er mit seiner Frau ins Haus rannte, um zu telefonieren.

„Sie Dummkopf! Warum haben Sie das gesagt? Haben Sie mir nicht gesagt, Sie wollten Mija helfen, hier wegzukommen? Oh, arme Mija …, jetzt wird man sie bald wieder haben", klagte Geumok und starrte vorwurfsvoll auf Bongmuk.

Aber Bongmuk lächelte nur.

„Hören Sie mir bitte zu. Ich wusste, dass es so kommen würde", erklärte er. „Deshalb sagte ich Mija, sie solle nicht direkt zu der Stadt auf dem Festland fahren. Ich riet ihr, vorher umzusteigen und beim Zwischenstop bei der Blumen-Insel das Schiff nach der Insel Yeosu zu nehmen. Machen Sie sich keine Sorgen, sie fährt jetzt in aller Ruhe mit der ‚Möwe', einem Passagierdampfer, der nach Yeosu fährt und nicht zum Festland."

„Wirklich?"

Geumok konnte es kaum glauben, dass ein so einfacher Mann wie Bongmuk sich eine solche Geschichte ausgedacht hatte. Ebenso verwundert wie vertrauensvoll blickte sie mit großer Zuneigung auf zu Bongmuk und lächelte. Dann erst fiel ihr ein, dass ihre Frisur noch aussah wie ein Elsternnest, und als sie mit den Fingern durch ihre Haare fuhr, fielen ganze Büschel davon heraus.

„… Ich bin es, auf Nagildo", hörten sie den Wirt ins Telefon rufen. „Das ist natürlich ein Notfall. Auf dem ‚Friedensschiff' …"

Im Innern des „Seoul-Hauses" schrie der Wirt weiter ins Telefon, während seine Frau unruhig um ihn herumlief und aufgeregt mithörte. Draußen auf der Straße tauschten derweil Bongmuk und Geumok miteinander heitere Blicke.

Geumok hielt ihre Augen über Bongmuks Schultern hin auf das Meer gerichtet, und über dem weiten blauen Wasser stand strahlend die Frühlingssonne am Himmel.

13
ADIEU, CHILSEONG

Es war früh am Morgen.

„Junyeong, du solltest besser dein Mittagessen mitnehmen", sagte Großmutter zu meinem älteren Bruder, der eben ohne sein Lunchpaket in die Schule gehen wollte.

„Aber ich mag doch keine Süßkartoffeln zum Mittagessen", erwiderte mein Bruder.

„Kind, du weißt eben nicht, was Hunger ist. Was ist an Süßkartoffeln so schlecht? Wer kann sich schon jeden Tag Reis zum Essen leisten? Denk daran, manche Leute haben mittags gar nichts zu essen."

„Quatsch! Andere Kinder haben immer Reis zum Essen dabei, und keine Süßkartoffeln. Ich mag diese Süßkartoffeln nicht mehr, sie hängen mir zum Hals heraus", knurrte mein Bruder.

Er gab sich stur und hörte nicht auf, sich zu beklagen. Ich ging zu jener Zeit in die zweite Klasse und beneidete meinen Bruder immer darum, dass er schon so alt war und sein eigenes Lunchpaket mit zur Schule nehmen durfte.

„Du bist eben anders als diese Kinder. Sie sind reich und du eben nicht. Also, nimm dein Paket – ich habe dir heute keine Süßkartoffeln eingepackt", sagte Großmutter.

„Wa ... as? Ist das wahr?"

Er öffnete die Dose, und darin war Gerste mit etwas Kimchi und gekochte Bohnen in Soße. Sofort hellte sich sein Gesicht auf, und nun nahm er das Tuch, in das er seine Bücher eingewickelt hatte, und sein Lunchpaket, während Großmutter mir wie üblich dabei half, ihm das Tuch mit den Büchern um den Bauch zu binden.

Ich hatte gehört, dass Stadtkinder eine Büchertasche benutzten und kein Büchertuch. Von uns Kindern auf der Insel aber besaß keines eine Büchertasche. Wir benutzten alle ein Tuch, um die Bücher, die Schreibhefte und dazu ein Kästchen für die Bleistifte einzuwickeln, und das trugen wir um den Bauch gebunden. Beim Gehen hörte man dann die Stifte in dem Blechkästchen klappern, und weil sich dann das zusammengeknotete Büchertuch leicht löste, mussten wir auf dem Schulweg darauf achten und immer wieder anhalten, um es festzubinden.

Nachdem ich, keuchend und schnaufend, hinter meinem Bruder hergerannt war, kam ich endlich beim Gemeindehaus an, wo die anderen Kinder schon lange auf uns warteten. Auf der ganzen Insel gab es zwei Grundschulen, die eine davon, die wir besuchten, war in Gappori. Das lag etwa vier Kilometer von unserem Dorf entfernt, und so trafen wir Kinder uns jeden Morgen am Gemeindehaus, um von dort aus zu Fuß in die Schule zu gehen.

Unser Anführer war Kilnam, das Pickelgesicht, der so spät, nämlich erst mit sechzehn, mit der Schule begonnen hatte, dass er erst die fünfte Klasse besuchte.

„Sind alle da?", fragte Kilnam und sah sich um. „Ihr Kleinen müsst einfach früher aus dem Haus gehen. Wegen euch kommen wir immer zu spät."

Wenn wir an Chilseongs Haus vorbeikamen, das ganz alleine neben einem Baum mit Bergamotte-Zitronen am Eingang des Dorfes lag, blickten wir in den Hof. Dort sah man eine braune Kuh gemächlich das Futter kauen, aber sonst war niemand zu sehen. Vor der Tür standen ein Paar schwarze Gummischuhe, die Chilseongs Mutter gehörten. Ringsum war kein Laut zu hören.

Die Nachricht von Chilseongs Tod während seines Militärdienstes hatte das Dorf zehn Tage zuvor erreicht. An jenem Tag befanden wir Kinder uns auf dem Heimweg von der Schule und gingen eben auf dem Höhenweg über den Roten Berg, als wir es plötzlich hinter uns lautstark klingeln hörten. Wir sahen uns um und stießen ein Triumphgeheul aus – eine ganz ungewöhnliche Erscheinung steuerte auf uns zu: Es war der auf seinem blitzenden neuen Fahrrad kräftig in die Pedale tretende Postbote.

„Schaut euch das an!", rief einer aus unserer Gruppe.

„Mensch, ein richtiges Fahrrad!", rief ein anderer.

So war es. Es war wirklich ein Fahrrad, das wir Inselkinder bisher nur aus Bilderbüchern kannten. Doch wir hatten sofort gesehen, worum es sich handelte, und hielten vor Ehrfurcht den Atem an, völlig verzaubert von dieser wundervollen Attraktion. Für uns war der Postbote eine Art Zauberer. Wie ein fliegender Pfeil schoss er an uns Jungen vorbei, und wir konnten ihm nur staunend mit offenen Mündern nachschauen.

„Hey, das ist ja ein Fahrrad, oder?", rief einer von uns dem Postboten zu.

„Ja, das einzige auf der ganzen Insel", schrie dieser zurück. Dabei flog er den Berg hinunter, ohne sich umzusehen, und wir Kinder liefen mit Jubelrufen hinterher.

Wir sahen ihn von Ferne vor Chilseongs Haus anhalten, und als wir keuchend wie junge Hunde endlich auch bei dem Haus angekommen waren, standen wir eine Weile um das Fahrrad herum, bis aus dem Hof heraus plötzlich ein Jammergeschrei an unsere Ohren drang.

„Mein Sohn ...! Oh mein Sohn Chilseong!"

Erschrocken sahen wir in den Hof hinein, und da saß Chilseongs Mutter barfuß auf der Erde, klagte herzzerreißend und schlug dabei mit den Händen auf den Boden. Neben ihr stand der Postbote mit einem Telegramm in der Hand und wusste offensichtlich nicht, was er tun sollte. Und bis in die Nacht hinein hörte das Wehgeschrei aus Chilseongs Haus nicht mehr auf.

Seine Mutter war Witwe. Ihr Mann war beim Fischfang auf dem Meer ums Leben gekommen, und seine Leiche wurde nie gefunden. Danach kümmerte sie sich alleine um die beiden Töchter und den einen Sohn, eben Chilseong.

Am nächsten Tag machte sich Chilseongs Mutter mit ihrer verheirateten Tochter und dem Schwiegersohn auf die weite Reise zur Militäreinheit ihres toten Sohnes, also vom äußersten Südwesten in die Provinz Gangwon im Nordosten der koreanischen Halbinsel, von der sie mehrere Tage danach in einem entsetzlichen Zustand zurückkehrte. Sie waren aus irgendeinem Grund mit leeren Händen zurückgekommen, und der Schwiegersohn musste darauf den Dorfleuten, die eigentlich auf den Leichnam und das Begräbnis gewartet hatten, erklären, was geschehen war.

Als sie nach einer Reise von zweieinhalb Tagen bei der Armee-Einheit angekommen waren, hatte ihnen der Kommandeur mitgeteilt, Chilseong habe Selbstmord verübt. Man zeigte ihnen dann seine Leiche, die völlig unverletzt war, nur im Nacken befand sich eine Wunde. Als die Mutter seine Leiche sah, fiel sie in Ohnmacht.

Selbstmord! Nach allem, was Chilseongs Familie wusste, hatte es niemals einen Grund für ihn gegeben, sich selbst zu töten, und deshalb gab es niemand in der Familie, der dem Militärkommandeur geglaubt hätte. Alle waren auch der Meinung, Chilseong hätte ganz bestimmt irgendeine Nachricht für seine Mutter hinterlassen, wenn er sich wirklich hätte töten wollen. Doch was auch immer die Familie über Chilseong dachte oder sagte, spielte für die Armeeleute keine Rolle, die den Mitgliedern von Chilseongs Familie überhaupt nicht zuhörten. Auch gaben sie nicht einmal seine Leiche heraus, mit der Begründung, sie müsse noch weiter untersucht werden, und die Überführung bis auf die Insel Nagildo würde sich für die Familie sicher zu schwierig gestalten. Um jedoch der Familie einen Gefallen zu erweisen, sagten sie, würden sie es übernehmen, die Leiche zu verbrennen, und schließlich drohten sie der Familie noch, dass die ihnen zustehende kleine Ausgleichszahlung wie auch die Verbrennungskosten nicht erstattet würden, falls sie darauf beständen, die Leiche mit nach Hause zu nehmen. Als unwissende Landleute, die sie waren, wussten die Mitglieder von Chilseongs Familie unter den Augen der drohenden Militärautoritäten nicht, was sie tun sollten, und so besiegelten sie das amtliche Dokument mit ihrer Unterschrift und fuhren mit leeren Händen auf ihre Insel zurück.

„Sie sagen also, Sie haben ihren Drohungen einfach nachgegeben?", fragte der Gemeindevorsteher, der es nicht glauben konnte. „Hat denn die Leiche wirklich so ausgesehen, dass Sie gemeint haben, Chilseong hat Selbstmord verübt?"

„Nun", antwortete Chilseongs Schwager, ein Analphabet, der in einer Brauerei arbeitete, „was sie sagten, kam uns schon verdächtig vor. Aber ich wusste auch nicht, was ich diesen Militärleuten sagen sollte …, und der tote Leichnam konnte auch nichts mehr sagen, verstehen Sie …"

„Ja, das ist alles mehr als verdächtig", meinte der Gemeindevorsteher. „Wenn Chilseong heimlich von der Einheit desertiert wäre und sich anschließend von einer Klippe gestürzt hätte, wie hätte seine Leiche dann so unbeschädigt sein können?"

„Das denke ich auch", sagte der Schwager, „aber der Kommandeur meinte eben …"

„Hör zu, du Schwachkopf, hast du nie daran gedacht, dass der Kommandeur diese ganzen Ausreden nur erfunden hat, weil er Angst hat, seine Stellung wegen irgendwelcher Verfehlungen zu verlieren?", fragte der Gemeindevorsteher voller Wut.

„Vielleicht haben Sie recht. Was meinen Sie, soll ich also … zu dem Armeestützpunkt zurückgehen … und …?"

„Zu spät", gab der Dorfobere mit trauriger Miene zurück. „Sie werden die Leiche schon verbrannt haben, um unerwünschte Beweise loszuwerden."

„So wird es sein", stimmte einer der Dorfältesten zu. „Um den Fall aufzuklären, hättest du dort bleiben und die Sache an Ort und Stelle bis zum Letzten ausfechten müssen. Oh je, einer dieser Armeegangster wird unseren armen Chilseong totgeschlagen haben."

„Deshalb sagt man immer, beim Militär zu sterben, ist ein elender Tod, den man keinem Hund wünschen mag", setzte ein anderer Dorfältester wütend hinzu. „Wenn diese Kerle bei der Armee beschließen, ihre eigenen Übeltaten mit dem Mantel des Schweigens zu bedecken, was können wir schon dagegen ausrichten? Wie sollen wir gegen sie ankommen? Ach, armer Chilseong!"

Die Dorfleute hatten keinen Zweifel, dass man Chilseong während seines Militärdienstes totgeschlagen hatte, und waren tieftraurig über dieses Ereignis. Kein Wunder, so lautete das Gerücht, Chilseong hatte doch dieses Problem ..., er pisste öfter ins Bett, und das noch mit über zwanzig! Natürlich, bei kleinen Kindern kommt das immer wieder vor, aber bei einem Erwachsenen war es doch ziemlich ungewöhnlich. Nicht zu glauben, dass ein so strammer und intelligenter Mann, der die Mittelschule mit Auszeichnung geschafft hat, unter so einer absonderlichen Krankheit leiden musste ... Und so nahmen die Erwachsenen eben an, Chilseongs Problem habe in der Armee weiter bestanden und sei schließlich sogar die Ursache für seinen Tod gewesen. Sie stellten sich vor, er habe vielleicht eines Nachts in sein Bett gemacht und seine Vorgesetzten so sehr gegen sich aufgebracht, dass sie ihn totschlugen.

Wenn die Leute von unserem Dorf nach Hwapori gelangen wollten, mussten sie zuerst den Höhenweg über den Roten Berg nehmen, dann kamen sie durch das Dorf Emiggimi, und anschließend hatten sie einen weiteren Höhenweg zu gehen. Von dieser Anhöhe zu unserer Grundschule mussten wir allerdings noch einmal einen steilen Berg überwinden, der uns weitere dreißig Minuten kostete. Und so liefen wir Schulkinder tagtäglich zwei Stunden lang die Hügel und Berge rauf und runter und durch Dörfer hindurch, bis wir unsere Schule erreichten. Wenn wir dann am Ende auf der Kuppe des letzten Hügels anlangten, von der aus man aus der Ferne unsere Schule erkennen konnte, waren wir alle erschöpft und durchgeschwitzt. Dabei war das noch gar nicht das Ende unseres Marsches; denn wir mussten uns beeilen, auch noch den Weg hinunter ins Tal hinter uns zu bringen.

Obwohl wir gewöhnlich ankamen, wenn die zweite Stunde schon begonnen hatte, wurden wir deswegen von unserem Lehrer niemals getadelt. Er wusste einfach, dass wir Kinder für den Weg von unserem Dorf, das am anderen Ende der Insel lag und den Spottnamen „Mauseloch" trug, immer mehr als zwei Stunden brauchten.

Als wir eines Tages wieder einmal mit vor Anstrengung geröteten Gesichtern und außer Atem in der Klasse eintrafen, eröffnete uns der Lehrer mit einem Lächeln eine Neuigkeit.

„Ihr ewig verspäteten Kinder aus dem Mauseloch", verkündete unser Lehrer fröhlich, „eure Mühsal wird bald ein Ende haben. Ab nächsten Monat schon könnt ihr Halunken eine Zweigschule in eurem eigenen Dorf besuchen."

Im Jahr zuvor hatten die Erwachsenen im Dorf entschieden, ein eigenes Schulgebäude zu errichten. Sie bauten es auf einem Feld am Dorfrand, nicht weit vom Strand. Darauf konnten wir jeden Tag die Erwachsenen fleißig arbeiten sehen, doch dass das Gebäude schon so bald fertig sein würde, hatten wir nicht gedacht. Es war vorgesehen, dass die Kinder aus Emiggimi und aus unserem Dorf die neue Schule besuchen sollten.

An jenem Tag war nach dem Bekanntwerden der schrecklichen Nachricht der Unterricht für die niederen Klassen um die Mittagszeit beendet. Wie immer taten wir uns zusammen und machten uns auf den Heimweg. Da alle Hunger hatten, suchten wir auf dem Weg nach wilden Beeren. Doch die Beeren waren noch unreif und die Süßkartoffelpflanzen brauchten noch etwas Zeit, um die Knollen auszubilden, die wir aus irgendeinem Feld auszugraben und roh aufzuessen pflegten, um damit unseren Hunger zu stillen. Als dann unser Dorf zu sehen war, war nur der Dampf von kochendem Reis über den Dächern zu erkennen, und das beschleunigte unsere Schritte.

Als wir schließlich über den Roten Berg hinweg und unten im Tal angekommen waren, sahen wir aus der Entfernung, dass am Rande des Kiefernwäldchens auf der Straße am Dorfeingang Leute herumstanden.

„Schaut doch, da sind Soldaten!", rief eines der Kinder.

„Was tun die denn hier?"

Neugierig, aber auch vorsichtig, näherten wir uns.

Auf der Straßenseite vor dem Waldrand standen zwei Soldaten und waren sichtlich nervös. Der eine war ein Korporal, der andere ein Offizier. Der Korporal war, mit weißen Baumwollhandschuhen, reichlich seltsam anzuschauen. Auch hatte er eine Schlinge um den Hals, wie jemand sie trug, wenn er seinen Arm gebrochen hatte, und am Ende der Schlinge hatte er vor seinem Bauch einen weißen, viereckigen Kasten hängen, den er mit beiden behandschuhten Händen umfasste. Als wir vor ihnen standen, schienen sie überrascht und machten einen besorgten Eindruck.

„Herr Offizier", hörten wir den Korporal sagen, fast in Panik, „was sollen wir denn tun? Kein Zweifel, sie werden uns noch einmal davonjagen."

„Wir können hier nicht weg, Sie Blödmann", antwortete der Offizier.

„Aber ..., es ist schon 13 Uhr 30", sagte der Korporal.

„Dieser verdammte Bataillonskommandeur!", rief der Offizier aus. „Die Kompanie drei soll sich um diesen Mist kümmern, nicht wir. Dafür sind die doch verantwortlich."

Wir gingen an den brummenden Soldaten vorbei zu den Dorfleuten, die etwa dreißig Meter von den Soldaten entfernt standen. Die Mehrzahl waren junge Männer, die etwa im Alter von Chilseong und mit ihm befreundet gewesen waren, darunter vor allem Weongil, Seongnam und Ungchi, die jetzt am Straßenrand saßen und eine Flasche Reiswein, *Maggeolli**, kreisen ließen.

„Diese Schweinehunde von der Armee werden nie und nimmer unser Dorf betreten", brüllte Woengil.

„Nur über meine Leiche, ihr Mörder. Wenn ihr Hunde in unser Dorf wollt, dann bringt uns Chilseong lebendig zurück", klagte Seongnam und wischte sich mit der Faust seine Tränen aus dem Gesicht.

„Verdammter Mist, das soll unser Freund Chilseong sein? In diesem Kästchen dort? Nein, ich kann das nicht glauben. Das ist nicht wahr. Das ist ein Alptraum. Hey, Chilseong … Chilseong …", klagte Ungchi, der am Stamm einer Kiefer lehnte und nicht mehr ganz bei sich war.

Ich schaute auf die Soldaten und den kleinen weißen Kasten. Ich fand das alles weniger traurig als vielmehr seltsam und unverständlich. Ich konnte nicht verstehen, wie ein so humorvoller und angenehmer junger Mann wie Chilseong sich in dieser kleinen Schachtel befinden sollte. Ich erinnerte mich, wie er mich einmal zusammen mit den anderen Kindern auf dem Nachhauseweg von der Schule getroffen hatte und mich einfach auf den Rücken nahm und nach Hause trug. Er war auch ein fantastischer Trommler bei den großen Vollmondfeiern. Und an dem Morgen, an dem er zum Militär aufbrach, verbeugte er sich artig vor jedem einzelnen der Dorfbewohner, die zu seiner Verabschiedung erschienen waren. Ich erinnerte mich noch, wie er uns lange zuwinkte und dann hinter dem Bergrücken verschwand. Ja, ich fragte mich damals, wohin um Gottes willen er mit seinem lachenden Gesicht verschwunden war, und ich konnte es kaum glauben, dass er jetzt in dem Kästchen sein sollte. Wenn ich dann die Soldaten in der grellen Sonne am Dorfeingang stehen sah, glaubte ich, ich träumte.

Die Leute sagten, die beiden Soldaten seien am Morgen angekommen. Aber die jungen Männer aus dem Dorf hatten sich beeilt, ihnen entgegenzugehen und sie am Betreten des Dorfes zu hindern. Von da ab, so hörten wir, würden die Soldaten nun seit Stunden abwarten, und weder ließ man sie ins Dorf noch konnten sie zu ihrer Einheit zurück.

Schließlich erschienen die Dorfältesten und versuchten, die Jungen von ihrem Vorhaben abzubringen, den Soldaten das Eindringen ins Dorf zu verwehren.

„Hört zu, ihr jungen Burschen. Wir trauern wirklich ebenso sehr wie ihr. Aber es muss alles seine Richtigkeit haben. Und das ist bei euch nicht der Fall", sagte einer von ihnen.

„So ist es", stimmte ein anderer zu. „Was ihr macht, das macht den Schmerz von Chilseongs Mutter nicht kleiner. Denkt lieber an ihr Leid als die ganze Zeit nur an eure eigene Trauer."

„Weil Chilseong tot ist, bleibt uns nichts übrig, als seine Asche jetzt in Empfang zu nehmen. Aber was tut ihr? – Ihr verweigert seiner Asche den Eintritt in sein Heimatdorf. Aber er muss in seine Heimat zurückkehren, um seine Ruhe zu finden. Und schließlich waren es sicher nicht diese Soldaten hier, die Chilseong getötet haben, oder? Sie führen doch nur ihre Befehle aus."

Mit gesenkten Köpfen hörten die jungen Männer den Ältesten zu. Dann ging der Dorfvorsteher und einer der Ältesten zu den Soldaten hinüber und sprach mit ihnen, und anschließend betraten die Soldaten das Dorf, indem sie in einem vorsichtigen Abstand hinter den Ältesten hergingen.

Als sie bei uns vorbeikamen, rannte Weongil plötzlich auf den Korporal zu und entriss ihm den weißen Kasten, drückte ihn an seine Brust und schrie laut auf. Darauf sprangen die anderen jungen Männer auf und gingen den beiden Soldaten an die Kehle, wobei sie wild auf sie einschrien.

„Ihr Mörder! Bringt uns Chilseong lebendig zurück!"

„Ich weiß genau, ihr Hunde habt unseren Freund auf dem Gewissen!"

Die Erwachsenen stürzten auf die Jungen zu und hatten Mühe, sie von den Soldaten zu trennen, die sofort die Flucht ergriffen hatten, mit den Jungen wütend hinter ihnen her. Seongnam erwischte den Korporal erneut am Genick, beide packten einander und fielen ineinander verkeilt auf den Feldrain neben der Straße. Wir Kinder und die Erwachsenen rannten zu ihnen, und als wir bei dem Kampfplatz ankamen, tauschten die beiden noch immer ein paar Schläge, doch so, als ob sie einer Art Szenenanweisung folgten, dauerte es nicht lange, und sie fielen einander in die Arme und fingen an zu heulen.

„Chilseong, Chilseong …, wo bist du nur?", schrie Seongnam.

„Ich …, ich habe doch von dem ganzen keine Ahnung", sagte der Korporal. „Ich habe auch Freunde in meinem Heimatort, auch meine Mutter lebt dort. Ich weiß doch nicht …, ich führe doch nur Befehle aus."

Während der Korporal mit dem weißen Band um den Hals mit Chilseongs Freunden zusammen heulte, blickten die Erwachsenen zu dem fernen Berg hinüber und wünschten, sie wären weit weg von dem ganzen Jammer. Der Offizier war unterdessen in das Kiefernwäldchen gerannt und schaute ängstlich hinter einem Misthaufen hervor.

Anschließend bewegten sich die Dorfleute mit den beiden Soldaten in Richtung auf das Haus von Chilseongs Mutter. Als diese sah, dass sich Chilseongs Asche in dem Kästchen befand, fiel sie in Ohnmacht. Der Sitte gemäß durfte man mit seiner Asche nicht ins Haus, da er in Abwesenheit von zu Hause gestorben war. Stattdessen stellte man das Kästchen mit der Asche in einen Pavillon, den man eilig errichtet und draußen in einem Gemüsebeet aufgestellt hatte.

Das ganze Dorf war in Trauer versunken. Meine Familie spendete Reiswein für die Begräbniszeremonie, und die Frauen arbeiteten eifrig an der Zubereitung der dazugehörigen Speisen. Wir Kinder befanden uns zwar auch in einer traurigen Stimmung, aber von den Düften der besonderen Leckerbissen angelockt, liefen wir hierhin und dorthin.

Die ganze Nacht hindurch nahm die Aufregung, die in Chilseongs Haus herrschte, kein Ende. Die Soldaten verhielten sich anfangs still, aber als sie sich mit den jungen Männern aus dem Dorf verbrüdert hatten, tranken sie große Mengen Reiswein, und als Chilseongs Mutter mit geschwollenen Augen aus ihrem Zimmer kam und den Soldaten Reiswein einschenkte, klatschten die Leute Beifall. Dann umarmten sich alle Jungen und sangen so lange Marschlieder zusammen, bis ihre Stimmen heiser waren.

Am nächsten Morgen wurde Chilseong an einem sonnigen Bergabhang am Rande des Dorfes bestattet. Ohne blumengeschmückte Totenbahre oder ein am Grab gesungenes Lied kehrte er in die Heimaterde zurück. Die am Begräbnis teilnehmenden Soldaten salutierten mit erhobenen Armen vor Chilseongs Mutter, während diese herzzerreißend schluchzte. Am Ende begleiteten Chilseongs Freunde die Soldaten zum Abschied bis zum Dorfausgang.

In dieser Nacht war der Himmel voll von leuchtenden Sternen. Ich hatte mich in Großmutters Schoß gelegt und hörte die Schreie der Vögel vom nahen Berg. Auch Chilseongs lachendes Gesicht konnte ich bis zum Einschlafen nicht vergessen, und kurz davor murmelte ich leise:

„Adieu, Chilseong, adieu."

14
KAMELIEN

Im Winter waren die Tage auf unserer Insel kurz. Wenn mit der Wintersonne das schwache Tageslicht hinter dem Berg verschwand, schlich sich sogleich die Dunkelheit heimlich wie eine herrenlose Katze herunter. Eines Abends, gleich nach dem Essen, ging Großvater ins Gemeindehaus, um sich mit Freunden zu unterhalten. Daheim in unserer Hütte zündete Großmutter eine Lampe an, und die Beleuchtung tauchte das Zimmer in ein tiefrotes Licht von der Farbe reifer Persimonen. Mein älterer Bruder und meine ältere Schwester lagen beide auf dem Bauch und machten im matten Lichtschein ihre Hausaufgaben, während ich auf dem geheizten Fußboden ruhte. Kurz darauf holte Großmutter ihren Nähkorb von der Ablage herunter, und da sie schlechte Augen hatte, richtete ich mich gleich auf, setzte mich neben sie und fragte, ob ich ihr helfen könne.

„Oma, soll ich das Einfädeln übernehmen?"

„Aha, mein Enkelsohn ist schon so groß geworden, dass er sich um seine alte Großmutter kümmern kann", antwortete sie lachend.

Nachdem sie ein paarmal mein Hinterteil getätschelt hatte, begann sie, Großvaters gesteppte Winterhose auszubessern. Da ich nichts zu tun hatte und es mir langweilig war, legte ich mich wieder auf den warmen Fußboden. Von draußen war der kalte Wind zu hören, und bald machte sich auch ein kühler Luftzug bemerkbar, der durch die Schiebetüren ins Zimmer kam. Im Winter kam der Wind immer von Norden über den vor dem Dorf gelegenen Berg herunter. Wenn der Wind erst einmal über den Bergkamm geweht hatte, schnaufend und keuchend wie Kinder auf dem Schulweg, brauste er sofort weiter nach unten, prallte auf die Hausdächer des Dorfes und schüttelte das letzte Laub von den Kakibäumen. Dann rüttelte er in seiner Boshaftigkeit noch die Efeuranken durcheinander, bevor er in die mit Kuhfladen bedeckten Gassen hineinfuhr und am Dorfbrunnen in die leeren Wassereimer blies, dass sie umfielen und durch die Gegend rollten. Und aus Langeweile konnte er sich auch den Spaß machen und über den Hafendamm ins Meer planschen und hohe Wellen verursachen, ehe er am Ende weit draußen in der dunklen Nacht verschwand.

Am Boden liegend horchte ich auf den Wind und blickte an die Zimmerdecke. Jedes Mal wenn das Licht der Lampe von dem Windhauch, der durch die schlecht schließende Zimmertür hereinkam, ins

Schaukeln versetzt wurde, warf es wellenförmige Schatten an die Decke. Mit einem Mal tauchte das Gesicht meiner Mutter unter den Schatten an der Decke auf, die von den Ausscheidungen der Mäuse befleckt war. Es waren Monate vergangen, seit ich die Mutter das letzte Mal gesehen hatte. Ich vermisste sie und fragte mich, warum sie uns auf der Insel nicht besuchen konnte. Im vergangenen Sommer war sie meinem Vater von der Kreisstadt nach Gwangju gefolgt, und mein ältester Bruder, meine älteste Schwester und mein jüngerer Bruder waren ebenfalls dorthin gezogen. Ich hatte gehört, Gwangju sei eine sehr große Stadt, weit weg von unserer Insel.

Was war der Grund, dass meine Eltern uns drei Kinder, meinen älteren Bruder, meine ältere Schwester und mich, nicht mitnahmen? Und hatten sie uns inzwischen schon ganz vergessen? Ja, vielleicht hatten sie uns drei schon längst aufgegeben? Ich vermisste meine Eltern und meinen ältesten Geschwister, den Bruder und die Schwester, und den jüngeren Bruder. Dennoch hatte ich zugleich auch das Gefühl, dass sie mir eigentlich überhaupt nicht fehlten. Ich dachte, die sind eben alle nur Egoisten, die nur an sich selbst denken und nicht an uns hier auf der Insel. Aber bei all diesen Gedanken würgte mich der Schmerz und mir kamen die Tränen. Damit Großmutter es nicht sah, drehte ich mich auf die andere Seite und steckte den Daumen in den Mund. Bestimmt würde sie deswegen schimpfen, aber einen anderen Trost hatte ich nicht, wenn ich meine Mutter vermisste.

Draußen blies der Wind wieder lauter, und vom Hof her konnte man die Deckel der Tonkrüge klappern hören. Sogar die eiserne Türklinke gab Töne von sich. Meine ältere Schwester Chunrye nahm die Feuerzange und stocherte damit im Herd herum; sie wollte sehen, ob die Süßkartoffeln, die Großmutter dort hineingelegt hatte, um sie für unsere abendliche Brotzeit zu garen, schon fertig waren.

„Lass sie liegen. Sie brauchen noch etwas, bis sie fertig gegart sind", bat sie meine Schwester.

„Du hast recht, sie sind noch roh", antwortete sie.

„Oma, bitte erzähl uns eine Geschichte", bat mein Bruder, der sich vor sie hingekniet hatte.

„Macht lieber noch eure Hausaufgaben fertig", sagte Großmutter.

„Ich bin schon fertig damit, und jetzt ist doch Märchenstunde", drängte mein Bruder.

„Genau, ich möchte auch eine Geschichte hören", bat meine Schwester.

Meine ältere Schwester und ich hatten uns ebenfalls vor Großmutter auf den Knien niedergelassen, so dass es auch möglich gewesen wäre, während ihrer Erzählung den Kopf in ihren Schoß zu legen. Bei solchen Gelegenheiten stand Großmutters Schoß immer meinem älteren Bruder und mir zur Verfügung und eigentlich nicht meiner älteren Schwester. Großmutter sagte dann immer, meine Schwester sei doch schon zu alt, um ihren Kopf noch in ihren Schoß zu legen.

„Ich weiß nicht ..., was für eine Geschichte wäre denn passend für heute Abend?", sagte Großmutter, während sie ihr Nähzeug beiseite legte.

„Aufregend muss es sein, aber bitte nicht so gruselig mit bösen Geistern oder sowas", sagte ich.

„Ich habe traurige Geschichten am liebsten ... oder über Blumen oder Vögel", sagte meine Schwester, die ihr Kinn auf ihre Hände gestützt hatte.

„Gut, dann ist die Geschichte von den Kamelien genau richtig. Sie handelt von einer armen Mutter und ihrer Tochter, die in Emiggimi lebten", sagte Großmutter.

„Wo war das genau?", fragte meine Schwester.

„Hast du dort in dem Dorf schon einmal dieses Haus am Ende des Bambuswäldchens gesehen? Dort wohnte während der japanischen Kolonialzeit* ein junges Paar", begann Großmutter mit der Erzählung ihrer Geschichte.

In Emiggimi, das zwischen Hwapori und unserem Dorf lag, lebten etwa dreißig Familien. Darunter war auch ein junges Paar, das sehr arm war, erzählte Großmutter. Der Mann war ein Fischer, der im Dienst von Schiffsbesitzern und mit verschiedenen anderen Jobs kaum für ihren Lebensunterhalt sorgten konnte, bis einmal ein Taifun das Fischerboot, auf dem er arbeitete, erwischte und vollkommen zerstörte. Nachdem er tagelang um sein Leben kämpfte, konnte er nach Hause und war fortan teilweise gelähmt.

Bald danach war die finanzielle Lage der Familie verzweifelt, und am Ende musste die Frau hausieren gehen. Sie kaufte für billiges Geld Kleidung bei Großhändlern auf dem Festland und verkaufte sie auf den Dörfern. Den achtjährigen Sohn ließ sie zu Hause beim Vater, während sie die fünfjährige Tochter auf ihren Verkaufstouren mitnahm. Dabei kam sie nicht nur hier durch die ringsum liegenden Dörfer, sondern wagte sich auch auf weiter entfernt liegende Inseln wie Cheongsando, Soando, Bogildo, Nohwado usw., und wenn sie zu diesen fernliegenden Orten unterwegs war, konnte es Tage dauern, bis sie wieder nach Hause kam.

Es kam öfter vor, dass man sie statt mit Bargeld mit Getreide und

Gemüse wie Gerste, roten Bohnen und Mungo-Bohnen bezahlte. Manchmal verkaufte sie ihre Waren auch auf Kredit und musste anschließend abwarten, bis die Kunden auf den Inseln im Winter ihre Seetangernte eingebracht hatten und sie aus dem Erlös bezahlen konnten. Aber auf die eine oder andere Weise konnte sie doch immer für ihren Lebensunterhalt sorgen, und die Familie brauchte nicht zu hungern.

Doch dann bemerkte sie auf einer der Touren, als ihre Tochter auf dem Abort saß, ein Geschwür am Hinterteil des Kindes. Es war wie eine weiche Beule von brauner Farbe in der Größe eines Daumennagels, aus der eine klebrige Flüssigkeit herauskam. Zuerst dachte sie sich nichts bei dieser Entdeckung und schenkte ihr keine Beachtung. Mit der Zeit aber wurde die Beule immer größer, und sie tat etwas Sojabohnenpaste und zerdrückte Kräuter darauf, was aber nichts half. Schließlich war das Geschwür halb so groß wie das Gesäß ihres Kindes. Und als sie einmal durch Nokdong Port kam, ging sie in eine Klinik und zeigte dem Arzt das Geschwür der Tochter. Der Doktor schaute es sich genau an, dann nahm er eine Nadel und stach an verschiedenen Stellen hinein.

Zur Überraschung der Mutter schrie das Kind dabei überhaupt nicht. Es schien nicht einmal zu spüren, dass ein spitzer Gegenstand in seine Haut eingedrungen war. Nachdem der Doktor seine Hände sorgfältig desinfiziert hatte, empfahl er der Mutter mit einem besorgten Gesicht, sie sollte mit der Tochter die Klinik auf Sorokdo, der Insel Sorok, aufsuchen. Der Name Sorokdo jagte ihr sogleich einen Schrecken ein; denn sie wusste, dort, nicht weit von Nokdong entfernt, befand sich eine berüchtigte Station für Leprakranke.

In jener Zeit war Lepra sehr verbreitet. Aussätzige mit hakenförmig verunstalteten Fingern, ohne Nasen und Augenbrauen und mit verwesendem Fleisch traten in Gruppen auf, bettelten auf den Straßen und versetzten die Menschen in Angst und Schrecken. Damals glaubten die Leute, man würde von der Seuche angesteckt, wenn man Wasser aus demselben Brunnen getrunken, ja man fürchtete sogar, sofort infiziert zu werden, wenn man einem Aussätzigen auch nur in die Augen geschaut habe.

Ein Arzt auf Sorokdo untersuchte das Geschwür ebenso sorgfältig wie der Kollege zuvor, auch er stach da und dort in die Beule hinein, und anschließend entnahm er dem umgebenden Fleisch eine bohnengroße Probe und erklärte, es seien weitere Untersuchungen nötig, und die Mutter solle in zwei Wochen wiederkommen, um das Ergebnis zu erfahren.

Die Mutter war sich über die Symptome ihrer Tochter im Klaren und kam vollkommen verzweifelt von der schauerlichen Leproseninsel zurück. Als sie, mit der kleinen Tochter auf dem Rücken, auf dem Weg nach Hause war, meinte sie, die Welt würde zusammenbrechen. In ihrer Verzweiflung war ihr der Ozean nur noch eine tote Wüste, alles war tot, ohne Gras, ohne Bäume und ohne irgendetwas Lebendiges.

Und als sie zu Hause ankam, sah sie ihren halb gelähmten Mann, wie er sich in die Küche schleppte, um Feuer zum Kochen zu machen, und ihren Sohn, der wie ein Bettler an einem rohen Rettich kaute. Dann blieb sie tagelang in ihrem Bett liegen, weinend und ohne ihrem Mann ein Wort über die Krankheit der Tochter zu sagen. Nacht für Nacht klagte sie todunglücklich über ihr Schicksal, und ihre geschwollenen Augen glichen dem Bauch eines Kugelfischs.

„Oh weh, oh weh, mein Kind ist aussätzig ... aussätzig", klagte sie, ohne es laut zu sagen. „Das kann nicht mein Kind sein...., in einem früheren Leben war sie mein Feind, und jetzt ist sie gekommen, um Rache zu nehmen! Warum musste mir dieser Gott so ein brutales Schicksal bestimmen! Was habe ich Böses getan, womit habe ich das verdient?"

Sie erinnerte sich, wie früher einmal die Leute schon auf das Gerücht hin, im Dorf sei ein Leprakranker gesehen worden, nach Hause gerannt waren und sich versteckt hatten. Es war ihr klar, sobald die Krankheit ihrer Tochter bekannt würde, könnte die ganze Famlie keinen Tag länger im Dorf leben. Nicht nur ihre Tochter, auch sie selbst, ihren Mann und ihren Sohn würde man als Aussätzige betrachten.

„Was soll ich machen? Was für schreckliche Dinge habe ich denn getan in meinen früheren Leben, dass ich so etwas verdient habe? Was für ein Schicksal, was für ein Schicksal!"

Und dann fasste sie einen entsetzlichen Entschluss. In dieser letzten Nacht zu Hause mit ihrer Tochter fand die Mutter keinen Schlaf mehr. Sie blickte nur in das Gesicht ihres Kindes, berührte ihre kleinen Hände und Füße und drückte es fest an ihre Brust, und das Weinen und Klagen hatte kein Ende.

Am nächsten Morgen in aller Frühe verließ die Mutter, mit ihrer Tochter auf dem Rücken, das Haus. Der Mann und der Sohn dachten, sie sei wie gewöhnlich zu einer Verkaufstour aufgebrochen. Es war ein besonders nebliger Morgen, als die gänzlich verstörte Mutter sich heimlich aus dem Dorf schlich. Als sie ihrer Tochter ein Bonbon in den Mund steckte, freute sich das Kind, und unter dem Eindruck ihrer glücklich lachenden Tochter würgte es die Mutter vor Gram.

Als sie den in einiger Entfernung aufragenden Hügelkamm erreicht hatte, drehte sie sich um und blickte zurück. Jenseits des sich nach oben windenden Weges konnte sie das Dorf nicht mehr erkennen, und direkt unter ihren Füßen war alles in dicken Nebel gehüllt.

Von hier aus nahm sie den Weg zu dem öffentlichen Begräbnisplatz auf dem Hügel, und dabei sprach sie leise auf ihre Tochter ein: ‚Das ist deine letzte gemeinsame Tour mit mir, mein Liebling'. Sie wischte ihre Tränen ab und setzte ihren Weg fort, doch ging sie immer langsamer, je größer ihr Schmerz wurde.

„Mama, schau … Blumen, rote Blumen", rief das Kind plötzlich von hinten auf ihrem Rücken und ruderte mit seinen Ärmchen.

Als sie sich umsah, erblickte die Mutter vor dem Hintergrund der dichten, weißen Nebelwand einen großen, mit blutroten Blüten besetzten Kamelienbaum. Sie pflückte einen Strauß roter Blüten ab und gab ihn der Tochter.

„Schöne … schöne Blumen!", rief das Kind vor Glück, und dabei bewegte es sich auf Mutters Rücken auf und ab.

Währenddessen kämpfte diese sich durch das dichte Gebüsch auf dem Weg zum oberen Teil des Gräberfeldes. Der Ort hier oben lag im Schatten, und man konnte dort niemand erkennen, wenn man ihn nicht absichtlich finden wollte. Einige der Gräber waren ausgehoben, und gebleichte Knochen lagen überall herum.

Die Mutter setzte ihr Kind neben eines der offenen Gräber und redete mit ihm.

„Komm, mein Schatz, machen wir eine kleine Pause. Willst du dich mit mir in das Nest hier legen?", fragte die Mutter.

„Ah, da gehen wir rein?", fragte die Tochter.

Die Mutter sprang in das offene Grab, das ihr gerade bis zur Brust ging, und half ihrer Tochter hinein. Dann breitete sie eine Decke auf der Erde aus und legte sich mit ihrer Tochter darauf.

„Da ist noch ein Bonbon für mein Kind."

Die Kleine freute sich erneut über das süße Bonbon, und die Mutter hielt sie fest in ihren Armen und unterdrückte ihre Tränen. Wider Erwarten fühlte man sich behaglich und warm in dem Hohlraum. Es wehte kein Wind, und vom Meer her war kein Ton zu hören.

Das Kind war gleich eingeschlafen, mit seinem Gesicht auf dem Arm der Mutter. Diese stand auf und tat sich schwer, aus dem Grab herauszusteigen. Dann sah sie hinunter, um das letzte Mal in das Gesicht ihrer Tochter zu blicken. Diese schlief tief und fest, mit den Blumen in einer Hand und dem Rest des Bonbons in der anderen.

„Adieu, meine Tochter, mein armes Kind!"

Mit unterdrückten Schreien beeilte sich die Mutter, aus dem öffentlichen Friedhof herauskommen.

„Bitte, verzeih dieser Mutter, die schlimmer ist als ein wildes Tier. Vergiss die Sünden deiner Mama, schau dich nicht mehr um und kehr ganz schnell heim in den Himmel, du weißt doch, alles ist Karma*. Und, bitte, werde wiedergeboren in eine gute Familie, in einem gesunden Körper, und lebe ein glückliches Leben!"

„Und was war dann mit dem Kind in dem Grab?", fragte meine ältere Schwester, schwer atmend und mit Tränen kämpfend, – während mein älterer Bruder neben ihr im tiefen Schlummer lag.

„Nun, drei oder vier Tage später kam die Mutter zu dem Grab zurück", antwortete Großmutter ganz kühl, „und fand ihre Tochter tot, so als würde sie friedlich schlafen. Sie hielt den Blumenstrauß, den ihre Mutter für sie gepflückt hatte, in den Armen, und als diese den toten Körper ihrer Tochter aus dem Grab heraushob, sah sie, dass die Fingerspitzen voller Erde und Blut waren, Zeugen von ihren vergeblichen Versuchen, sich aus der Grabhöhle zu befreien."

Jetzt begann meine ältere Schwester zu weinen. Großmutter versuchte sie zu beruhigen, aber es half nichts.

„Es tut mir leid, meine Kleine", sagte Großmutter. „Ich habe das nicht bedacht, aber ich hätte euch keine so entsetzliche Geschichte erzählen sollen. Doch ihr wisst ja, das ist alles lange her. Schau deinen jüngeren Bruder an, der weint gar nicht …, also bitte, hör auf."

Nachdem sie noch eine Weile geheult hatte, schlief meine Schwester ein, und der Duft von Süßkartoffeln verbreitete sich im Zimmer. Ich hörte draußen den Wind lärmen und zog mir die Decke über den Kopf. Bei geschlossenen Augen verfolgten mich die entsetzlichen Szenen der Geschichte, die ich gehört hatte, noch immer. Dabei lief es mir eiskalt über den Rücken, und es fröstelte mich.

Bald darauf befand ich mich in einem Traum. Meine Hinterbacken fingen an zu faulen, und ein Doktor in einem weißen Mantel machte Jagd auf mich, mit einer Nadel in seiner blutigen Hand. Und meine Mutter, die mich auf dem Rücken trug, rannte zum öffentlichen Friedhof von Emiggimi hinauf. Ich umschlang sie fest mit meinen Armen und schrie: ‚Nein, Mama. Nicht weglaufen, Mama … Mama, bitte'. Darauf erwachte ich schwitzend aus meinem Traum.

„Ist alles in Ordnung, Schatz?", fragte Großmutter.

Es war früh am Morgen, und Großmutter und Großvater blickten beide besorgt auf mich herunter. Es war mir kalt, ich zitterte und biss die Zähne aufeinander, aber sie redeten unverständliches Zeug auf mich ein, und bald befand ich mich wieder im Tiefschlaf.

Darauf war ich zwei Tage lang krank und hatte immer noch Albträume. Darin öffnete ich oft die Augen, erschrocken über meine eigenen Schreie, und hörte unweigerlich die Hilferufe des kleinen Mädchens, das nach ihrer Mutter rief. Dann lag ich allein in dem Grab und sah zahlreiche Sterne am düsteren Himmel droben, und in der einen Hand hielt ich ein Bonbon und in der anderen die Blumen. Immer und immer wieder rief ich nach meiner Mutter. Aber niemand antwortete mir. Ich hörte nur immer meine eigene Stimme in meinen Ohren widerhallen, in jedem Traum, immer wieder.

„Ich bin es, Liebling, mach deine Augen auf", sagte jemand. Ah, meine Mutter war da! Ich sah das Gesicht meiner Mutter, ich sah, wie ihr rundes, lächelndes Gesicht auf mich herabschaute. Ich spürte auch die warmen, weichen Hände meiner Mutter. Ein süßer Duft wie von Lilien kitzelte meine Nase. Ich dachte zuerst, ich träumte noch immer, und blinzelte mit den Augen.

„Ich bin es, deine Mama. Bist du in Ordnung?"

Jetzt konnte ich die sanfte Stimme meiner Mutter deutlich hören. Doch im selben Moment drehte ich mich auf die Seite, um ihrem Gesicht auszuweichen. Obwohl meine Mutter, die ich so sehr vermisst hatte, mir jetzt ganz nahe war, konnte ich ihr nicht ins Gesicht sehen.

Tränen liefen mir herunter, wie wenn ein Wasserspeicher übergelaufen wäre und mich überflutet hätte.

„Mein armer Junge, ich weiß, du hast mich sehr vermisst; du hast mir auch gefehlt. Es tut mir so leid, dass wir dich hier zurückgelassen haben. Bald werden wir alle zusammen in Gwangju leben", sagte Mutter und rieb ihre Wangen an den meinen.

„Sicher", bestätigte Großmutter, „so machen wir es. Wir ziehen diesen Herbst nach Gwangju. Und dann leben wir alle unter einem Dach. Auch Großvater und ich gehen mit euch. Und du kannst eine Schule in der Stadt besuchen, freust du dich nicht darauf?"

Als mir langsam klar wurde, was ich gehört hatte, hatte ich das Gefühl, mir wüchsen Flügel vor Freude. Dann verstand ich aber nicht, weshalb mir Tränen kamen bei all dem Glück.

15
EPILOG

DER STERN

Nach dem Abendessen machte ich mich zu einem Spaziergang mit meiner vier Jahre alten Tochter bereit.

„Wohin geht ihr? Es wird schon dunkel", sagte meine Frau. Sie wischte gerade die Ölreste aus der Bratpfanne. Die gebratene Makrele hatte köstlich geschmeckt, meine Frau hatte sie lange nicht mehr gekocht.

„Ach, ich möchte nur noch mit Songi zusammen ein bisschen an die frische Luft."

„Jawohl! Songi und Papa sammen …", versuchte Songi mir nachzusprechen.

Dabei schaute sie prüfend nach oben in mein Gesicht. Sie war in einem Alter, in dem ein Kind sprechen lernt und alles, was die Erwachsenen sagen, nachzuahmen versucht wie ein Papagei. Ich nahm meine Tochter bei der Hand, und während wir zum Aufzug hinaus gingen, erklärte ich ihr den korrekten Gebrauch von ‚zusammen'.

Vor dem Lift wollte sie unbedingt, wie gewöhnlich, selber auf den Knopf drücken, und deshalb hob ich sie hoch zu der Schaltfläche. Und als ihr kleiner Finger auf den ‚Abwärts'-Knopf gedrückt hatte, leuchtete dieser grün auf, und die Türen öffneten sich.

In der Liftkabine schaute sie nach oben und las laut die Nummern der Stockwerke mit, die der Reihe nach aufleuchteten und wieder erloschen: „Neun, acht, sieben, sechs, fünf, vier, drei …", rief sie.

In den Augen eines vierjährigen Mädchens erscheint alles als wunderbar und märchenhaft. Jedes Mal wenn sie neue Namen für die Dinge lernte, strahlten ihre Augen vor freudigem Erstaunen.

Angefangen von den Dingen, die sie vor sich sah und anfassen konnte, wie etwa Leute, einen Hund, ein Haus, einen Spielplatz, ein Auto, eine Blume oder ein Karussell, bis zu solchen, die sie weder betrachten noch berühren konnte, wie das Rauschen fließenden Wassers, den Duft einer Blume, den Wind oder einen Ton vom Klavier, – alles das, eines nach dem anderen, prägte sie sich sorgfältig ein und versuchte, es sich zu merken. Seit sie angefangen hatte, ihre Augen allmählich für die Dinge dieser Welt zu öffnen, wurde sie von ganzen Wellen der Freude und des Staunens erfasst.

Ich weiß jedoch, es ist unvermeidlich und es wird nicht mehr lange dauern, bis es ihr klar werden wird, dass wir menschliche Wesen wie kleine Samenkörner über ein unermessliches Universum verstreut sind. Und sie wird ihre Erfahrungen mit der traurigen Tatsache machen, dass diese Welt nicht nur voller Freude und Glück, sondern, und das in einem noch größeren Maße, voll von Leid, Betrübnis und gestörten Menschen ist. So wie alle früheren Generationen das gelernt haben, meine Frau und mich eingeschlossen, meine Eltern und, ja, überhaupt alle menschlichen Wesen, die jemals gelebt haben oder noch leben: so wie sie alle wird sie früher oder später diese Wahrheit einsehen müssen. Wenn ich die rosigen Wangen meiner Tochter sehe, geht mir dieser betrübliche Gedanke nicht mehr aus dem Kopf und macht mich traurig.

Draußen war es bereits dunkel. Wie wir wollten auch andere Leute nach dem Abendessen noch an die frische Luft gehen. Wir sahen junge Leute mit kleinen Babies im Kinderwagen und Kinder, die umhersprangen, um die Wette liefen oder mit Begeisterung Verstecken spielten. In der Nähe des Blumengartens, der zu unserem Hochhaus gehörte, machten wir halt. Jedes Mal wenn dort die Jungen auf ihren Fahrrädern dicht an uns vorbeibrausten, hielt sich meine Tochter ängstlich an meiner Hand fest.

Ich setzte mich auf einen Betonklotz am Rande des Gartens und schaute an unserem Wohnblock hoch. Das im Dunkeln mächtig aufragende Gebäude aus Beton kam mir kalt und abweisend vor.

Zwei Jahre zuvor waren wir in diese Wohnanlage gezogen. Sie lag in den Außenbezirken der Großstadt (Seoul) am Fuß eines Berges. In dem Gebäude wohnten einhundertundfünfzig Familien, die aus verschiedenen Orten zugezogen waren und mit unterschiedlichen Jobs ihr Geld verdienten. Hinter den dünnen Wänden, die die genau gleichen Wohnungen voneinander trennten, verbrachten ähnliche Familien ihr Leben auf ähnliche Weise, und viele kannten nicht einmal ihre Nachbarn hinter der Tür nebenan.

Ich folgte dem Zeigefinger meiner Tochter, mit dem sie die Stockwerke abzählte, doch bei Nummer dreizehn hörte ich auf. Hinter dem erleuchteten Fenster unserer Wohnung war meine Frau wahrscheinlich noch mit dem Abwaschen des Geschirrs beschäftigt.

„Papa, da oben, das ist unsere Wohnung!", rief meine Tochter stolz.

„Ja, richtig, unser Zuhause", sagte ich etwas zerstreut.

Unser Zuhause? Ich war mir nicht sicher, ob ich das mein Zuhause nennen sollte. Man könnte es einen Zellenblock nennen. Das Gebäude, voll gepackt mit lauter ähnlichen kleinen Zellen, dicht an dicht neben-, über- und untereinander, glich einem Bienenstock, ich fühlte mich leicht beengt und bekam Platzangst. Und ich hatte immer das Gefühl, es fehlte mir an frischer Luft. Der Block war billig gebaut von Leuten, die nur schnelles Geld verdienen wollten, und stand gegen Nordost, so dass in die Appartements niemals ein Sonnenstrahl hineinfallen konnte. Auf der Veranda welkten im riesigen Schatten des Gebäudes einige Pflanzen vor sich hin, und ein Schmetterling oder eine Biene verirrte sich niemals dorthin, obwohl die Blumen auf ihren schwachen Stielen durchaus zu blühen versuchten.

Meine Frau sagte gern, eigentlich wolle sie lieber auf der Erde leben und nicht in der Luft. Sie wollte festen Boden unter ihren Füßen haben, und zu Hause wollte sie ihre Blumen mit Regenwasser gießen und nicht mit Wasser aus dem Wasserhahn. Davon träumte auch ich. Ich wollte nicht in einer solchen Schuhschachtel leben, auf die jede Art von Großstadtlärm hereinprasselte. Doch wir waren arm, und daran würde sich in absehbarer Zeit auch nichts ändern. Wir mussten uns um die Miete kümmern, die der Eigentümer mit Sicherheit jedes Jahr erhöhte. Trotzdem, und trotz der steigenden Miete, fühlten wir uns gleichzeitig aber auch erleichtert, dass wir rechtzeitig in diese Wohnung gezogen sind und uns keine Sorgen über die riesigen Summen zu machen brauchten, die die Leute heutzutage für einen Pachtvertrag aufbringen müssen.*

Ich bedauerte es, dass meine Tochter in dieser Betonkiste geboren wurde und aufwachsen musste, und tastete nach ihrer Hand. Ich fragte mich, wie Stadtkinder die Welt da draußen sehen, Kinder, die alle in diesen komischen Betontürmen geboren wurden, diesen monströsen Ungetümen ohne Grün, ohne Bäume, Steine oder Erde, wo sie nur auf Knöpfe drückten, um eiserne Tore wie durch Zauberhand aufgehen zu lassen.

Ich empfand etwas Kaltes und Schweres in meinem Herzen. Rasch stand ich auf und ging mit meiner Tochter an der Hand auf die Straße. Im düsteren Schein der Straßenbeleuchtung verkaufte ein Mann mit einem Hut auf dem Kopf Wassermelonen. Seine heisere Stimme verriet ein gewisses Maß an schlechter Laune und Erschöpfung. Der Mann im mittleren Alter hätte auf seinem Weg durch die Nebenstraßen längst alle Melonen verkaufen sollen, deshalb seine Müdigkeit und seine heisere Stimme, die er sich beim Feilbieten seiner Waren den ganzen Tag lang auf der Straße zugezogen hat. Trotzdem lagen noch immer viele Melonen, große und kleine, in seiner Schubkarre. Als ich verstohlen zu ihm und seinen Wassermelonen hinübersah, musste ich an seine Familie denken, die ich nicht kannte und die zu

Hause auf seine Rückkehr wartete. Ich stellte mir vor, dass sie so ähnlich auf ihn wartete wie seine Melonen die ganze Zeit darauf gewartet hatten, endlich verkauft zu werden.

Außen um die rote Backsteinmauer unseres Gebäudes herum führte eine nicht asphaltierte Straße zu einem kleinen Hügel. Die Straße wurde nicht von Laternen beleuchtet. Es waren dort viele neue Häuser gebaut worden, und jenseits des Baugeländes stand ein alter Schrein. Ich hatte keine Ahnung, aus welcher Zeit er stammte, aber der Ort und der Berghang, vor dem er stand, lagen gewiss einmal weit draußen. Dann hatte die Stadt sich bis hierher ausgebreitet, und in einer nicht fernen Zukunft wird dieser antiquierte Schrein abgerissen werden und der nächsten Neubauwelle zum Opfer fallen.

Die Welt ist anders geworden, auch wenn der übliche Tageslauf derselbe geblieben ist. Schon auf den ersten Blick kommt es mir oft so vor, als hätte sich die Umgebung gegenüber der Vergangenheit völlig verändert, in ihren Formen und Farben und durch die neuen Namen. An Alter und Tradition zu denken, ist heute anscheinend zu einer Art Sünde geworden. Gegenstände, die früher so lange Bestand gehabt hatten, sind zertrümmert und wurden durch neue und seltsame Dinge ersetzt. Das Tempo und die Entschiedenheit dieser Veränderungen erzeugen bei mir nur Unbehagen und Angst. Bin ich wirklich ein so ängstlicher und zaghafter Mensch, dass ich mich derart vor Veränderungen fürchte? Das frage ich mich oft selbst.

Als ich an dem alten Schrein vorüber war und in einen schmalen Weg einbog, erblickte ich eine Hecke aus Sträuchern mit bengalischen Quitten, hinter der sich ein schwach gebautes Glashaus mit einem leichten Dach darüber befindet, in dem gerade Licht brannte. Ich bewegte mich vorsichtig, denn ich hatte gehört, dass hier jemand Hunde züchtete. Auch war ich ein paar Tage zuvor zufällig hier vorbeigekommen und hatte mehrere Hunde dort eingesperrt gesehen. Ich hatte das Glashaus bereits von meiner Wohnung im dreizehnten Stock aus gesehen, aber ich dachte immer, da wird eben jemand irgendwelches Baumaterial untergebracht haben. Niemals wäre ich auf die Idee gekommen, dass dort so viele Hunde gehalten würden.

Es kam mir recht merkwürdig vor, an der Hecke entlangzugehen, weil man keinen Ton hörte. Die Hunde bellten auch nicht. Sie starrten mich lediglich durch die Glaswände an, als wären sie hypnotisiert oder befänden sich im Traum. Und dann erinnerte ich mich, dass ich vom Fenster meines Appartements aus auch noch nie einen Hund bellen gehört hatte.

Damals war mir das ein Rätsel, für das ich die Lösung erst später erfuhr. Man sagte mir, die Hunde könnten nicht bellen, weil der Züchter ihre Gehörnerven abgetötet hatte. Dabei stach der Hundehändler mit einer spitzen Nadel in die Ohren eines kleinen Welpen, und das führte dazu, dass der Hund sein Gehör verlor und am Ende einfach vergaß, wie man bellte. Nach dem Verlust ihres Gehörs und der Fähigkeit zu bellen blieb den Hunden nur noch, zu fressen und davon fett zu werden. Und sobald sie rundlich genug waren, wurden sie an ein Restaurant für Hundesuppen verkauft. Hunde zu beobachten, die weder bellten noch auf Fremde reagierten und nur irgendwie geisterhaft umherliefen, war einfach grotesk.

Dann waren wir oben auf dem Hügel. Ich setzte meine Tochter ins Gras und ließ mich neben ihr nieder. Auf den grünen Feldern dort unten war in der abendlichen Dunkelheit eine Art riesiger schwarzer Lache entstanden. Ich hörte Frösche quaken in diesem Tümpel; seit langem hatte ich keine Frösche mehr quaken gehört. Ein großer Teil dieses Feldes war gerodet und aufgegraben worden für den Bau eines neuen Appartement-Hochhauses, doch ein paar Frösche hatten das Durcheinander offenbar überlebt. Von meinem Platz im Gras aus schaute ich auf die Lichter der Großstadt jenseits unseres Hochhauses hinüber. Zwischen den blendenden Neonlichtern ragten Wolkenkratzer in den Himmel, und erleuchtete Laternen säumten die belebten Straßen, auf denen Autos mit blitzenden Scheinwerfern und surrenden Geräuschen alles zu überschwemmen schienen.

„Papa, schau doch, der Himmel. Wie es da oben glitzert", sagte meine Tochter und zerrte mich am Arm.

Ich folgte ihrem Zeigefinger nach oben und blickte in den Nachthimmel hinauf. Sie hatte recht, unzählige Sterne verströmten ihren hellen Glanz.

„Das sind Sterne, stimmt's, Papa?", fragte sie.

„Ja, da hast du recht!", rief ich laut, als ob ich die Sterne zum ersten Mal gesehen hätte.

Sie hielt ihren Atem an und schaute mit halb geöffnetem Mund unverwandt zum Himmel. Für ein vierjähriges Kind, das in einer Hochhauswohnung geboren und aufgewachsen ist, mussten die Sterne immer etwas Seltsames und Fernes bleiben.

Ich schaute wieder nach oben. Als sich meine Augen an die Dunkelheit gewöhnt hatten, gerieten immer mehr Sterne in meinen Blick. Es sah aus, als hätte jemand eben eine Schmuckkassette geöffnet und ihren Inhalt über den ganzen Himmel verstreut, eine so große Menge unzähliger Sterne strahlte da in der Dunkelheit. Und im selben Moment sah ich eine Sternschnuppe über den Nachthimmel zischen, ehe sie ebenso plötzlich abstürzte und verlosch.

„Papa, der Stern hat geweint", sagte meine Tochter und zeigte mit einem erschreckten Gesicht auf die Bahn, auf der die Sternschnuppe eben verschwunden war.

„Songi, das war kein Stern, der geweint hat. Da ist gerade einer auf die Erde herunter gekommen", erklärte ich ihr.

„Ein Stern ist abgestürzt!"

„Ja. Immer wenn ein Stern herunterfällt, wird irgendwo auf der Welt ein Baby geboren. Sterne werden Babies", sagte ich.

„Waas? Ist das wahr, Papa?"

„Bestimmt. Jeder auf dieser Erde war einmal ein Stern, bevor er auf die Welt kam. Auch du, du warst auch einmal ein Stern, ein wundervoll leuchtender Stern am Himmel."

„Mama und du, ihr auch?", wollte meine Tochter wissen.

„Ja, mein Engel. Auch deine Oma, dein Opa, deine Mama und ich, deine Freunde, auch ihre Familien, und die Hausmeister in unserem Wohnblock, und die Frauen, die die Milch ausfahren: alle, alle sind einmal Sterne am Himmel gewesen."

„So viele?", rief meine Tochter, klatschte in die Hände und schaute sofort wieder in den Himmel hinauf.

Ja, jeder war einmal ein Stern. Ich sagte das auch zu mir selbst, als ob ich träumte. Ich kenne diese Tatsache schon lange, es war ja die Geschichte, die Großmutter vor langer Zeit immer erzählte. Doch Großmutter war schon lange nicht mehr bei uns, und die Insel und so viele liebe Gesichter meiner Kindheit waren allmählich aus meinem Gedächtnis entschwunden. Aber ich dachte noch immer daran, was Großmutter gesagt hatte, dass nämlich jene, die entschlafen sind, herrlich funkelnde Sterne am Himmel werden.

Gewiss, ich weiß, ich lebe schon zu lange, um eine solche Geschichte noch glauben zu können. Ich weiß, mein Herz ist zu nüchtern geworden für solche Träume und mein Blick zu trüb, um mit ehrfürchtigem Staunen zu den Sternen hinauf zu blicken. Ich weiß aber auch, dass auch meine Tochter einst feststellen wird, dass diese Geschichte nur ein Lügenmärchen ist, und sie wird vor ihren Augen in Scherben zerfallen, so wie das auch bei mir gewesen ist. Doch warum habe ich ihr dann diese Geschichte erzählt, die Großmutter mir damals erzählte, im Hof, neben dem kleinen Feuer gegen die Mosquitos? Vielleicht wollte ich einfach, dass auch meine Tochter mit einer so schönen Geschichte vertraut wird – so lange jedenfalls, bis sie nicht mehr daran glauben kann. Vielleicht wollte ich, dass wir das Staunen über diese Geschichte und ihren Zauber miteinander teilen, über diese zauberhafte Geschichte, an die Menschen, die schon lange tot sind, einst glaubten, und Menschen, die heute leben, noch immer glauben, und Menschen auch in Zukunft glauben, und die sie wieder erzählen werden, immer fort und immer wieder.

WORTERKLÄRUNGEN UND SACHERLÄUTERUNGEN

Seite

15 *Zelkove:* Eine in Asien (China, Korea, Japan), aber auch in Süd-
und Südosteuropa bzw. dem westlichen Asien (Kreta, Sizilien,
Kaukasus) bekannte Pflanzengattung aus der Familie der Ulmen
(deshalb auch ‚asiatische Ulme' genannt), die als Strauch oder
als mächtig ausladender Baum mit starken Ästen von bis zu drei
Metern Höhe vorkommt und in Japan auch als Bonsai kultiviert
wird. Im ländlichen Korea steht eine Zelkove traditionell am
Dorfeingang. Der in unserer Übersetzung gebrauchte Name ent-
stammt der georgischen Sprache.

24 *Nagildo:* Die Insel *Nagil;* das an den Namen angehängte *do*
bedeutet Insel. Nagildo ist in diesem Roman ein fiktiver Name,
der für eine der zahlreichen kleinen Inseln vor der südwestli-
chen Küste der koreanischen Halbinsel steht, unter denen Jejudo die größte und bekannteste ist, sie liegt auch am weitesten
südlich in einem eher subtropischen Klima. Der Autor Lim Chul
Woo stammt von Wando, also von der Insel Wan.

25 *„... wollte ich dich fragen":* Die ältere Großmutter redet die
jüngere Beoldeongnyeo mit *du* an und wird von jener mit *Sie*
angeredet. Der Altersunterschied ist ein Hauptkriterium bei der
Wahl der Anredeform Sie vs. du.

27 *Aigo:* Sehr häufig begegnender koreanischer Klagelaut, mit Be-
tonung am Wortende, oft auch in der Form *aigoo!, aigu!* oder
ahi-go! Da für solche Expressivworte nicht immer ein geeignetes
Äquivalent zur Verfügung steht, bleiben sie oft unübersetzt und
werden, wie z. B. auf dieser Seite der verächtliche Ausruf *jjeut!*
(sprich dschut), hier kursiviert.

31 *eine entfernte Tante:* Gemeint ist hier eine Kusine seiner Mutter
(die man ihm Deutschen wohl nicht Tante nennen würde).

32 *Gwangju:* Sprich Gwangdschú, ist die Hauptstadt der Provinz
Jeolla-Süd (Jeollanam), sprich Dschollá, im äußersten Südwesten
der koreanischen Halbinsel, zu der auch mehrere davorliegende
Inseln gehören. Sie zählt heute ca. 1,5 Millionen Einwohner. Mit
Ausnahme von Kap. 1 und Kap. 15, wo vom Seoul der späten
1980er Jahre die Rede ist, ist in diesem Roman mit der großen
Stadt meist Gwangju etwa 15–20 Jahre zuvor gemeint.

34 *an den Chuseok-Feiertagen Songpyeons herstellte: Songpyeon*
(sprich Songpjón) ist der Name für die halbmondförmigen, mit

gerösteten Sesam-Samen oder Mungobohnen und Zucker gefüllten Teigtaschen aus Reismehl, die (des Geschmacks wegen)
zusammen mit Kiefernnadeln gedämpft werden. Sie werden traditionell am *Chuseok*-Feiertag gegessen und sind eine der vielen
Arten der *Ddeok*: So heißen die verschiedenen Formen von Kuchen und Gebäck aus Reismehl, die traditionelle koreanische
Süßspeise.

Chuseok: Sprich Tschusók, der wichtigste der traditionellen koreanischen Feiertage (neben dem Neujahrsfest *Seollal* Mitte Fe-
bruar), nach dem Mondkalender in der Mitte des 8. Monats (im
Jahr 2020 der 1. Oktober nach dem Sonnenjahr). In erster Linie
entspricht *Chuseok* dem Erntedankfest, es ist aber ebenso der
Tag des Gedenkens an die Verstorbenen und daher der wichtigste Tag im ganzen Jahr für Familientreffen überall im Land.

36   *von zehn Meilen Länge:* Eigentlich das „Zehn-*Ri*-Bonbon", von
      Ri: die sog. koreanische Meile = ca. 0,400 km, 10 Ri wären
      dann ca. 4 km.

39   *Jeogori:* Sprich Dschogóri. Dem Bolero ähnliche Jacke mit lan-
      gen Ärmeln, als Teil des *Hanbok*, der traditionellen Kleidung
      der Koreaner, die aus zwei Teilen besteht: bei den Männern aus
      einer Art Pluderhose mit Jacke bis zur Taille, bei den Frauen aus
      einem langen, weiten Rock (*Chima*) und dem *Jeogori*, dem
      Oberteil, das über die hohe Taille hinweg bis unter die Brust
      reicht (vgl. zu S. 104).

42   *sagte eine Dorffrau:* Im koreanischen Original: „wenn man vom
      Tiger spricht, kommt er auch", hier mit der im Deutschen ent-
      sprechenden Redensart wiedergegeben: Wenn man vom Teufel
      spricht … (kommt er herein).

42   *Beoseon:* Boson, traditionelle Socken für Frauen, Männer und
      Kinder, die zum *Hanbok* getragen werden. Sie sind aus weißem
      Baumwollstoff genäht und besonders warm, die Oberfläche ist
      meist gesteppt und manchmal mit bunten Stickereien verziert.

48   *jing-* und *ggwaenggwari-Gongs:* Sprich tsching, gwängwari. Be-
      zeichnungen für verschiedene Größen der aus Messing beste-
      henden Gongs, also Perkussionsinstrumente: die mittlere (*jing*)
      und kleinere Größe (*ggwaenggwari*), die auch in verschiedenen
      Tonhöhen und Klangfarben erklingen. Die Gongs werden mit
      der linken Hand gehalten und mit einem hölzernen Schlagstock
      in der Rechten bearbeitet. In den alten Zeiten waren die Gongs
      aus Bronze.

50   *über den Halla-Bergen:* Gemeint ist die Umgebung des *Hallasan*

(des Halla-Berges) auf der Insel Jeju (Jejudo), sprich Dschédschu, des mit 1950 m höchsten Berges Südkoreas.

52 Gemeint ist das Lied *Mokpo-ui nunmul* („Die Tränen von Mokpo"), das auf eine Art passiven Widerstand der Bevölkerung der Jeolla-Provinz gegen die japanische Kolonialherrschaft anspielte. Das Lied gehörte zu den beliebtesten Schlagern der 1950er/60er Jahre, der Blütezeit des „Trott" [der Name wohl abgeleitet vom westlichen Modetanz „Foxtrott"]. Die sogenannten „Trott-Lieder" wurden in Korea mit Hinweis auf die japanischen Einflüsse lange stigmatisiert, erfreuten sich (noch heute anhaltender) großer Popularität, weil sie in engem Bezug zu Leben und Gefühlen der Menschen in unruhigen Zeiten standen.

55 *Algenzucht:* Gemeint ist vor allem Seetang (Nori), wenn von Algenzucht die Rede ist. Seetangblätter werden, geröstet oder in anderen Formen der Weiterverarbeitung, für verschiedene Speisen verwendet (besonders ‚fingerfood') und sind in Korea (wie auch in Japan, man denke an Sushi) sehr beliebt.

57 *der öffentliche Waschplatz:* Es gab zu dieser Zeit in Korea auf dem Land weder fließendes Wasser in den Häusern und Wohnungen noch gar Waschmaschinen.

59 *Ddeok:* gedünstete Reiskuchen, hier mit Beifuß, vgl. zu S. 34.

68 *haben Sie schon vergessen:* Zur Anrede vgl. zu S. 25.

73 *Aigu:* Vgl. zu S. 27.

78 *Pyeongsang:* Sprich Pjongsang. Eine quadratische oder auch rechteckige Plattform aus Holz auf vier kurzen Beinen, in verschiedenen Größen, oft mit einer Fläche von 2x2 Metern oder größer, beliebig zu platzieren und von allen Seiten zugänglich. Ein *Pyeongsang* steht in der Regel im Freien und wird vor allem in der warmen Jahreszeit im Hof oder Garten benutzt. Man kann sich daraufsetzen wie auf eine niedere Bank, man kann sich darauf legen wie auf eine Holzliege und man kann etwas darauf ablegen oder stapeln usw. Es fehlt im Deutschen ein passender Name für dieses vielseitig verwendbare Möbelstück.

79 *wieder einmal nass gemacht hatte:* In der alten Zeit schickten koreanische Eltern ihre kleinen Kinder zu den Nachbarn und ließen sie um Salz bitten, wenn sie nachts ins Bett gemacht hatten. Die Peinlichkeit, die Bettnässer so im Angesicht der Nachbarn verspüren mussten, war eine traditionelle Methode, kleine Kinder an den regelmäßigen Gang zur Toilette zu gewöhnen.

82 *den Chuseok-Feiertagen:* Vgl. zu S. 34.

89 *Karma*: Die gewöhnliche Wiedergabe durch die westlich-christliche Vorstellung vom ‚Schicksal' (das, unerkennbar, von außerhalb auf die Welt und die Menschen wirkt) ist irreführend. In der Lehre des Buddhismus ist Karma der Begriff für die Wechselwirkungen zwischen den guten bzw. schlechten Taten der Menschen einerseits und deren Folgen im Leben und auch noch nach dem Tod bzw. im nächsten Leben. Zu denken ist an eine Art Bilanz: Wer mehr Gutes als Schlechtes tut, besitzt danach ein gutes Karma. Das wirkt sich auch auf das nächste Leben aus. Ihm steht dann eine besondere Ehre zu und er darf auf ein angenehmes neues Leben hoffen. Vielleicht rückt er damit sogar der Befreiung aus dem Kreislauf der ewigen Wiedergeburt ein kleines Stück näher. Wer sich dagegen sehr oft schlecht verhält, muss nach diesem Glauben im nächsten Leben mit Armut, Krankheit, Katastrophen oder anderem Übel rechnen. Vielleicht wird er sogar als Tier wiedergeboren.

90 *Gut*: Der/das *Gut* (sprich Gutt) ist der Name für die schamanistische Zeremonie, den Ritus der ‚Geisterbeschwörung' durch die Schamanen. Daran sind drei Elemente beteiligt: die Geister als Gegenstand der Verehrung nach dem Glauben des Volkes, die Gläubigen, die diese Geister anbeten, und die Schamanin/der Schamane, die oder der mittels einer Zeremonie zwischen den Geistern und den Gläubigen vermittelt. Nach ihren Funktionen sind drei verschiedene Typen des *Gut* zu unterscheiden. Unter ihnen hat der *Ssitgimgut* den Zweck, den Geist des Verstorbenen zu reinigen/zu heilen. Generell handelt es sich bei diesem (auch vorbuddhistischen) Volksglauben um die Vorstellung, dass es im Todesfall beim Eintritt des Verstorbenen in das (heimatliche) Reich der Toten zu Behinderungen oder Verzögerungen kommen kann. Der Grund sind die aus dem irdischen Leben mitgebrachten ‚Unreinheiten', Verletzungen usw. Davon können die Geister der Verstorbenen durch das *Gut* ‚reingewaschen', d. h. befreit werden. Dieser Typ des *Ssitgimgut* hat sich vor allem im Südwesten Koreas entwickelt, dem Schauplatz unseres Romans. Vgl. auch die Erläuterungen zu den folgenden Stichworten.

90 *Mudang*: Die koreanische Bezeichnung für die Schamanin/den Schamanen; die meisten, aber nicht alle Schamanen in Korea sind Frauen.

91 *Exorzismus*: Dieser Begriff ist hier eigentlich irreführend, aber mangels einer besseren Alternative schwer zu umgehen. Er meint jedenfalls keineswegs dasselbe wie die westlich-christliche

,Teufelsaustreibung'. Es handelt sich weder um ein ,Jenseits' im Sinne des Christentums, d. h. um eine ganz andere Welt des absolut fernen ,Gottes' bzw. des ,Teufels' und der von ihm gesandten ,bösen Geister', noch um ,Sünde' und ,Erlösung' oder dergleichen. Die Vorstellungswelt des koreanischen Schamanismus und des mit diesem verbundenen Buddhismus ist weniger ,metaphysisch', der irdischen Welt sehr viel näher und daher ,pragmatischer'. Vgl. die Erläuterungen zu den voranstehenden Stichworten *Gut* und *Karma* (zu S. 90).

92 *Mittelschule:* In Südkorea seit den 1950er Jahren eine dreijährige weiterführende Schule, die im Anschluss an die sechsjährige Grundschule, die für alle verpflichtend war, besucht werden konnte. Wer die Mittelschule besuchte, konnte gewöhnlich zwischen zwei Zweigen wählen, einer allgemeinen Berufs- und einer Hauswirtschaftsschule. Unter den bedrückenden sozialen Verhältnissen am Anschluss an den nicht lange zurückliegenden Krieg in Korea bedeutete bereits der Besuch einer Mittelschule, zumal für ein Mädchen, einen wichtigen Schritt zu sozialem Aufstieg.

94 *Majigi:* Sprich Madschigi. Koreanisches Flächenmaß, 1 Majigi entspricht 150–300 *Pyeong* (sprich Pjóng; 1 *Pyeong* entspricht ca. 3,3 m²): also ca. 500–1500 m².

94 *Geisterbeschwörung:* Vgl. zu S. 91.

97 *Baksu:* Bezeichnung für einen männlichen Schamanen, der hier die Trommel schlägt.

104 *Hanbok:* Die traditionelle Kleidung der Koreaner, die aus zwei Teilen besteht: bei den Männern aus einer Art Pluderhose mit Jacke bis zur Taille, bei den Frauen aus einem langen, weiten Rock und einer dem Bolero ähnlichen Jacke mit langen Ärmeln (*Jeogori*, sprich Dschogóri). Dabei beginnt der Rock (*Chima*, sprich Tschíma) über der Brust und reicht von dort bis zum Boden, während das Oberteil, der *Jeogori*, über die hohe Taille hinweg bis unter die Brust reicht. Im Alltag wurde ein *Hanbok* aus einfacher Baumwolle getragen, an Festtagen tragen ihn vor allem die Frauen auch heute noch aus kostbaren farbigen, auch bestickten Seidenstoffen. Am *Hanbok* befinden sich keine Knöpfe, vielmehr nur Bänder und Schleifen.

105 *Soju:* Sprich Sódschu. Koreanischer Kornschnaps mit verhältnismäßig geringem Alkoholgehalt.

106 *Pyeongsang:* Vgl. zu S. 78.

110 *Majigi:* Vgl. zu S. 94.

115 *Waigoooo:* Abwandlung von *Aigu,* vgl. zu S. 27.

118 *Chuseok:* Vgl. zu S. 34.

118 *Songpyeons*: Vgl. zu S. 34.

118 *Ringkämpfe:* Disziplin des Jahrhunderte alten koreanischen Ringkampfes namens *Ssireum,* der sich vielfach von dem eher bekannten japanischen *Sumo* unterscheidet. In der traditionellen Form kämpfen die beiden Kontrahenten innerhalb eines mit Sand ausgestreuten Kreises, der acht Meter im Durchmesser hat. Zu ihren Ringerhosen tragen sie *Satpa,* einen Gurt, der um Hüfte und Oberschenkel geschlungen ist und an dem wie beim Sumo-Ringer Griffe angebracht werden können. Ziel ist es, den Gegner durch Kraft und Geschicklichkeit zu Fall zu bringen. Anders als im Sumo dauert ein Kampf mindestens zwei Runden lang. In diesen Kämpfen darf weder geschlagen noch gestoßen werden. Eine Runde dauert, je nach Gewichtsklasse, 2 bis 3 Minuten, bei Frauen eine Minute, wobei diese Zeit auch verlängert oder die Runde wiederholt werden kann, wenn während der regulären Zeit kein Gewinner ermittelt werden konnte. Im einzelnen kennt das *Ssireum* 55 Techniken, um den Gegner zu besiegen.

119 *drei Schweine:* Gemeint sind hier lebende Schweine als Preise bei Ringkämpfen.

125 *A-Rahmen:* Traditionelle Tragevorrichtung aus Holzlatten in Form eines großen „A" bzw. einer sich nach oben verjüngenden Leiter, die man als Stütze für die zu transportierenden Gegenstände auf dem Rücken trug.

135 *Tea-Room:* Ein Lokal mit Bedienungen, die oft zugleich als Prostituierte arbeiten, daher ein Ort mit zweifelhaftem Ruf.

143 *Lampionblume:* auch: Blasenkirsche.

156 *Maggeolli:* Sprich Maggóli. Koreanischer Reiswein.

161 *während der japanischen Kolonialzeit:* Während der Jahre 1910–45.

165 *Karma:* Vgl. zu S. 89.

169 *für einen Pachtvertrag aufbringen müssen:* Mit ‚Pachtvertrag' ist hier die in Südkorea übliche Praxis gemeint, ein Haus oder eine Wohnung durch die Hinterlegung einer in der Regel hohen Kautionssumme zu mieten, die beim Auszug vom Vermieter wieder zurückerstattet wird (der Name dafür lautet: *Geonse Geum*). Der Vorteil für den Vermieter liegt bei diesem Verfahren darin, dass er in der Zwischenzeit das Geld beliebig investieren und die Erträge behalten kann. Auch für den Mie-

ter ist auf diese Weise, im Normalfall jedenfalls, der Mietpreis am Ende kein Verlust. Das Vermieten und Mieten von Wohnraum dient also in diesem System der privaten Kapitalbildung der Beteiligten und ist – wie diese generell – mit den bekannten Chancen und Risiken verbunden: Der Vermieter verleiht Wohnraum, und der Mieter leiht ihm dafür mit seiner Mietzahlung zinsloses Kapital. Aufgrund extrem niedriger Zinsen auf dem Finanzmarkt wird dieses ‚Pacht'-Verfahren in den letzten Jahren etwas häufiger durch die im Westen übliche Praxis der Monatsmiete abgelöst, die nebenher immer schon möglich gewesen ist.

NACHWORT DER ÜBERSETZER

Der Roman von Lim Chul Woo erzählt Geschichten aus den Kinderjahren eines Jungen namens Cheol auf der kleinen Insel Nagildo, die im Gelben Meer südlich der koreanischen Halbinsel liegt. Der koreanische Titel des zuerst 1991 erschienenen Romans lautet *Geu seome gago sipda* (auf Deutsch etwa: „Ich möchte auf diese Insel"), und er bringt das Heimweh des Autors nach dem in weite Ferne gerückten Ort seiner Kindheit in der gewünschten Deutlichkeit zum Ausdruck. Wenn wir für die deutsche Übersetzung den Titel *Die kleine Insel* gewählt haben, so soll von diesem nostalgischen Wunsch einer imaginierten Rückkehr in die Kindheit trotz dieses einfacheren Titels nichts verloren gehen, außerdem ist der Zueignung eingangs des Romans wie auch dem nachfolgenden *Wort des Autors* an den Leser zu entnehmen, dass der ganze Roman dieser Erinnerung gewidmet ist.[1]

Von den fünfzehn numerierten Kapiteln enthalten Kap. 2–14 einzelne Episoden aus der Kindheit des Ich-Erzählers Cheol, der in einem Dorf auf der kleinen Insel Nagildo, die zum Kreis der größeren Insel Wando gehört, zusammen mit seiner älteren Schwester und einem älteren Bruder bei den Großeltern lebt. Er besucht die ersten Jahre der Grundschule im jenseits der Berge gelegenen Nachbardorf Gappori, d.h. der Roman handelt von Cheols Kindheit etwa zwischen dem 7. und 10. Lebensjahr, Genaueres erfahren wir darüber nicht. Cheols Eltern leben derweil in der Stadt auf dem Festland, wohin sie schon vor Beginn der Erzählung mit ihrem ältesten Sohn gezogen sind, in die Großstadt Gwangju, damals die Hauptstadt der Südwest-Provinz Jeolla-Süd (Jeolla-nam), wo der Vater in der Verwaltung arbeitet.

Die eigentliche Romanhandlung, also die Erzählungen Cheols von seiner Kindheit in dem Inseldorf, dessen Namen wir nicht erfahren,

---

[1] Die englische Übersetzung (Singapore: Stallion Press 2010) ist mit dem Titel *The Island* noch lakonischer, während die außerordentlich sorgfältig gestaltete französische Ausgabe, mit einem interessanten Vorwort des französischen Koreanisten Patrick Maurus und dem Nachwort von Lee Chang-dong, einem mit Lim Chul Woo gleichaltrigen, namhaften Filmregisseur und Autor von Drehbüchern und Romanen, den Originaltitel wörtlich wiedergeben möchte: *Je veux aller dans cette île* (Paris: L'Asiathèque 2013. Traduit du coréen par Cho Soomi, Préface de Patrick Maurus, Postface de Lee Chang-dong).

181

ist Gegenstand dieser 13 Kapitel. Dieser Haupttext wird nach der *Widmung* an die „Namen meiner Kindheit, denen ich nachtrauere und und die ich nicht vergessen kann", und dem *Wort des Autors*, in dem dieser von den Erinnerungen an seine Kindheit als Liebeserklärung an die ihm damals begegnenden Menschen und ihrer Lebenswelt spricht, von drei weiteren Kapiteln umrahmt: zunächst von dem *Prolog* mit der Legende von den Menschen, die alle „eigentlich Sterne sind" und nach ihrem mehr oder weniger mühseligen und langwierigen Aufenthalt auf der Erde wieder auf ihren Platz am Firmament zurückkehren dürfen, – die Erzählung ist für den Jungen die vielleicht eindrucksvollste Hinterlassenschaft der geliebten Großmutter auf Nagildo. Daran anschließend Kap. 1, in dem wir den erwachsenen Erzähler kennenlernen, der Jahrzehnte später mit Ehefrau und kleiner Tochter in einem Hochhaus der Millionenstadt Seoul wohnt und des Nachts vom Dach des Wolkenkratzers aus sehnsüchtig den Sternenhimmel betrachtet, nachdem er von seinem ältesten Bruder am Telefon erfahren hat, dass die Großmutter eben gestorben ist – und ihrerseits zu den Sternen heimgekehrt sein wird. Abgerundet wird der Erzählrahmen schließlich von Kap. 15, dem *Epilog* unter dem Titel „Der Stern", in dem wir nach Seoul in das Hochhaus-Apartment des Erzählers als Familienvater zurückkehren, der nach dem Essen mit der kleinen Tochter Songi einen Abendspaziergang durch das Wohnviertel der ungeliebten Millionenstadt unternimmt. Diese erscheint als die monströse, unglückliche Gegenwelt zur verlorenen, aber desto inniger geliebten kleinen Insel und ihren Bewohnern, und das Märchen vom Sternenhimmel als der Heimat aller Menschen, von dem er dabei dem Mädchen berichtet, leuchtet auch in diesem letzten Kapitel noch einmal als eine der wertvollsten Erinnerungen an die verlorene Kindheit auf, auch wenn er selbst daran zu seinem Leidwesen nicht mehr glauben kann.

Wer den 2018 in unserer Übersetzung erschienenen Roman von Lim Chul Woo, *Das Viertel der Clowns. Eine Jugend in Südkorea*[2], gelesen hat, wird die vorliegende Erzählung vielleicht mit der neugierigen Erwartung in die Hand nehmen, darin auch etwas über die

---

[2] Das koreanische Original von *Das Viertel der Clowns. Eine Jugend in Südkorea* ist zuerst 1993 erschienen, also zwei Jahre nach der *Kleinen Insel*, zunächst unter dem Titel *Pfeifend unter dem Leuchtturm*, der dann vom Autor für die 2. Aufl., Seoul 2002, zu *Der Leuchtturm* vereinfacht wurde. Zum Titel unserer deutschen Übersetzung, München: IUDICIUM Verlag 2018, vgl. darin das *Nachwort der Übersetzer*, S. 263.

Vorgeschichte dieser Jugend am Rande der Großstadt zu erfahren, also über die Kinderjahre des Erzählers vor der Übersiedlung auf das Festland. Doch diese Erwartung erfüllt sich nicht wirklich. Zwar heißt der Ich-Erzähler im Jugendroman ebenfalls Cheol, und die Rede ist ausdrücklich von derselben Insel Nagildo im Kreis Wando, wo er geboren wurde und seine Kinderjahre verbrachte, ehe er mit der Mutter und den beiden älteren Schwestern aufs Festland umziehen musste. Doch schon die Chronologie stimmt nicht ganz, in der *Kleinen Insel* ist er bei der Übersiedlung, von der am Ende die Rede ist, höchstens zehn Jahre alt, während er beim Umzug im späteren Roman ausdrücklich zwölf ist. Und die Unterschiede bei den Hauptpersonen sind noch viel gewichtiger, ja es handelt sich um eine ganz andere Familie. Der Vater hat sie längst verlassen und fährt zur See, von den beiden älteren Schwestern ist die eine schwerbehindert, die andere muss, statt eine Schule zu besuchen, bereits Geld verdienen, um die mittellose Familie ernähren zu helfen, und die ganze Last liegt auf den Schultern der Mutter, die krank ist und, wie auch die behinderte Tochter, am Ende stirbt und die zweite Tochter und den jüngsten Sohn Cheol, der eben die Schule hinter sich gebracht hat, als Waisen zurücklässt. In der *Kleinen Insel* dagegen sind derartige Unglücksjahre auf dem Festland überhaupt nicht erwartbar, weil die Eltern zwar bereits dort leben, aber keineswegs getrennt, und, wie wir am Ende von Kap. 14 noch erfahren, die drei jüngeren Kinder samt Großeltern ohne Probleme in die große Stadt auf dem Festland nachholen werden, so dass die Familie dort wieder vollzählig zusammen sein wird.

Was bedeutet es also, dass die beiden Romane so wenig zusammenpassen, trotz des gleichnamigen Ich-Erzählers mit dem Vornamen des Autors und dessen wiederholten Versicherungen in beiden Büchern, dass wesentliche Züge der Erinnerung an seine geliebte Kindheit darin Eingang gefunden hätten? Es bedeutet grundsätzlich und vor allem, dass es auch dem Autor Lim Chul Woo keineswegs am Bewusstsein davon mangelt, dass es mit dem autobiographischen Schreiben nicht so einfach ist, weil es zu naiv wäre anzunehmen, man könne dabei ganz ,authentisch' vom eigenen Ich sprechen, und dies gar noch Jahrzehnte später über dessen entfernteste Vergangenheit. Lim selbst hat dieses Problem recht treffend am Beginn seines Nachworts zu *Das Viertel der Clowns* angesprochen. Es handle sich nicht einfach um eine Autobiographie oder gar um seine Memoiren, also seine Lebenserinnerungen, heißt es dort. Vielmehr habe er, „dem dürftigen Knochenskelett meiner Kindheit und Jugend etwas romanhaftes Fleisch zugesetzt."[3] Zu solchen romanhaften Zusätzen zählt übrigens auch der Name *Nagildo* für die kleine Insel (eigentlich *Nagil*, das angehängte *-do* bedeutet ‚Insel'), – die Heimatinsel Lims hieß in Wirklichkeit *Pyeongildo*.[4]

Beispiele dafür, wie verschiedene Autoren mit den Problemen des autobiographischen Schreibens umgehen, gibt es genug – hier nur eines aus der jüngeren deutschen Literatur, an dem das Grundsätzliche daran vielleicht noch deutlicher wird. Martin Walser (geb. 1927) ist in dem bedeutenden Roman seiner frühen Jahre *Ein springender Brunnen* von 1998 – auch er eine Liebeserklärung an Heimat, Kindheit und Jugend – noch konsequenter als Lim und nennt seine Hauptfigur Johann, von der in der dritten Person (‚er') erzählt wird, und die von Walser schon immer bevorzugte Er-Form ermöglicht es ihm, nicht nur in die Haut seiner Figur zu schlüpfen, sondern auch auf Distanz zu ihr zu gehen. Dem Leser wiederum gestattet diese Erzählform, bei der Lektüre des Romans nicht nur an Martin Walser zu denken – es könnte auch ein ganz anderer sein, eine erfundene Figur, von der der Autor da erzählt. Walser hat in diesem Roman selbst wie auch sonst immer wieder von den Mühen und Schwierigkeiten des Sich-Erinnerns an ferne Lebensstationen und seiner Skepsis gegenüber diesem Genre geschrieben, von vordergründigen wie auch grundsätzlichen: „Solange etwas ist", liest man in einem der essayistischen Exkurse des Romans, „ist es nicht das, was es gewesen sein wird. Wenn etwas vorbei ist, ist man nicht mehr der, dem es passierte."

Die Vergangenheit gab es als solche gar nicht, solange sie Gegenwart war, und was sich später der Erinnerung an Eindrücken, Ereignissen, Personen und Erfahrungen aufdrängt, ist gewöhnlich nur noch in Bruchstücken fassbar, die dazu noch verfärbt und verfremdet sind und in verschiedenen seither aufgetretenen Perspektiven verzerrt erscheinen. Kann es angesichts solcherart Ungewissheiten noch darum gehen, einfach ‚von sich selbst Zeugnis abzulegen', wie es mancher Memoirenautor vielleicht tun zu können meint? Jeder Tagebuchschreiber weiß doch, wie unsicher es mit der Vergegenwärtigung von Erinnerungen bestellt ist, sobald es einmal nicht mehr nur um Notizen über den jüngst vergangenen Tag geht.

Doch haben derlei Skepsis und Ungewissheit auch ihre ermu-

---

[3] Lim Chul Woo: *Das Viertel der Clowns* (2018), S. 254.
[4] Das erfährt man u. a. in dem in Anm. 1 genannten Nachwort (Postface) von Lee Chang-dong in der französischen Ausgabe (Paris 2013, S. 298), das, obwohl für diese Ausgabe leider gekürzt, auch sonst sehr lesenswert ist.

tigende, ja befreiende Kehrseite: indem sie die Erinnerung nämlich konstruktiv werden lassen, entlastet von der Unmöglichkeit einer ‚authentischen' Rückholung des Gewesenen. Diese Befreiung auch zum Fabulieren, welches das intensive Hervorholen einzelner Momente der mehr – oder auch weniger – geliebten Erinnerungen ja nicht ausschließt, kann man an der *Kleinen Insel* denn auch deutlich ablesen, und die dreizehn Kapitel der Haupthandlung von Lims Roman sind nicht weniger prall gefüllt von Geschichten, von denen Cheol zu berichten weiß, als der Roman Martin Walsers von den Jahrzehnten am Bodensee bis 1945.

Wie in vielen anderen Romanen des Autors gibt es nicht den einen roten Faden, die eine sich schrittweise entfaltende Geschichte, auch wenn die überschaubare Gruppe der Hauptfiguren mehr oder weniger konstant ist: der kleine Cheol und seine älteren Geschwister, die Großeltern, vor allem die Großmutter, und ein paar Dorfbewohner, darunter eine Reihe besonders einprägsamer Frauen wie Beoldeongnyeo und ihre Kontrahentinnen, Oma Yaksan, die arme, bucklige Banim und die Tante Oknim, dann Eopsunne, die Leidensfigur (durch die Schuld ihres gewalttätigen Ehemannes), die, nicht zuletzt aus eigener Kraft und Stärke, ihrem bösen Schicksal am Ende entgeht, und schließlich der kluge Vetter Bongmuk – einer der ganz wenigen sympathischen Männer in diesem Buch, von denen die meisten als brutal, geschäftstüchtig und in jedem Fall beschränkt charakterisiert werden.

Bestimmend für die Erzählweise ist auch in diesem Roman die episodische Struktur. Episoden verschiedener Art werden aneinandergereiht, für Auswahl und Gestaltung maßgeblich dürfte dabei das Prinzip der Abwechslung sein, auch die Farbigkeit der Situationen, der Ereignisse und Zwischenfälle, und ihre für das ebenso ereignisreiche wie vitale Dorfleben typische Charakteristik von Familie und Arbeit, Liebe, Dorfklatsch und Konflikten, Krankheit, Schicksal und Tod sowie immer wieder der für das ländliche Leben und Arbeiten inmitten des Ozeans so bestimmende Wechsel der Jahreszeiten. Man kann nicht anders, als bei manchen der Episoden an das Lustspielgenre der Bauernkomödie zu denken (bes. die Kap. 5, 9, 10). Es liegt nicht nur an der Episodenstruktur, dass dieser Roman starke dramatische, genauer: komödienhafte Züge besitzt. Besonders stark tritt dabei die markante Sprache hervor, gelegentlich derb und immer wieder von einer geradezu virtuosen Drastik – mit Übersetzungsproblemen eigener Art, die nicht immer leicht zu lösen waren. Von einem etwas anderen Zuschnitt, vielleicht auch etwas anspruchsvoller erzählt, ist das umfangreichere Kap. 12 von der lebensklugen Geumok, ihrer kranken

Gefährtin Mija und dem späten Heiratskandidaten Bongmuk. Es ragt, seinerseits in vier Abschnitte unterteilt, aus der Episodenreihe deutlich heraus und besitzt durchaus das Potential zu einer selbständigen Romanerzählung.

Die Herkunft des Sternen-Märchens, das auch in dem erwähnten späteren Roman *Das Viertel der Clowns* erzählt wird (dort in Kap. 13), gibt Rätsel auf. Anders als das in späteren Büchern Lims so zentrale Glücks-Symbol der Schmetterlinge, das auch in der *Kleinen Insel* kurz aufscheint (am Ende des 1. Abschnittes von Kap. 12, S. 133), ist die kulturelle Zuordnung dieser so überaus tröstlichen Geschichte von der ewigen Heimat, dem Aufgehobensein aller Menschen im Kosmos der Natur, und zwar dort, wo diese am schönsten strahlt, ganz unklar. Mit den Lehren von Seelenwanderung und Reinkarnation (Wiedergeburt) im Hinduismus und Buddhismus[5] dürfte sie jedenfalls nichts zu tun haben, Reinkarnation ist in dieser fernöstlichen Sicht ja stets mit Fluch, Zwang und Verhängnis, mit bösem Karma, verbunden – ‚Wiedergeburt' als Weg zur allmählichen (Selbst-)Vervollkommnung ist dagegen eine westlich-abendländische Idee (und gehört, wenn sie mit dem Buddhismus verknüpft wird, zu den typischen Missverständnissen des Westens über die asiatischen Religionen). Noch weniger sind Reinkarnationsvorstellungen mit dem Jenseits-Glauben des jüdisch-christlichen Westens zu vereinbaren, und mit westlichen Märchen, etwa dem Grimmschen von den Sterntalern, haben sie ebensowenig zu tun. Doch vielleicht handelt es sich ja bei der geheimnisvollen Erzählung von Cheols geliebter Großmutter um eine alte, vom Autor besonders überzeugend gestaltete Geschichte aus den Schätzen des koreanischen Volksglaubens.

Auch anhand der überaus interessanten Episode von der Schamanin (*mudang*) und dem schamanistischen Ritual, dem *gut*, im 9. Kapitel über das Schicksal Eopsunnes, muss auf die zahlreichen Missverständnisse hingewiesen werden, die bereits durch die hier üblichen Begriffe aus der christlich-westlichen Kultur ausgelöst werden (leider hat man meist keine anderen, die angemessener wären, zur Verfügung). Wir haben in mehreren Sacherläuterungen (bes. S. 177 f.) darauf hingewiesen, wie sehr die Begriffe ‚Exorzismus', ‚Geisterbeschwörung' usw. auf christlichen Teufels- und Jenseitsglauben zurückgehen, der dem koreanischen Schamanismus ganz fremd ist.

---

[5] Gut orientierend die Darstellung des Religionswissenschaftlers Helmut Obst: *Reinkarnation – Weltgeschichte einer Idee*. München: C. H. Beck 2009 (Beck'sche Reihe 1896).

Die Übersetzer

Youngsun Jung hat in Daegu/Korea und Bielefeld Neuere deutsche Literatur studiert und übersetzt seit langem koreanische Autoren der Gegenwart. Im Verlag Pendragon (Bielefeld) und bei Suhrkamp sind Romane und Erzählungen von Jo Kyung Ran, Lim Chul Woo (u.a. der Erzählungsband *Das rote Zimmer*, 2003) und Yi Munyeol erschienen. Der kritische Erfahrungsbericht des namhaften koreanischen Architekten Seung Hyo-sang über die Weltarchitektur des 20. Jahrhunderts: *Bauen als Zeichen des Denkens* erschien 2008 im Wissenschaftlichen Verlag Trier.

Vom IUDICIUM-Verlag, München, wurden vor Lim Chul Woos neuem Roman bereits fünf Titel verlegt: 2011 ein Band über *Koreanische Literatur des 20. Jahrhunderts*, 2012 die erste deutsche Übersetzung eines in Korea zuerst 1939 erschienenen Romans von Kim Namcheon: *Der große Strom*, 2013 der Roman *Die letzte Gisaeng* der Autorin Lee Hyun Su, 2015 von Lim Chul Woo der Roman *Abschiedstal* sowie von demselben 2018 *Das Viertel der Clowns. Eine Jugend in Südkorea*.

Herbert Jaumann war zuletzt Prof. für Literaturwissenschaft in Greifswald und hat an den Übersetzungen seiner Ehefrau, wie auch an *Die kleine Insel*, mit Rat und Tat mitgewirkt.